国外专利权限制及我国适用研究

河南省法学会资助文库

李文江 ⊙ 著

QUOWAI ZHUANLIQUAN XIANZHI JI WOGUO SHIYONG YANJIU

知识产权出版社
全国百佳图书出版单位

图书在版编目（CIP）数据

国外专利权限制及我国适用研究/李文江著. —北京：知识产权出版社，2017.6

ISBN 978-7-5130-5103-3

Ⅰ.①国… Ⅱ.①李… Ⅲ.①专利权法—研究 Ⅳ.①D913.04

中国版本图书馆 CIP 数据核字（2017）第 218533 号

内容提要

专利权限制是专利制度的重要内容，本书采用比较研究的方法，从专利权限制的基础理论、专利强制许可制度、专利先用权制度、专利权穷竭制度、专利权滥用的限制制度等方面，通过对域外专利权限制的具体制度较为详细的介绍、比较，分析我国与国外在制度规定上的差异，并紧密结合我国实际，提出了我国专利权限制制度的构建设想。

责任编辑：崔　玲　　　　　　　责任校对：潘凤越
封面设计：刘　伟　　　　　　　责任出版：刘译文

国外专利权限制及我国适用研究

李文江　著

出版发行：	知识产权出版社有限责任公司	网　址：	http://www.ipph.cn
社　址：	北京市海淀区气象路 50 号院	邮　编：	100081
责编电话：	010-82000860 转 8121	责编邮箱：	cuiling@cnipr.com
发行电话：	010-82000860 转 8101/8102	发行传真：	010-82000893/82005070/82000270
印　刷：	北京嘉恒彩色印刷有限责任公司	经　销：	各大网上书店、新华书店及相关专业书店
开　本：	720mm×1000mm 1/16	印　张：	18.25
版　次：	2017 年 6 月第 1 版	印　次：	2017 年 6 月第 1 次印刷
字　数：	270 千字	定　价：	56.00 元
ISBN 978-7-5130-5103-3			

出版权专有　侵权必究

如有印装质量问题，本社负责调换。

前 言

专利制度自 1624 年建立以来，在传统民事法律制度外创设了新的私权——专利权。与其他民事权利相比，专利权产生至今仅有四百年，可谓新生事物，然而其发展变化却极为迅速，尤其是专利权的扩张。专利权在一定条件下适度扩张是合理的，例如，为适应新技术发展允许对与硬件结合的软件进行专利保护等；但专利权的不适当扩张，必然损害公众的利益，甚至背离法律保护的目的。日益扩张的专利权保护已经侵害了发展中国家的基本人权并影响到其发展权。专利制度在超过最优点之外进行扩张所带来的危险，与该制度随着复制成本的持续下降而面临的被毁灭的危险一样大。ADS 药物专利之争、达菲专利许可问题，引发了专利权与公众的健康权孰轻孰重的争论；6C 联盟对国内企业强行收取 DVD 专利费的事件，让我们看到专利权的威力；"问题专利"现象提醒我们注意专利法自身存在的制度缺陷。任何权利，惟于合法限制之范围内，有其存在。人类财产制度的历史显示，对私人所有权的限制自所有权诞生那天起就存在。因为个人生活于社会共同体之中，共同体的利益高于个人利益。赋予个人对财产所有权是为了更有效地利用财产，因而有利于整个社会。专利权作为私权利，当然也应受到法律的限制，这已经成为社会公识。

随着知识经济和经济全球化深入发展，先进科技成果和专利日益成为国家发展的战略性资源和国际竞争力的核心要素，成为建设创新型国家的重要支撑和掌握发展主动权的关键。国际社会更加重视鼓励创新和取得专利权。加强专利保护，完善专利制度成为科技进步、经济发展的新要求和国际知识产权法律制度的发展趋势。在此趋势下，专利法律制度无疑应该以权利保护为核心。只有实行充分和有效的专利权保护制度，才能促使创新激励机制更好地发挥作用。然而，专利权保护不能神圣化和绝对化，必须有一个合理与适度的界限，这就需要高度重视专利权限制制度的建立和完善问题。这是基于以下原因：

第一，从专利制度的功能和宗旨来看，专利权限制制度的建立和完善是为了确保专利制度能够促进科技和经济发展、促进人类社会进步。专利制度通过赋予发明创造者一定垄断权利，换取创新技术信息的公开和推广，从而完成其促进科技进步和社会发展的目的，其本质上可谓是一个利益界定和调整的问题。在国内层面，专利制度涉及专利权人与公众竞争者、消费者及其所代表的社会整体之间的利益平衡以及公平与效率的协调；而在国际层面，专利制度则涉及不同国家、地区之间的利益调整。因此，一个国家的专利权政策乃至知识产权政策远不是纯粹地保护知识产权所有人利益的问题，而是会牵扯到经济、社会和政治等多个层面。故此，为了促进社会发展和科技进步，平衡各方利益，在强调加强专利权保护的同时，不能忽视专利权限制制度在专利政策和制度中的重要地位和作用。

第二，从权利的属性而言，任何权利都存在滥用的可能而需予以限制。作为一种权利，专利权不仅存在如何保护的问题，还存在权利行使正当与否的问题。换言之，专利权的获得与专利权的行使是两个不同的问题。即使专利权的获得本身是合理、合法的，其实际的行使行为也存在一个正当与否的问题。不能因为专利权是合法获得的权利就忽视、甚至否认其行使方面可能存在的问题。与传统民事法律相比，专利法本身已构建了较为体系化的权利限制制度，因此，现有研究基本上立足于对专利权权利行使的限制问题，多关注于如何利用和完善权利行使限制制度以限制专利权的扩张。然而，面对迅速扩张的专利权，这种狭义的专利权限制制度似乎难以发挥有效的限制作用。有必要拓宽视野，建立更宽阔的专利权限制观，并在此基础上构建完整的专利权法律限制体系。完善专利权限制制度，防止专利权滥用是完善专利制度、促进专利权保护的必然要求。

第三，从历史发展和现实情况而言，高度重视对专利权限制制度的建设和研究已经成为发展中国家的当务之急。不能否认的现实是，当今许多重大创新性先进技术主要为发达国家所掌握。无论是在经济

前言

实力还是在科技实力的较量上，发达国家和发展中国家都存在根本的不对称性，这就使发展中国家在包括制定专利规则在内的国际谈判中落于下风。在当今国际社会，由美国、欧盟等发达国家和地区主导的知识产权法律制度的变革运动在片面强调专利权人利益的前提下，大力推动专利权的绝对扩张，全面提升专利权保护水平，并通过将专利制度与贸易挂钩来维护其竞争优势，继续增强其在国际贸易中的主导地位和对于国际经济发展的影响力。与此同时，发展中国家基于自身专利制度所处的建立、发展阶段实际需要以及国际压力、学者推动等各种因素，主要致力于专利权的保护研究，而对专利权限制制度的研究重视不够、探讨不足，在对外知识产权保护相关谈判和相关司法实践中往往陷于被动。在此背景下，冷静应对发达国家借专利权保护之名而推行的经济政策，对专利权限制制度进行研究和完善，积极参与国际专利规则的制定，在不违背公约义务的前提下采取适应自己国情的专利制度，是每个发展中国家的因应之策。身处"入世"和知识经济时代环境下，作为发展中国家，我国的确需要适应经济、科技发展的新要求和国际知识产权法律制度的发展趋势，通过进一步完善立法、严格执法来促进专利权的充分和有效保护。然而，还需要强调的是，无论是基于专利制度本身特质的考虑，还是基于社会政策的考虑；无论是基于国内层面的考虑，还是基于国际层面的考虑；无论是基于维护发展中国家利益的考虑，还是基于维护国际贸易公平竞争秩序的考虑，我国在加强专利权保护的同时，都迫切需要强调专利权的合理保护与适度保护的问题和防止滥用问题，都必须站在发展中国家的立场积极参与国际专利规则制定与完善的谈判，认真研究并采取适应国情的专利权政策措施，以保障专利制度促进科技进步和经济发展的宗旨。在这样的背景下，对专利权限制制度课题的研究就有着相当重要、相当现实的意义。

加入世界贸易组织后，为了与国际知识产权公约接轨，我国对知识产权法进行了大面积修改。在此过程中，在知识产权保护水平问题上，国内曾经出现一种盲目竞高的思潮，认为我国的知识产权法律设置比较保守，不利于与世界接轨。这种思想不但在理论界盛行，在立法和法律实践部门也有体现。而笔者认为，法律适时性的判断依据不是当今世界发达国家所制定的法律，而是该法律所调整的特定社会关系。因此，我国在知识产权立法上，既要尊重国际立法，积极借鉴先进国家立法实践，又要紧密结合我国实际。本书以专利权为例，系统分析专利权限制及其制度的正当性，同时，通过研究专利权限制制度，为完善专利制度提供参考依据。

在本书中，笔者从专利权的垄断性出发，以垄断需要予以限制的特性为论据，引出自己的观点：专利权是需要进行限制的。其依据不仅在于洛克的劳动财产权理论和黑格尔的人身财产权理论，而且从法哲学、经济学、社会学角度论证专利权限制制度存在的必要性和正当性。

笔者着重对美、欧、日等国家和地区的专利法律体系中对专利权具有限制作用的各种制度进行全面讨论，并分析这些限制制度背后所体现出来的价值考量。在此基础上，与我国现有的专利权限制制度进行比较。最后，提出我国专利权限制制度的完善意见：一是通过放宽专利在先使用人继续使用的限制，完善专利先用权制度；二是引入专利默示许可制度、当然许可制度等，促进专利转化；三是在标准化体系中，完善标准必要专利的实施和运用制度。

目 录

第一章 专利权限制的基础理论 ··········· 001

第一节 专利权限制的界定 ··········· 001
一、对权利限制定义的不同观点 ··········· 001
二、专利权限制的内涵 ··········· 002
三、专利权限制的外延和类型 ··········· 007

第二节 专利权限制的历史考察 ··········· 013
一、自然主义的兴盛与封建特权的衰落 ··········· 014
二、功利主义的导入与国际公约的萌生 ··········· 018
三、后现代主义与专利制度的双重困境 ··········· 020

第三节 专利权限制的理论基础和适用原则 ··········· 023
一、专利权限制的理论基础 ··········· 023
二、专利权限制的适用原则 ··········· 028
三、专利权限制的方式 ··········· 033

第四节 专利权限制的必然性 ··········· 036
一、专利权的垄断性 ··········· 036
二、垄断性对专利权的挑战 ··········· 038

第五节 专利权限制的正当性 ··········· 040
一、专利权限制的正当性提出 ··········· 040
二、专利权限制的正当性标准 ··········· 041

第二章 专利强制许可制度 ··········· 046

第一节 专利强制许可及其原因分析 ··········· 046
一、专利强制许可的概念 ··········· 046

二、专利强制许可的提出 ………………………………… 047
三、专利强制许可的五种情形 …………………………… 052

第二节 TRIPS 中专利强制许可制度 ………………………… 062
一、TRIPS 框架下专利权限制 …………………………… 062
二、TRIPS 专利强制许可制度的形成和发展 …………… 064
三、TRIPS 框架下专利权限制的表现 …………………… 069
四、TRIPS 之修订对我国专利强制许可立法的影响 …… 080

第三节 国外专利强制许可制度 ……………………………… 083
一、发达国家的专利强制许可制度 ……………………… 083
二、发展中国家或地区的专利强制许可制度 …………… 089
三、专利强制许可制度的比较 …………………………… 093

第四节 公共健康领域专利强制许可制度的实证分析 ……… 095
一、生物医药研发领域的专利强制许可 ………………… 095
二、药品实施领域的专利强制许可 ……………………… 098

第三章 专利先用权制度 …………………………………… 111

第一节 专利先用权及其理论依据 …………………………… 112
一、专利先用权产生的背景 ……………………………… 112
二、专利先用权的涵义 …………………………………… 116

第二节 美国专利先用权制度 ………………………………… 118
一、专利先用权制度的确立及修改背景 ………………… 119
二、美国现有先用权制度的具体内容 …………………… 122
三、美国先用权制度和专利法"现有技术"规定的衔接 … 127

第三节 国际条约和其他国家关于专利先用权的规定 ……… 129
一、国际条约中关于专利先用权的规定 ………………… 129
二、德国专利先用权的立法规定 ………………………… 130
三、法国专利先用权的立法规定 ………………………… 132
四、荷兰专利先用权的立法规定 ………………………… 133
五、日本专利先用权的立法规定 ………………………… 134

六、英国专利先用权的立法规定 …………………… 137
第四节　专利先用权在我国立法和司法上的适用 …………… 138
　　一、专利先用权在我国的法律规定 …………………… 138
　　二、专利先用权在我国的具体法律适用 ……………… 139

第四章　专利权穷竭制度 …………………………… 142
第一节　专利权穷竭的基础理论 ……………………………… 142
　　一、专利权穷竭及其法律渊源 ………………………… 142
　　二、平行进口的相关理论 ……………………………… 144
　　三、专利权穷竭的售后限制 …………………………… 150
第二节　TRIPS 关于专利权穷竭制度的规定 ………………… 151
　　一、专利权穷竭的基本含义 …………………………… 152
　　二、TRIPS 关于进口权的规定 ………………………… 152
　　三、进口权与权利穷竭的关系问题 …………………… 153
第三节　美欧专利权穷竭 ……………………………………… 154
　　一、美国专利权穷竭的规定和适用 …………………… 154
　　二、欧盟对专利权穷竭的规定 ………………………… 165
　　三、部分国家或地区法律对专利权穷竭的规定及
　　　　相关案例 ……………………………………………… 167
第四节　欧美专利产品平行进口规则 ………………………… 169
　　一、美国专利产品平行进口规则 ……………………… 169
　　二、欧盟专利产品平行进口规则 ……………………… 172
第五节　专利权用尽的售后限制 ……………………………… 178
　　一、专利权用尽的售后限制的理论发展
　　　　——专利权"保留"的取舍之间 …………………… 179
　　二、专利权用尽的售后限制的行为模式
　　　　——专利权保留的外观表现 ………………………… 183
　　三、专利权用尽的售后限制的效力
　　　　——"专利权保留"法律后果的多重性 …………… 185

第六节 我国专利权穷竭制度 189
  一、我国专利法的相关规定 189
  二、专利权穷竭制度在我国的适用要件 190
  三、我国专利权穷竭制度存在的问题 195

■ 第五章 专利权滥用的限制制度 199
第一节 专利权滥用限制及其必要性 199
  一、专利权滥用的含义 200
  二、专利权滥用限制的必要性 205

第二节 专利权滥用限制制度的比较考察 209
  一、国际条约的限制 209
  二、英国专利法的规定 210
  三、美国滥用专利权原则 211
  四、欧盟专利权滥用行为的规制 212
  五、我国台湾地区对专利权滥用行为的规制 213
  六、相关国家和地区规制的异同比较与分析 215
  七、我国对专利权滥用的规制 217

第三节 日本对专利权滥用的法律限制 219
  一、主要依据 219
  二、日本专利权无效情况下的专利权滥用 220
  三、日本专利权有效情况下的专利权滥用 226

第四节 技术标准化中专利权滥用的限制 229
  一、技术标准与专利技术结合的必然性 229
  二、技术标准化中专利权滥用行为的构成要件 230
  三、技术标准制定中专利权滥用的主要表现形式 231
  四、国外相关制度比较 236

第五节 专利池权利滥用的限制 240
  一、专利池权利滥用的判断标准及滥用表现 241
  二、专利池权利滥用的国际规制比较 245

三、我国现有立法对专利池权利滥用行为的规制
及其局限 ………………………………………… 248

第六章 我国专利权限制制度的完善 ………………………… 251
第一节 完善我国专利强制许可制度 ……………………… 251
一、我国专利强制许可制度存在的不足 …………… 251
二、完善我国专利强制许可制度的若干举措 ……… 253
第二节 专利先用权制度 …………………………………… 255
一、关于技术来源的完善 …………………………… 255
二、关于实施行为的界定 …………………………… 256
三、关于"必要准备"的界定 ……………………… 258
四、关于"原有范围"的界定 ……………………… 261
五、三种专利权客体先用权的区别规定 …………… 262
第三节 专利权穷竭制度 …………………………………… 262
一、我国专利法中权利穷竭规定分析 ……………… 262
二、对我国专利权穷竭制度的立法建议 …………… 265
第四节 专利权滥用限制制度 ……………………………… 267

参考文献 ……………………………………………………… 273

▶▶第一章

专利权限制的基础理论

本章主要围绕与专利权限制制度相关的概念进行阐述，通过探讨其内涵与外延，厘清专利权限制制度的概念和体系结构，通过探索其历史展望未来趋势，以期从整体上对专利权限制制度有初步的认识和了解。

第一节 专利权限制的界定

一、对权利限制定义的不同观点

目前，对权利限制研究的学术成果多见于对知识产权权利限制的研究，对专利权限制研究的专著并不多见。学者们对知识产权权利限制的定义和体系存在不同看法。

观点一："权利限制"就其本质来讲，是指有的行为本来应属侵犯他人权利，但由于法律把这部分行为作为侵权的"例外"，从而不再属于侵权。这种对权利限制的界定侧重于说明权利限制会产生免责的效力，属权利限制的效力范畴，并未揭示出权利限制的共同特征。

观点二：知识产权的限制是指对知识产权人专有权利行使的限制，主要涉及知识产权在时间、效力和范围方面的限制，具体体现为有限的保护期、对权利本身行使的限制和思想、原理本身不受保护等。还有学者将权利限制制度划分为保护范围的限制、保护期限的限制、地域限制和权能限制。这种观点属于广义上的知识产权权利限制。

观点三：知识产权的权利限制主要指狭义上的限制，即只对在一定时间与地域内所获得的知识产权的权利人在行使与利用知识产权方面所进行的限制。此种观点认为，知识产权保护客体的有限性、地域性和时间性是知识产品获得保护的条件，只有在知识产权取得之后才有所谓"限制问题"。因此，客体的有限性、地域性和时间性不属于知识产权限制。

观点四：权利限制制度应贯穿权利获得到权利行使的全过程，更广义上的专利权限制体系分为主体要素和结构两部分。权利限制体系的主体要素主要包括权利人、专利局、法院、反垄断机构、立法机构。权利限制体系的结构包括权利表达中的限制、权利确认中的限制、权利行使中的限制及权利救济中的限制。该观点对专利权限制体系的定义是目前所涉及范围最广的。

二、专利权限制的内涵

（一）专利权限制的一般界定

专利权限制是对相关法律制度的学理归纳的统称。当前，学界对专利权限制外延的界定尚未统一，主要有广义和狭义两大类理解。笔者认为，广义的专利权限制是指对专利权的取得和专利权效力的法律限制；狭义的专利权限制是指对专利权人的专有权利行使的限制，而不包括对专利权客体和专利权期限的限制。

专利权限制是与专利权保护相对应的制度。若以专利权人为主体，利益为中轴，利益的损益为坐标，可以把专利制度一分为二，得出两部分价值逆向的法律制度。关于专利权人利益维护和利益授予的制度可称之为专利权自由制度，关于专利权人利益限制的制度可称之为专利权限制制度。专利法的立法结构以专利权人为中心并赋予其专有权的立法表述，表面上凸显专利法维护专利权人利益的一面，法条背后却隐含着专利法的公共利益维护功能。专利权限制虽然直接作用于专利权人，但是与社会发展与人类生存的整体利益有关。

专利权制度形成的早期，政府就对专利技术的使用享有法定的权利。专利权限制的规定可以追溯到1474年的《威尼斯专利法》，在确认专利权垄断地位的同时，该法也对专利权人作出了一定限制，可以视为专利权限制思想的萌芽。从制度功能出发，专利权自由制度侧重于强调对发明人私有利益的保护，而专利权限制制度侧重于强调专利技术的社会功用。理论上一般把专利权限制视为实现利益平衡的基本机制，其功能在于通过对专有权的适当限制，保障社会公众对知识产品的必要接近和合理分享，从而平衡专利权人和社会公众之间的利益。美国宪法在"发展国家经济的专利理论"影响下，以"秘密公开论""奖励发明论"和"防止不正当竞争论"为基础，独树一帜地将专利制度的立法目的写进宪法，"国会有权对作者或发明人就其作品或发明专有权利，予以一定期限的保护，以促进科学和技术的发展"。美国总统华盛顿在国会的就职演说中对专利法鼓励本国发明的作用予以了充分肯定。

专利法不仅是对技术方法归属的静态保护，还在确认知识产品创造者对技术方法占有与支配的同时保障知识财富的最佳动态利用。专利法的上述社会功用是通过专利权限制实现的。1474年诞生的《威尼斯专利法》和1623年颁布的《英国垄断法》都规定了专利权保护期限制度。期限限制和效力限制是早期专利权限制的主要形式。近现代各国均继受了专利权制度创设阶段的立法思想，英、美、法等国家进一步创制了专利权的权能限制，包括权利穷竭、先用权等限制制度。

通过对专利权限制功能和内涵的比较，笔者将专利权限制的特点归结为专利限制是与专利权保护对应的制度。对于专利权人而言，它不是受益性的法律制度而是负担性的法律制度，其内容体现了专利权人特定义务的承担或专利权特定效力的禁止，其价值在于对专有权行使实施适当控制，保障社会公众对专利技术的合理分享，从而实现专利技术的充分利用和公共利益的维护。在此意义上，专利权人承担的义务是其享有专利权所必须付出的代价。

(二) 权利限制语境下的专利权限制

专利权是产权的一种，因此，权利限制亦存在于专利法领域。迄今为止，一直存在一种不可动摇的趋势，这就是对所有人随心所欲处置其财产的自由，加强法律上的限制。德国学者基尔克发展的"禁止权利滥用"理论在立法上已有所反映。如1919年《德国魏玛宪法》第153条第3项规定"所有权负有义务，于其行使应同时有益于公共福利"。1907年《瑞士民法典》第2条规定了诚实信用原则和禁止权利滥用原则，并在第641条规定"物的所有人，在法令的限制内，对该物得自由处分"。如果以前财产还意味着绝对权利，那么20世纪中期以后，财产法在法律上还意味着责任。因此，牺牲个人的财产权和契约自由，以达到维护法律秩序的目的极大地动摇了"意思自治原则"。就规范形式看，财产法中的限制如土地征收和国有化等强制性规定日益增多。此外，行政法对财产使用的限制也与日俱增，如土地法、城市建设法、环境保护法、自然资源法等都对财产作出某些限制，设定财产负担。社会经济资源分配矛盾越激烈，权利限制趋势越明显。

专利权作为典型的知识产权，是对创造性的知识成果享有的财产性质的专有权。专利权限制也反映了财产权限制的普遍特点，笔者试分析如下：

1. 自然权利与先决条件

洛克的自然权利理论认为，满足"先决条件"的权利才具备正当性。洛克设定的先决条件是，别人不会因为劳动者的占有和获得所有权的行为而使自己的境遇变得更坏。换言之，权利的取得不会损害他人的正当利益。这是一个显而易见的哲理。专利权必须依法定条件和程序并经国家授权后取得，因而不属于自然权利，而是法定权利。但是，抛开专利权固有的社会政策因素，以权利哲学的朴素观点判断，专利权的成立是否符合"先决条件"仍然没有超出自然法的普适限度，即专利专有权的赋予是否会影响公众对公共知识的获得和再创造能力。如果专利权不存在限制，显然这一条件是无法得到满足的。权利限制，在确保专利权人基本权利的基础上，保障了公众自由接近信息的机会。这种限制直接反映了专利权制度的根本目的，即促进智力创造及智力成果广泛传播，最终促进社会、科学和文化的进步。

2. 资源的社会分配

公平和效率是法律的两大基本价值。财产权是法律对资源分配进行利益确认的结果，因此，利益的权利化和财产化应当符合公平价值和效率价值。在我国当前的社会条件下，效率优先、兼顾公平的资源分配方式是正义的体现。

对于资源分配的正义，博登海默认为：正义所关注的是如何使一个群体的秩序或者社会的制度适合于实现其基本的任务，满足个人的合理需要和要求，并与此同时促进社会进步和社会内聚性的程度——这是维持文明社会生活方式所必需的——就是正义的目标。罗尔斯认为：正义的主要问题是社会的基本结构，或者更准确地说，是社会主要制度分配权利和义务，决定依据社会合作产生的利益进行划分的方式。罗尔斯从正义哲学出发，为专利权限制的正当性从利益视角提供了一个法哲学的标准，参与分配的主体达到利益均衡的状态，从而使他们的利益各得其所。

正当性条件在法律上表现为权利义务的配置。法定权利确认存在两种基本的形式：一是对权利进行保护性规定，二是对权利进行限制性规定。专利权的权利限制属于后者。法律以权利和义务为调整内容。知识产品权益分配的公平正义，是以专利权人的权利和义务与社会公众使用知识产品的权利和义务相对等的形式体现的。具体而言如下：

第一，专利权人利益的实现以社会公众履行相应的义务为前提。从权利哲学的观点看，专有权属于对世权，权利相对人是全体社会公众，均负有不妨害权利人行使正当权利的义务。换言之，权利的实现与他人履行义务密切相关。权利的存在和实现都具有社会性，权利总是存在于人与人之间及人与社会之间的相互依存和相互联系之中，专利权亦不例外。在专利权人获得、行使与保护专利权的整个过程中，都不可避免地与他人发生一定的联系。在这种联系中，专利权得以被维护和有效发挥作用的根基是专利权人以外的任何涉及知识产品的使用、流转的人要履行有关义务，如使用知识产品付费的义务。能否保障专利权专有性的关键，在于社会公众是否履行相应的义务。

第二，社会公众履行相关义务的同时也需要获得专利权的相应利益。个人总是并且也不可能不是从自己本身出发的。不受限制的专利权的行使会损害甚至严重阻碍社会公众对知识和信息的获取。从权利与义务对等的公平角度讲，社会公众在履行专利权义务的同时，需要从专利权中获得相应的利益。专利权限制提供了公共利益实现的途径。

3. 客体的社会属性

作为知识产品的专利技术是对社会既有知识的再利用和再创造，因而其产生具有两重性。首先，它是创造者个人创造性劳动的产物。其次，它的创造离不开对先前和同代人已有知识产品的借鉴、吸收，具有内容的继受性和时间的继承性。如果排除社会公众对其合理的分享，仅仅视为创造者的私有之物，知识产品就无法成为人类共同财富，对人类的科学文化必然造成损失。"知识财富本质上是人类共有的"。为了保障社会对知识产品的接近和使用，显然有必要对专利权进行适当限制。换言之，对专利权的权利进行限制是为了保障围绕知识产品而产生的社会公共利益。专利权的正当性在立法思想上的表现是生产更多的社会商品胜过发明者个人的自然权利。

4. 社会义务的承担

哈耶克指出，责任是自由权利的应有之义，自由权利的论据只能支持那些能够承担责任的人。一定的权利总是与一定的义务或者责任构成统一体，这是法理学的基本观念。享有自由权利不能忽视社会义务。权利必须以一定的社会责任为前提，必须受到相应的责任限制。当权利与责任不能并存的时候，为了使人们不至于只注重权利而放弃责任，法律总是通过限制权利来促使人们对社会责任的承担。在此意义上，专利权限制等同于专利权人在享有专利权时所必须付出的代价。专利权的权利限制对公共利益的维护，也体现了专利法中专利权人在获得法律专有权的同时，必须承担促进知识和信息传播的重大社会责任。由于专利权是一种确定的法定权利，确保应当赋予公众对知识和信息接近的基本权利，这是专利权人间接履行社会责任的体现。对知识产权专有权范围的确定，应当服从社会对知识产品接近和使用的主张。上述社会责任的实现，为社会公众对一些未授权的使用提供了"安全港"。这与"公众不被视为不合法地侵占了私人领域中的行为人的特权，而是被认为是创造、维护和确实通过自己的行为体现了必要利益的存在"的思想根源是一致的。

三、专利权限制的外延和类型

（一）专利权限制的外延

1. 从专利权限制来源考察

从权利限制的历史起源来看，西方法学史上最早系统论述权利问题的当数英国 19 世纪唯心主义哲学家约翰·密尔。密尔在其力著《论自由》中探讨了"社会所能合法施用于个人的权力的性质和限度"，强调康德所主张的"由公共强制性法律所规定的外部限制"必须具有适当性，必须以个人权利的行使是否具有危害他人合法利益的后果为标准，为这种日益增长的"加强社会的权力而减弱个人的权力的倾向"设定限制。上述论点在肯定权利外部限制的同时，也对权利限制的标准和界限进行了探讨。

自 20 世纪以来，各国立法和判例学说进一步发展了密尔所说的"外部限制"，不仅包括适当限制权利的强制性公法措施，还以民法上的诚实信用、禁止权利滥用及公序良俗等基本原则限制了权利行使的自由性。同时，在社会本位的权利思潮的影响下，在权利限制方面出现内部限制，即以《德国魏玛宪法》第 153 条规定的所有权负有义务为核心，认为权利本身包含义务，应为社会目的而行使。从此，为了实现法条本身所赋权利的目的而由法条自身所设定的限制也逐渐发展和完善起来。

因此，从权利限制的来源而言，权利限制的外延包括外部限制和内部限制。考察国际公约和各国或各地区关于专利权限制的相关立法，对于专利权的限制既包括内部限制也包括外部限制。专利权内部限制是指依据专利法本身所赋予的实际或可能的限制；而专利权外部限制是指专利法之外的法律或原则对专利权行使的规制。

（1）专利权内部限制。专利权内部限制指的是专利法本身对于专利权行使作出的限制性规定。根据有关限制或例外是否可以直接依据法律规定而获取，专利权内部限制又可分为一般限制和特殊限制两种类型。

专利权一般限制是指第三人直接根据法律规定，在一定范围内使用专利权人发明创造的限制。这些限制或例外依据法律的规定便可直接获得，无须辅以任何第三方行为，就可以在一定范围内使用专利权人的专利。此类限制主要用于调整专利权人与专利技术使用者之间的关系，限制专利权的不当行使，避免对正常的生产、生活秩序造成妨碍。从相关国际公约和相关国家立法例来看，专利权一般限制有两种立法模式，第一种模式是就专利权一般限制的各种类型分别予以规定。一般认为，专利权一般限制主要包括先用权例外、实验使用例外、权利穷竭例外、临时过境例外等。该种模式多为各国国内立法所采用，具有明确性和可操作性。第二种模式是笼统规定专利权一般限制所应当满足的条件，而对其类别不做规定。该种模式具有较大弹性，更适合国际层面的协调，因此更多为国际公约所采用。如 TRPIS 第 30 条就采用了这一模式。

专利权特殊限制是与专利权一般限制相对而言的，其产生不仅要基于法律规定，而且需要辅以第三方行为，如政府当局的审查和授予行为。该类限制主要用于调整专利权人与社会整体利益之间的关系，以防止专利权人滥用专利权利。专利权特殊限制一般指的就是专利强制许可制度。与一般限制制度相比，由于专利权特殊限制制度并非可以直接依据法律而产生，还需要经过第三方审核等行为，其运用并不如适用专利权一般限制的行为那样频繁。从目前的相关国际公约和国内立法来看，对专利权特殊限制的规定普遍存在，如 TRIPS 第 31 条就规定了专利权特殊限制制度。

（2）专利权外部限制。专利权的外部限制，是指运用专利法之外其他法律对专利权的行使进行的限制。它是在专利法对有关权利行使的规制不明确时，诉诸处于私法普通法地位的民法以及维护社会整体地位的"经济宪法"——竞争法，运用诚实信用原则和权利滥用禁止等基本原则和公法方法，对专利权的行使施以一定程度的限制，从而发挥在特定情况下的漏洞补充作用和协调作用。由于专利制度的宗旨和目的在于平衡专利权私人利益和社会公共利益，直接关系到各国国内政策目标的实现，而仅仅依靠专利法的内部限制不可能实现这些立法目的，因此，在专利法之外，还需要民法、合同法、竞争法等外部法律对专利权的行使进行规制。专利权内部限制和外部限制互相配合、相互依赖，二者构成完整的专利权利限制体制。

2. 从专利权限制制度的不同功能取向考察

受益性限制在专利权限制中处于核心地位，这是由专利法的社会功能所决定的。虽然物权也有授予第三人利益的限制，比如不动产相邻权和地役权制度，均是以所有人以外的相对人受益为目标。但是，物权法上的受益性限制的相对人是特定的，而专利法上的受益性限制的相对人不是特定的，只要符合法定条件的合理利用人均可以成为受益人。因此，物权的受益性限制和阻却侵害限制比较，阻却侵害限制是常态限制，受益性限制是例外限制。然而，对于专利权而言，受益性限制是常态限制。受益性限制、利他性限制或增益性限制的受益主体是不特定的第三人，这是专利权限制的重大特点。物权限制则不同，受益性物权限制的受益人是特定的。因此，专利权限制的他人受益性的实质是对公共利益的整体维护，而不是特定的某一个人获得利益。

同样是相对人受益制度，为什么物权和专利权限制会存在如此巨大区别，这正是本书研究的主要问题。下文将对专利权客体属性进行经济分析，以揭示客体的属性对于限制制度的决定意义。

不少学者认为，专利权限制的目的是防止专利权滥用以维护公共利益和第三人利益。笔者认为，这种观点泛化了专利权限制的功能。

滥用专利权的行为通常表现为权利人利用专利权垄断性带来的市场支配地位，获取不正当利益。常见的表现形式有捆绑销售、专利联营、价格不公、不当限制和拒绝许可。虽然专利权限制制度本身具有规制专利权滥用行为的功能，但是专利权限制制度的意义不局限于防止专利权滥用。专利权限制的设定，并不以专利权人是否在正当范围内行使权利为前提。即使专利人合法行使权利，仍然会受到限制。最典型的例证是备受争议的相对人受益的限制制度——专利强制许可，就是针对合法行为的限制。也有学者认为，符合法定条件的专利技术的不使用也应该视为专利权滥用行为。这种扩大化解释显然违背了语义学的基本规则，缩小了专利权限制制度的内涵。把专利权限制制度等同于防止专利权滥用制度，这是对专利权限制制度的误读。禁止权利滥用是民法的基本原则，以禁止专利权滥用作为专利权限制的主要功能显然是将专利权限制功能泛化和弱化了。因此，对专利权限制作体系化研究是有必要的。

笔者试图通过具体的制度分析，剖析制度创设的目的，以探求各项限制制度的正当性，并作为专利权限制规范分析的依据。专利权限制的具体制度可作如下分类：

（1）对专利权客体的限制。专利权的客体是专利权的垄断对象。专利权成立的前提条件之一是某项发明或技术是否能够申请专利，这实质上涉及在授予专利权时，政府或授权机构对专利权的客体通过审查的方式予以限制。

客体限制可分为两个方面。第一是客体范围的限制。一般做法是确定客体的排除范围，即选定不能成为专利权客体的范围。印度曾经取消对药品的专利权保护，在当时的印度，药品因而不能成为专利权的客体。第二是对象条件的限制。在可以成为客体的范围内要求该对象客体具备一定的实质条件，最终确保被授予专利权的客体符合人类最基本的道德伦理要求，不妨害人类生存生活和发展并有助于国家利益和社会福利的实现。世界各国多采用审查制度，以确保专利权授予的正当性。通过对某些客体的排除，将其列为禁止授予专利权的范围，进而否定其可专利性，使其不能成为专利的客体。

（2）对专利权排他效力的限制。第一，先用权制度。专利权人对发明创造技术成果申请专利的时间在先，这是专利权人享有专利权的正当性所在。然而，当这种权利只符合程序上的正义而不符合实体正义时，就需要通过限制专利权人的排他利用权来矫正。先用权对专利权的限制实质上是由于相关专利在取得时的新颖性要件上有瑕疵，而导致的该专利权权能上的缺陷。第二，合理使用制度。合理使用制度是指符合法定条件的主体制造专利产品或实施专利方法，可以不经专利权人的许可，也无须向专利权人支付费用的制度。合理使用制度体现了专利权被授予不应妨碍社会进步和正常生活秩序的公共政策。第三，强制许可制度。专利权的性质是专有权，非专利权人如果实施专利应当得到专利权人的许可。强制许可是指在特定情况下，由专利权主管机关根据法定条件将专利实施的权利授予合格的申请人。所以强制许可是通过行政力量、违背专利权人的意志，将发明或实用新型专利实施的权利授予符合条件的他人。专利强制许可制度的价值在于，实施能够满足人类社会的需要却又得不到实施的专利。专利国际公约和实行专利制度的国家都规定了专利权的强制许可制度。《巴黎公约》第5条规定"本同盟各成员方都有权采取法律措施规定授予强制许可"。强制许可包括普通强制许可、公共利益的强制许可和依存专利的强制许可三种类型。第四，专利权穷竭原则，又称专利权用尽原则，是指专利权人在制造进口或者经专利权人许可而制造进口的专利产品，或者依照专利方法直接获得的产品售出后，使用、许诺销售或者销售该产品不构成侵犯专利权。第五，专利权时间效力的制度。专利权一旦被授予，该专利权的客体就不会灭失。如果不规定专利权具有期限性，专利权会一直存在。他人获得一项专利权将会变得越来越困难，这将阻碍知识产品的利用和再创造，对于社会公众和创作者而言是严重的利益损害。没有期限限制的专利权的授予会使他人陷入不利的境地，因而缺乏正当性。因此必须对专利权的期限予以限制。

（3）竞争法对专利权的限制。专利权人享有支配专利的权利，包括实施专利并销售专利产品、转让专利和许可他人实施专利。由于专利权人的垄断地位，还必须对专利权人的竞争行为进行规制。专利法律规范所确立起的是一种与竞争相对立的垄断机制。专利制度是以牺牲市场的有效竞争为代价来促进科技和社会进步，竞争法恰恰是以促进市场中各主体之间的有效竞争为其最根本任务。有效的竞争是消费者最终能够以竞争价格而不是垄断高价获得商品的保障。TRIPS 规定了"授予权利的例外"，实质上就是在传统的强制许可制度的基础上，详细规定了授予强制许可的具体条件。应当注意的是，TRIPS 第 31 条有个"帽子"，即"如果成员方的法律允许未经权利持有人许可而就专利的内容进行其他使用……包括政府使用或政府授权的第三方使用，则应遵守下列规定……"并在注解中将"其他使用"解释为"第 30 条允许的使用以外的使用"。该规定表明，强制许可既不是强迫专利权人许可使用专利权，也不是第三人可以随意使用，而是"成员的法律允许未经权利持有人许可而就专利的内容进行其他使用"，且为"第 31 条允许的使用以外的使用"，除此之外，还要遵守第 31 条中的限定条件。可以说，TRIPS 第 31 条是对"权利滥用限制"的限制。

（二）专利权限制的特征

关于专利权限制制度的特征，可归纳如下：

1. 专利权限制制度具有法定性

这与知识产权具有法定性是一脉相承的。由于专利权的限制会对专利权人的利益产生实质性影响，专利权限制在范围、程度上都必须以法律的明文规定为准，否则可能损害专利权人的合法利益。因此，这一特征表明，限制权利必须以明确的法律规定为前提，而不能任意人为扩大或缩小专利权限制的范围。

2. 专利权限制制度具有有限性

权利限制从本质上来说是对专利权的效力范围的进一步划分。所谓"限制"是相对于绝对的垄断权而言的，具有绝对的垄断权的专利权事实上从来都不存在。因此，专利权利限制制度是专利制度的组成部分。限制专利权本身并不是为了阻止专利权这种专有权的实现，而是为了更好地使权利得到实现，这就要求对专利权的限制必须合理。如 TRIPS 第 30 条规定，"各成员可对专利授予的专有权规定有限的例外，只要此类例外不会对专利的利用发生无理抵触，也不会无理损害专利所有权人的合法利益，同时考虑第三方的合法权益。"专利权限制制度具有有限性这一特征表明，专利权限制制度必须以不妨碍专利权的正当行使为原则。

3. 专利权限制制度在具体内容上表现为对专利权人"消极权利"的限制

专利权限制制度是从权利的"禁"的方面进行限制，即使专利权人本来可以禁止他人使用专利产品的行为被"解禁"了，从而使他人能够在一定范围和条件下使用专利产品。因此，它对专利权人而言，是对其利益的一种制约，对于专利产品的使用人而言，则是一项法定的利益。

4. 专利权限制制度具有可变性

如前所述，专利政策乃至知识产权政策的目的是推动科技创新、社会进步。在国内层面涉及的是专利权人、专利使用人和社会公众的利益平衡，在国际层面涉及发展中国家和发达国家的利益之争。因此，专利政策本身涉及的是利益界定和平衡问题。由于科学技术的发展和时代的变迁将引起经济利益格局和社会需求的变动，导致专利权保护政策在不同时期和社会会有不同的变化，从而对于专利权限制制度的要求也不一样。下文所说的专利权限制制度的历史发展足以证明这一点。因此，专利权限制制度并非一成不变的，其内容和程度可能随着不同时期、不同社会的不同需求而出现不同变化。

第二节 专利权限制的历史考察

人类史上的三次科技革命，让现代科学迸发出前所未有的能量，使得社会解放与社会规制之间的动态张力，成为对现代性的过度与不足进行重构管理的两大核心之一。回顾这三次科技革命可以发现，每一次科技的更迭、思想的流变，都与社会制度的变迁错综交织并相互影响和促进。专利制度作为法律规范与科学技术、市场经济相结合的制度体系，亦是如此。尽管有学者反对"知识产权法是自然秩序的反映或者由某种更高级的哲学原理所塑造"的观点，但对专利权及其限制的考察难道真能够抛弃科技和哲学的内核，在专利制度的闭合域场内探索它的真知？显然，这无法获知研究对象的本质。吴经熊曾言："知识上的解放，是关于科学和哲学的问题，要以大学所说的致知格物为宗旨，并运用批判的精神、怀疑的态度来研究学问。"因此，对专利权限制的考察，既不能忽视启蒙时期自然理论的影响、18世纪功利思想的导入、20世纪对专利制度的后现代解构，也不能撇开科学技术发展与专利制度演进的内在联系。

一、自然主义的兴盛与封建特权的衰落

15—17世纪不仅是政治革命、文化激变、社会转型的时代，也是科学革命的时代。在1642年英国资产阶级革命爆发之前，伽利略运动科学的奠基之作《两种新科学》、开普勒的《新天文学》、笛卡尔的《方法论》和《几何学》都已相继出版。被视为物理学方面最重要和最有影响的近代科学著作——牛顿的《自然哲学和宇宙体系的数学原理》，也在"光荣革命"之前问世。数学、天文学、物理和机械等学科的大发展让神成为质疑的对象，其自身理性和意志逐步得到肯定。因此，在认识和把握自然规律的基础上，人类开始根据自身的意志利用科学规律，将其融入新技术的发明之中。从文艺复兴至工业革命期间，自然科学的勃兴对欧洲各国工业技术的迅猛发展作出了卓越贡献。欧洲各国在冶金、煤的开采和利用、纺织、精密仪器、船舶技术等方面都取得了长足进步。制造技术迅猛发展的直接受益者就是从事工业制造行业的商人们。为了维持这种技术利益的稳定性，商人开始思索一种独占新技术和新行业的法律途径。

据史料考证，在早期欧洲封建国家，专利制度的创设并非应用于科学技术的创新，而是为了限制竞争以获取丰厚利润。在某些特定行

业，王室授予商人在一定时期和区域的独占经营权，以保障王室与商人的共赢。15世纪初，随着地中海地区商品经济的日趋发达，在东西方海上贸易的枢纽威尼斯，商人们受此种行业专营模式的启发，开始向议会申请某些工业制造技艺的独占经营权。随着16世纪大航海时代的来临，海上探险者对新航线的开辟和地理知识的颠覆，使得威尼斯失去其枢纽地位，经济由盛转衰，各行业的商人们在利益的驱使下纷纷流向欧洲各国。商业活动的转移直接导致专利制度在欧洲的散播，商人为保障行业垄断带来的高额利润，对其所在国家的王室政府也提出授予技术独占经营权的请求。由此，专利制度在欧陆各国开始生根发芽。与欧洲大陆仅一峡之隔的英国也受此重商主义的影响，开始设置技术类专利制度，以促进国家经济的发展和王室收入的增加。

从早期以王室颁发令状对工业发明进行保护的特权制度到1624年《英国垄断法》的诞生，英国专利制度的发展并非一帆风顺。自伊丽莎白一世继位以来，王室为了摆脱财政困境和体现王室的恩惠，频频授予臣下和外国商人专利权，其中，包括制盐、产醋、织布、皮革、采矿等与生活日用和物资生产密切联系的制造行业。英国王室对专利特权的滥用，一方面引起平民大众因物价上涨产生的强烈不满；另一方面招致其他商人因无利可图对王室和专利商人的激烈反对。这场关于专利制度的利益之争逐渐转化成商人权势与君主权力之间的政治斗争，制度改革一触即发。1601~1689年，经过一系列围绕专利问题的垄断之争后，新兴资产阶级取得了最终的胜利。《英国垄断法》的出台限制了英国王室授予专利的部分权力，《权利法案》的颁布则标志着国王在专利领域内统治权的结束。

通过前述分析不难发现，这种封建王室权力向资本主义商人权利的过渡，实际上是王室与商人利益博弈的产物。如果只是停留在这一事实层面，忽视对资产阶级的智识武器的挖掘，我们对于专利权及其限制本质的认知依然是模糊而有限的。在这一人类文明大转型的历史时期，思想领域经历了文艺复兴、宗教改革、罗马法继受等一系列运动，披着理性外衣的自然主义哲学开始兴盛。历史表明，体现自然法思想最为重要的指标就是自然权利，尤其是理论和实践语境中作为一项基本自然权利观念的财产权利。霍布斯从人性欲求的角度出发，阐释了财产权的自然权利本质。洛克则以劳动理论论证了财产所有权是一种绝对的自然权利，此种基于劳动的财产权理论被世人认为是他对法哲学作出的重要贡献之一。在17世纪以来日益扩大的工商阶层之中，劳动论成为得到广泛认可的关于自然权利的主张。在这一理论的影响之下，专利权也开始被纳入自然权利的谱系。

专利权是一种自然权利，首先意味着智力劳动是一种与体力劳动同质的劳动形式。在自然状态下，每个人都有体力或者智力劳动的自由，但并非所有简单的体力或智力劳动都能够自然地产生对有体物或无体物的占有。因此，洛克给财产权的取得增设了一个基本前提：只有在未被他人占有的土地或物上渗入自己的劳动，使其脱离自然的或原有的状态，劳动者才能使其成为自己的财产。无形财产的取得与有形财产取得的原理可谓异曲同工，只有创造性的智力成果才能被劳动者所拥有。另外，专利权作为以劳动为基础的自然权利，其取得必须要以适当的限制为先决条件。笔者将洛克的这三条限制性先决条件概括为：个体在取得财产所有权之时应为其他人留下足够而良好的部分；个体占有财产时不得侵占他人已占有的部分或损害他人的利益；个体取得财产所有权时以不造成浪费为限。

作为社会契约学说的集大成者，卢梭的契约理论也被引入专利权保护和限制理性的论证之中。依据专利制度的契约理论解释，专利制度如同国家与发明人之间的一种契约，政府代表公众授予发明人在一定期限内独占实施其发明创造的权利；作为对价，专利权人也必须将其技术方案完整清晰地公开于世，待保护期限终止，他人均可自由使用。

此外，相比于洛克的劳动理论，社会契约论更强调财产权的公意基础。专利权作为财产权的一种，只有得到集体的认可，才具有实际的力量。因此，在个体的专利权违于公意，有损于公众整体利益之时，对专利权进行必要的限制就成为"全体迫使他服从公意的规定"。尽管上述自然权利论和社会契约论在应用于专利权及其制度时都存在种种为后世学者批判的理论缺陷，但在17世纪的欧洲，这两种思想理论对专利权的产权属性明确和合理限制，都发挥了不可磨灭的作用。在权利限制方面，归纳起来有以下方面：

（1）自然权利理论为限制专利领域的封建王权提供了具有正当性的智识武器。专利权如同其他财产权一样，作为一项自然权利是人与生俱来的，权利人享有支配权利的最高地位，国家不得任意处分和滥受。因此，专利权作为发明人的一种私权，必须要摆脱封建王权的枷锁。

（2）自然权利论和社会契约论成为合理限制商人专利垄断权利的理论基础。同其他财产权一样，专利权的取得和行使也并非完全没有条件和限制的。具体来说，专利权的取得必须遵循劳动理论的三个先决条件，专利权的行使不得有损公众整体之利益。这种限制条件在1624年颁布的《英国垄断法》中得到了充分体现。为限制商人的垄断权利，在《英国垄断法》第6条中对发明的授予规定了7个限制条件：授予专利的发明是尚未在国内使用过的产品；专利须授予最早的发明人；不得违背本国法律；不得提高商品价格以致民众利益受损；不得扰乱贸易秩序；不得引起不便（如失业）；最高保护期限不超过14年。

上述分析可见，专利权限制制度的第一次转型是在文艺复兴到英国资产阶级革命期间。理论科学的发展带动了新技术的涌现，商人则给技术的开发注入了"利益之油"，为寻求利益的法律保障，技术开发开始与专利制度结合。在当时君主制体制下，王室对专利权的滥用和对重要行业的把持，必将导致王室与广大普通商人之间的利益冲突，日渐强盛的商人阶层拉开了反对王室专利特权运动的序幕。同一时期，自然权利理论的成熟为资产阶级在这场运动中提供了限制王室特权的正当性依据以及防止专利权人过度垄断的合理性条件。《英国垄断法》颁发以后，英国王室特权在专利领域逐步淡化，新的专利制度为商人投资技术的开发及商业化应用提供了可靠的法律保障。在资产阶级重商唯利的本性催生之下，为了追逐技术垄断带来的高额利润，商人和发明人对技术的创新迸发出前所未有的热情，促进了18世纪以蒸汽机的发明为标识的第一次技术革命的兴起。

二、功利主义的导入与国际公约的萌生

第一次技术革命之后,英国专利制度在实践中逐渐暴露出申请费用高昂、申请程序烦琐、专利授予规则杂乱、审查力度欠缺、专利诉讼判决无常等弊端。与专利制度有着利害关系的生产商、发明人和律师群体开始呼吁改革专利制度,要求简化专利申请的行政程序和加强专利保护的实际效力。这一改革的呼声不仅促使英国议会对专利法进行修订,更引发了一场旷日持久且波及欧洲主要工业国家关于专利制度废止的论战。围绕专利制度存续的必要性与合理性问题,交锋双方提出了各自的理论依据。

作为发难的一方,废止论者首先认为专利制度带来垄断有违"贸易自由"和"契约自由"的法律精神。19世纪是自由资本主义时期,自由放任主义思想倡导经济市场的自行其道是最适当和最便捷的方法,能避免任何由政府规制所造成的效率不彰。在科学技术的开发方面,政府的职责是保护个人发明活动和商业应用的自由,现行专利制度对发明活动和贸易自由的约束违背了这一自由原则。其次,废止论者认为专利申请的高昂费用增加了生产商的生产成本和消费者的生活成本,进而在一定程度上削弱了生产商的市场竞争能力并损害了公众的整体利益。最后,他们还认为专利申请的烦琐性和使用的排他性阻碍了技术的快速发展与自由传播。一方面,烦琐的专利申请程序以及审查人员的有限导致审批周期的加长,新技术的商业应用被延滞,而商人和发明人在得不到利益保障的情况下不会持续地投身于发明活动,技术的发展和传播就必然受到制约;另一方面,发明专利使用的排他性规则阻碍了其他发明人对现有发明的改进和完善,进而阻止了技术的更新换代。基于上述理由,主张废止论的商人、发明人、学者要求彻底废除专利制度,采取政府奖励制度来激励人们的发明活动。19世纪中期,废止论在荷兰、普鲁士、瑞士等国家转化为废除专利制度的实践,英国专利制度也处在存废的风口浪尖。

面对废止论者的挑战,专利制度的既得利益者和学界支持者将专

利制度正当性的理论基础指向了早期的自然权利论和新近的功利主义。其中，由功利主义哲学孕生的激励理论，成为支持者为专利制度存续辩护的最重要理论依据。经济学之父亚当·斯密认为，相比于其他对社会无益的垄断，通过专利制度授予发明人期限性垄断经营权是对发明人投入的必要回报。商人在取得专利之后，都会尽其所能地为他所能支配的全部资源（包括专利）寻求最佳的利用方式，使资源的利用达到最大化，从而不自觉地被引导着为满足社会的最大需求而工作。边沁将社会正义的标准确立为"功利"的计算，法律作为功利主义的工具，目标在于增进社会的总体幸福。因而，政府授予发明人的期限性垄断权作为激励发明创造的方法是，最实用且与发明的价值目标最为相配，这与被视为过街老鼠的其他垄断不可混为一谈。边沁的追随者密尔也认为，授予发明人短时间的排他性特权是最有效的激励手段，而专利制度则是给予发明人合理补偿和回报的法律保障。

基于上述功利主义的论据，支持者为专利制度的存续展开了有力回击，并且在荷兰等国因废除专利制度导致了贸易下滑、竞争力衰退、不正当竞争加剧的事实面前，专利制度废止之争逐步停息。此次论战不仅让专利制度具有了更切合时代的理论根基，也促使专利制度的进一步完善，尤其是在对专利权滥用的限制方面。为了救济专利权对公共利益的损害和防止专利权人不实施或不充分实施专利，德国和英国分别于1877年和1883年开创性地在专利法中设置了专利强制许可制度。这种限制制度也随着全球化进程的加速，被其后诞生的工业知识产权国际公约所采纳。

第二次技术革命前后，蒸汽机在交通工具（火车和轮船）的广泛应用、内燃机的问世、电力工业的兴起，极大缩短了人类迁移的时间并增加了运输工具的载重量。跨国贸易由此有了质的飞跃，也成为西方资本主义国家经济发展的重要支柱。贸易的全球化使得世界范围内的社会关系得到强化，促使法律领域进入一个新的历史阶段：从法律散播到法律大联合的阶段。与贸易密切相关的专利制度也融入这场法律大联合运动之中。在形成统一的国际专利制度体系之前，各国专利制度的差异频频引发贸易冲突，从事国际贸易的商人迫切需要一个国际协议来保护其在各国的工业发明及工业产品。在此背景之下，欧洲主要工业国家于 1883 年在巴黎缔结了《巴黎公约》。《巴黎公约》一方面正式将专利权类型化（发明、实用新型、工业外观设计）；另一方面规定了工业产权保护的基本原则，即"国民待遇原则""优先权原则"和"独立性原则"。在 1925 年的公约修订会议上，缔约国为防止专利权人对专利权的滥用，将强制许可原则纳入《巴黎公约》之中。至此，出于保障贸易自由、促进专利商业应用、维护公众利益目的的专利强制许可制度，成为一项国际性的专利权限制制度。

综观本小节，专利废止之争后，激励理论成为专利制度的理论基石。19 世纪中期，主要资本主义国家发展到了自由资本主义的顶点，工业化生产无限扩大，各国政府和制度研究者沉浸在对专利制度的经济学和政策学分析之中，如何设计一套最有效率的激励机制成为他们关注的焦点，从而迷失了道德和价值上的正义追求。即便专利强制许可制度的创制，也是更多的出于保障国际间贸易自由和促进专利商业应用的目的。

三、后现代主义与专利制度的双重困境

到了 20 世纪下半叶，以电子信息技术、生物工程技术、原子能技术、新材料技术为核心的第三次科技革命，对世界经济格局和人类社会发展带来前所未有的冲击。正如伯纳德·科恩所说，在地球上已经很难找到一块有人活动的地方能够逃避这场革命带来的巨大变化。在专利法领域中，面对不断涌现的新技术领域，现行的保护和限制制度已无所适从。欧美各国政府开始积极探索对新技术领域和新技术产品进行更加完善的保护和限制的法律制度模式。

在新技术的专利保护方面，一是修改原有专利法的保护规则，扩大专利制度保护客体的范围；二是设置"工业版权""信息产权"和"植物新品种"等新的知识产权类型，并创制相应的保护法律或保护条例。在专利权的限制方面，竞争法的相关条款正式被纳入专利权的限制体系中，作为对专利权保护的补充。具体原因在于，专利保护领

域的宽泛化致使各类新技术财产面临产权归属及使用的空白领域和交叉地带，为制止产权归属和使用问题引发的不正当竞争，反不当竞争作为对自由竞争秩序的底线性保护条款被纳入其中。这一针对新技术领域的制度调整，对高新技术及其产业的发展产生极大的促进作用。在高新技术领域内，知识更新与技术换代的速度远远超越以往任何一个时代。高新技术产业作为一项朝阳产业，被各国政府视为发展国民经济和增强综合国力的又一重要契机。为把握此次契机，各国相继制订了科技兴国的战略及政策。

然而，这一看似欣欣向荣的场面并没有得到一致的喝彩，在后现代学者眼中，现代科学技术远没有消除人类社会的过度与不足，科学技术对人类社会的现代性承诺终是一场未竟的事业。英国社会学家桑托斯在审视现代解放（科学、法律和文艺）的核心承诺时指出，关于现代解放那些——平等、自由、和平以及驾驭自然——的核心承诺，经由历史和现实的验证，现代解放远未兑现。就平等承诺来说，科技转化为生产力，生产力的进步带来了丰富的物质成果，为人类建立一个更为平等、自由、和谐的社会提供了可能。事实恰恰相反，营养不良、死于饥饿和极度贫困等现象并没有因生产力的进步而消除，贫富之间的鸿沟反而越来越大。至于人类通过科技驾驭自然以增加共同福利的承诺，导致人们对自然资源不计后果的过度开发，引发气候灾难、臭氧层破坏和核武威胁。

在广大发展中国家，土地沙漠化、水资源枯竭以及垃圾污染等问题并没有因科技的进步而缓和，生态危机成为制约社会、经济、文化发展的致命因素。而20世纪末，微生物技术和基因工程的突破性进展，科学家开始解码和掌握上帝造物的密码——DNA序列。人类由此"处在一个利用基因可以解释和决定万物的时代开端"，人开始将自我上帝化。科学家根据自身的意志和社会的需求，能够创造新的动植物品种，甚至克隆人类自身。基因工程由此成为一把双刃剑。一方面，它在农牧、食品、医学和制药等行业的广泛应用，给人类带来了健康、财富和幸福；另一方面，转基因作物、转基因器官和克隆人技术等有违自然秩序或人类尊严的基因工程产物，也将人类拖入到一场关于环境、生命和医学的伦理道德争论之中。

针对上述科技的负效应，后现代学者不仅将矛头指向科学技术本身，也指向了旨在促进科学技术进步和经济社会发展的专利制度。这种对专利制度的诘难体现在两个方面：一是批判专利制度和跨国公司的话语游戏；二是对专利制度文本和体系的后现代解构。在达德沃斯的话语游戏中，他喻示我们正处在一个信息封建的时代。专利制度对技术财产权的再分配，使得智力公共财物的所有权转移到大型科技公司手中。而全球化在强化了大型跨国公司的权利的同时，削弱了主权国家的作用，国家保护其公民免受技术私有垄断影响的能力受到极大限制。因此，如同中世纪土地封建一样，跨国公司与社会公众对科技知识财产的掌握处于严重的不平等地位，跨国公司成了掌控知识和技术统治权的封建领主。达德沃斯对这一信息封建时代的叙事，始于"在公园荡秋千的儿童面临专利侵权诉讼"的故事，结于对人类文明发展历程中知识公共性的重要性分析。他通过对非洲健康危机、专利游戏规则、生物寡头垄断等问题的阐析，直指专利制度带来的两种危害：第一种是专利权扩张对自由的威胁，包括对自由发展、自由获取知识和自由使用技术的威胁。第二种是专利权配置格局对公众利益的损害，特别是在国际层面，欧美发达国家对国际专利规则的主导和跨国公司对核心专利网的把持，严重损害了发展中国家的利益（公共健康、商贸利益、科技进步等）。据此，对比专利保护体系中那些关于"促进技术革新与技术传播，使技术知识的创造者和使用者互相受益并有助于社会和经济福利的增长及权利和义务的平衡"的价值目标，专利制度已与它对人类社会的承诺渐行渐远。

德里达的后现代解构主义反对一切封闭僵硬的体系，它被引入法学之中有两条途径：首先是通过对法律文本性质的解构；其次是把法律与社会结构功能性地联系起来。布拉德·谢尔曼对知识产权法文本的考古学研究就充满了此种后现代解构与反思的主张。他以时间为线索，对湮没在历史尘埃中的各类知识产权文本材料进行解构，从中找出新的法律变动路径，重构知识产权法在英国演进的历程。谢尔曼的解构并未简化法律文本丰富的意义，而是将其塑造成充满张力的批判武器，用以反驳知识产权法背后的神秘基础（自然权利论、激励论、社会规划论等）。就专利的保护和限制制度而论，它以往的理论根基在此刻成为一种虚无的理论假设。与谢尔曼不同，苏珊·赛尔作为国际关系学者，她力图以形态发生的方法诠释体系、机构与国际知识产权协议产生的内在逻辑关系。苏珊对形态发生的层层解构揭示了当今国际体系中，主要跨国公司对专利权的集中控制，使得公众所必需的科技财产的支配权从政府转移至私人部门。进而，美国及其国内的主要跨国公司凭借所掌控的资金、技术和政治资源，成功影响全球知识产权制度制定和运行，以控制科技财产收益的再分配。这种权力向资本的转移，使得专利权被打造成发达国家和跨国公司获取超出正当界限利益的知识霸权。最为不利的是，在国际体系对知识霸权缺少必要限制的现况下，不发达国家不得不承受全球知识产权协议带来的种种恶果。

综观本小节，科学技术的第三次浪潮和专利制度的革新，带动了高新技术行业的兴起和生产力的快速发展。然而，在全球化的第三个阶段，知识和技术的支配权力由国家转移到私人部门，大大削弱了科技发展给人类社会带来的福利，甚至加剧了两极分化。从后现代主义学者对该问题的反思和批判中，可以得出这样的结论：现有专利制度体系对专利权限制的不力，致使科学技术及专利制度正面临伦理和价值的双重困境。伦理争议中的人体基因技术的专利化，使得专利制度自身也受到伦理道德的拷问。而现实与专利制度目标价值的背离，使得专利制度限制陷入价值困境之中。在此背景之下，专利权限制的何去何从，成为理论研究者在夹缝中探求知识产权理性的重要论域。

第三节　专利权限制的理论基础和适用原则

一、专利权限制的理论基础

作为特定知识产品的产权形式，专利权在 21 世纪知识经济时代将发挥日益重要的作用。专利权制度无疑是以权利保护为核心的，只有充分和有效的保护才能使知识产权鼓励创新的激励机制发挥作用。但是，专利权是一种独占性的权利，在某些情况下专利权人可能会滥用其依法获得的独占权，从而对竞争机制产生不良影响，以至于对科技创新及社会发展产生阻碍作用。对专利权的保护不能神圣化和绝对化，而必须有一个合理与适度的界限。专利权限制制度就是设置这一"界限"重要手段。本节从法哲学、经济学、社会学的角度分析专利权限制制度的理论基础，以期能够为中国专利权限制制度的发展起到一定促进作用。

（一）法哲学理论基础

法哲学研究的两个主要问题就是什么是正当法以及如何认识和实现正当法。我们可以从以下三种具有代表性的理论来考量专利权限制制度的正当性在法哲学上的意义。

1. 卢梭的"社会公益"理论

卢梭的财产观的核心是"社会公益"，公益就是公民多数的意思，因为他们为了自身的利益，总要考虑到社会多数人的利益。卢梭主张财产和正义的概念同时产生，把正义和财产结合在一起，其意义在于创立一种规范。在卢梭看来，所有权一经确定，就使财产成为真正的权利，也同时产生对个人的限制。财产权制度的目标是公共利益，财产权的依据来自于公益，公益必须从全体出发，才能对全体都适用。因此，对专利权进行限制是为了社会公益，也体现了社会公正。专利法本身就是国家进行利益衡量和利益选择的结果。

2. 扎霍斯的"抽象物"理论

扎霍斯通过对英国法的分析，阐述了专利权限制制度存在的正当性理由，同时他也指出：一个发明或一个作者只能期待某种高于其他人的暂时优势，这一优势的性质乃是一特许权，绝不能超越这一特许权。如果超出这个特许权，会危及他人自由和威胁分配正义。抽象物上的独占性权利增强了个人力量的派别倾向和危险程度，因此有理由对这些权利的范围加以严格限制，或者将其中的一些加以废除。专利强制许可等制度正是对专利权这种个人财产权的一种限制，通过限制专利权人的权利行使期限和范围，确保公众对专利的接触和使用，促进整个社会的政治、经济、文化的发展。

3. 洛克的"财产权劳动学说"

洛克认为，劳动成果无论作为劳动者所有物所产生的孳息，还是作为对痛苦劳动的回报，劳动者对其享有所有权都是正当的。所以他认为，只要不涉足于其他劳动者的劳动成果，劳动者拥有劳动果实的所有权，是劳动者的自然权利。但是正当性的劳动必须考虑社会公共利益，不能在占据劳动成果的同时阻碍他人在公有领域取得劳动成果的机会。如果不对专利权进行限制，就会出现大量的劳动成果被少部分人占据的后果，在公有领域中可以自由利用的创造性劳动就会越来越少，阻碍技术发展和社会整体进步。

(二) 经济学理论基础

法律经济学的供给—需求规则和成本—效益规则为解释专利权限制的经济理性提供了理论工具，也为进一步分析、评价以及朝着实现最大效益的方向改革专利权的各项具体的权利限制制度提供了理论依据。

1. 运用供给—需求规则分析专利权限制制度的正当性和合理性

正像萨缪尔森和诺德豪斯所说，供给和需求分析是经济学所提供的最有用的工具之一。它和瑞士军刀一样几乎可以完成任何简单的任务。供给—需求分析构成对商品及其生产要素经济分析的基本内容。专利制度为专利权人创设了一个市场权力，为专利权人对相关市场的垄断提供了可能性。这个权利的排他性阻碍了他人进入这个市场的机会，使他人丧失了对专利的使用以及在此基础上的新的技术开发。从市场角度看，市场需要大量的专利技术产品，需要专利技术的广泛传播。专利制度的垄断性可能会使正常的市场供求出现失衡，可能出现一方面市场呼唤专利的大量投入，另一方面专利权人却出于市场垄断

· 025 ·

战略无意实施专利，引起市场的不平衡发展。就专利权人来说，他的投入是进行智力创造活动，其产出是在取得专利权后实施专利或许可他人实施专利所带来的报酬。在绝对专利权的情况下，对专利权人表面上有利的因素有两个：第一，取得专利权的限制要求低，所以在取得专利的程序环节成本较低。第二，由于享有绝对的垄断地位，专利产品可以垄断高价进行交易并获得利润。但是，绝对专利权可能会导致供给与需求的平衡被打破。因此，对专利权的限制可以使供给与需求保持平衡，实现市场经济的良性发展。

2. 通过成本—效益规则分析专利权限制制度的正当性和合理性

依法清晰地界定产权，可以为各种产权交易创造良好条件。专利制度清晰地规定了专利权的归属以及专利权转让的条件。根据科斯定理，我们可以遵循这样一个通则：当双方能够一起谈判并通过合作解决其争端时，无论法律的基本原则是什么，他们的行为都将是有效率的。当专利权人通过协商把专利权转让给他人时，通过法律对权利、义务和责任的确认、分配和救济，促进实现社会资源的最佳配置，满足社会经济主体的最大需要和利益，并促使社会生活更富有效率。阻碍帕累托效益实现的市场失灵的原因是产权不清，从而导致交易成本的上升。专利权限制的经济理性就在于明晰产权，遵循交易成本最低化的原则，以调整专利权人和社会公众之间的权利配置关系，从而实现专利权人利益和社会公众利益的平衡保护，并追求社会效益的最大化。在专利权交易中，通过无交易成本的制度和降低交易成本的制度实现效益的最大化。

（三）社会学理论基础

社会学理论的产生有坚实的思想基础，运用社会学理论分析社会中的专利制度，可以表现出学科的综合、宏观理论和微观理论的综合。我们可以用社会学理论研究专利权限制制度作为一种文化范畴所具备的合理性。

1. 从达伦多夫的辨证冲突论分析专利权限制制度的合理性

德国社会学家达伦多夫认为："社会充满冲突，冲突促进社会的变迁，冲突的调节则维护着现存的社会结构。社会组织不是一个产生于共同愿望的系统，而是一个强制合作的联合体。在强制合作联合体中，作为资源的权力与权威，其分配不可能是平等的，于是就形成了支配与服从两种角色。这样一旦冲突形成，企图压制和消灭冲突是徒劳无益的。在现代社会中，只有通过制度化来调节冲突。"专利权限制制度就是在专利权人与专利使用人之间存在冲突的情况下产生的，专利权人与专利使用人作为不同的团体，拥有不同的价值，追求不同的利益，彼此对立。一旦双方发生摩擦，就会产生社会问题。国家通过法律直接规定了对专利权的限制，这种限制避免了专利权人与专利使用人在价值交易的过程中可能产生的冲突，避免了社会冲突，节省了不必要的社会成本。对专利权限制也是政府通过具有国家强制力的法律，对社会中可能出现的摩擦和冲突直接解决的过程。

2. 从霍曼斯的行为主义交换论分析专利权限制制度的合理性

霍曼斯认为，由于一部分人掌握着一些为他人急需的特殊的资源，因而被给予较高的地位，社会分层体系由此形成。依据分配公平原则，即人们在交换中，要对成本和报酬、投资和利润的具体分配比例作出判断。在投资相同的情况下，总是希望得到的报酬和付出的投资成正比；在成本一样的情况下，总是希望得到的利润与付出的投资成正比。如果人们不能公正地得到相应的报酬，那就会在报酬分配方面出现不公正或脱节的现象。这个理论可以用来解释人们在专利交易过程中的利益预期以及交易公平的问题。专利权人希望通过专利价值的交易来实现利益，同样，专利使用人想通过专利的被授予行使获得自己的利益。利益产生了冲突，国家需要根据分配公平原则，让利益在各个主体之间均衡化。专利权限制制度就是为了维持交易的公平，要让专利创造的社会价值和利润，按照一定的比例在专利权人和专利使用人之间进行分配。如果没有专利权限制制度，将会增加整个社会的发展成本，利益和利润不能实现均衡化，扼杀整个社会的科技创新意识，影响科学技术水平的提高。

二、专利权限制的适用原则

专利权限制制度之所以能入"法眼",主要是由于其符合利益平衡、保障公共利益和权利不得滥用原则的需求。也正因此,这些原则既奠定了专利权限制制度的适用基础,也构成该制度的适用原则。

(一) 利益平衡原则

利益平衡,又称利益均衡,指的是在一定的利益格局和体系下,出现的利益体系相对和平共处、相对均势的状态。在法律层面上,利益平衡是指通过法律的权威来协调各方的冲突因素,使相关各方的利益在共存和相容的基础上达到合理的优化状态。就专利权限制制度而言,该制度作为专利制度一个重要组成部分,与专利权保护制度一起分配、调和着专利权人、使用人和社会公众之间的资源、权益冲突,事实上是利益平衡原则的运作结果。因此,利益平衡原则是专利权限制制度的法理基础之一。可以从专利法的宗旨、专利产品本身的属性和专利制度的发展历史这三方面来作进一步阐述。

首先,从立法宗旨来看,专利法是以利益平衡为基础的法,利益平衡原则是专利法的基石。从法理学的角度来说,发明创造进入法律视野成为专利法的调整对象,除了商品经济和科学技术发展这两个前提条件外,只有当发明创造所体现的社会利益为法律所认可并需要由法律加以保护和调整时,发明创造才成为专利权的保护客体。专利法赋予专利权人的专有权,在本质上是为了保护专利法需要承认和保护的利益,而这些利益,无非是在专利产品创造、传播和使用等过程中所涉及的相关主体的利益,它们既涉及专利权人的私人利益,也涉及国家通过专利立法而需要实现的社会公共利益,特别是知识和信息的传播与使用中的社会公众利益,在国际层面上还涉及本国在专利保护中可能牵涉到的国内经济发展与科技进步等利益。因此,在专利权的法制框架内,每一个利益主体,包括专利权人、专利产品的使用者和传播者等,都有权在专利法的范围内寻求和获得最大化的利益,并且有权在专利法的限度范围内保护自己的正当利益不受侵犯或妨碍。专利法能否有效贯彻利益平衡原则,即能否维持对知识创造的激励与知识传播和利用之间的平衡,维护专利权人利益与公共利益之间、本国利益与国际利益之间的平衡,将决定其在现代社会生活中的地位。因此,专利法在以专有权保护专利权人利益的同时,也必须对这种权利予以合理约束。只有这样才能兼顾他人利益、公共利益,并最终实现各种利益的平衡。可见,兼顾各方利益,维系各方利益平衡,促进社会和科技发展是专利权限制制度乃至专利制度所追求的宗旨。

其次,就专利产品本身的属性而言,专利权的专有性与发明创造成果的公共特性是并存的,这一特性使利益冲突不可避免,从而必须运用利益平衡原则对相关矛盾进行调和。一方面,专利产品是发明创造者个人创造性劳动的产物,对其劳动必须予以尊重。同时,基于专利产品的公共产品特性,有必要赋予发明创造者对专利产品以独占性的专有权,以禁止或限制不劳而获的搭便车行为,维系对发明创造活动的激励和促进。另一方面,专利产品的产生具有社会性,离不开对人类已有的"知识共有物"的借鉴和利用,具有在内容上的继受性和时间上的继承性。基于此,知识产品在由其创造者享有的同时,社会公众对之也有一定的合法利益。为了保障社会公众能够接近和使用知识产品,确保社会公众对专利产品的合理需求,对专利权进行适当限制就成为必要。因此,专利的这一特性决定了在专利制度中必须同时兼顾专利权人利益与公共利益,专利制度的设计,必须平衡二者的利益。基于这一特性,并且考虑到专利法的社会政策目标是促进社会经济、科技和文化事业的发展与进步,专利法授予专利权人的专有权不是一种绝对权利,而是一种相对权利,这表现在对专利权本身的限制——专利权限制制度上。通过对专有权的适当限制,在确保专利权人基本权利的基础上,公众自由接近知识和信息的机会不会受到过多影响。这种限制同时也服务于专利制度的根本目的,即促进智力创造及其广泛传播,最终促进社会和科技的进步。这样,最终平衡专利权人和社会公众的利益关系,实现智力资源的分配正义。

最后,专利权限制制度的发展历史,也充分体现专利权限制制度是利益平衡原则的运作结果。如前所述，在专利制度建立之初，专利法的目的在于鼓励创新，促进科技和经济的发展，专利制度因此更倾向于维护专利权人的利益，致力于专利权保护制度的建立。对于专利权限制制度，则只有原则性的规定。随着社会的进步和科技的发展，专利作为一种垄断权对社会和经济的影响力愈发增强，专利权人与使用人、社会公众的矛盾也愈发突出，有必要强调对专利权人权利的限制以及对公共利益的重视，从而促进了专利权限制制度的发展与完善。而随着国际贸易和科技文化交流的进一步发展，原有的利益格局发生了相应的变化，于是，专利权利扩张、新的限制、相应的反限制，各种制度和措施都在不断地调整、变化，从而使专利权限制制度适应新的利益格局，达致新的平衡。可见，专利权限制制度乃至专利制度的发展与完善，目的均是适应新的形势需求，是专利权人个人利益与公共利益、本国利益与国际利益在相互博弈共存中协调和融合的结果。

（二）公共利益原则

知识产权是一种私权，但是，这种私权又具有很强的公共利益性质。实现公共利益也是知识产权法十分重要的政策目标。如《美国宪法》的知识产权条款就规定，"通过确保作者和发明者对其创作物和发明的有限期的保护来促进科学和有用艺术的进步"，这实际上反映了知识产权法的宗旨是实现公共利益。为了实现知识产权法上的公共利益目标，需要对具有私权性质的知识产权给予一定限制，对于专利权而言，同样如此。专利权制度需以公共利益为理论基础和政策目标的原因，总体而言，可归纳为如下三点：

首先，从专利创造的过程来看，维护公共利益的实现是专利制度的应有之意。任何发明创造都并非无源之水，它们都必须以前人所积累的现有公共知识资源为基础。因此，发明创造成果的产生并非单凭专利权人一人之力即可成就，而具有社会性。对该发明创造成果的产生，不能抹杀社会公共资源的功劳。故此，对相关专利信息的利用，专利权人不能毫无条件地独自垄断，而应给予他人接近和使用的机会，这就要求以公共利益为条件和宗旨，对专利权进行一定的限制。

其次，从专利本身作为一种政策工具的本性来看，公共利益作为一国所必须面对的公共政策问题，必然成为一国在设计和完善专利制度时所必须遵循的指导原则和考虑因素。如前所述，包括专利权在内的知识产权是一种手段而不是目的，对创新和创造性活动的鼓励、对专利权人合法垄断权的肯定，最终服务于更高的目的，即促进科技和社会的进步、使整个人类社会得以获益。以公共利益为引导、为底线，最终的结果是在专利制度中建立专利权限制制度，在一定限度上引导和限制专利权的行使，确保专利制度作为一种国家制度、一种政策工具，实现应有的功能和作用。故此，专利权限制制度在设计以及运行过程中，也必然以公共利益为指导原则和考虑因素。

最后，从专利制度对社会和科技的影响而言，公共利益原则的存在是引导专利制度得以长存和发展的必然选择。由于专利制度与知识、信息的创造和传播具有密切联系，涉及社会经济、文化、教育等多方面问题，直接或间接影响整个社会的进步和发展，这就决定了专利制度不能仅仅专注于对专利权人的保护，而应顾及广大使用者乃至社会公众的利益。而公共利益原则的存在，也确定了专利制度得以存续的深厚社会基础和正当发展方向。正如在阐述、分析专利权限制制度历史发展时提到的，包括专利权限制制度在内的专利制度在制定之初，即规定了它的公共利益宗旨。这一原则，正是专利权限制制度赖以建立、发展和完善的理论基础。

（三）禁止权利滥用原则

"权利滥用"这一概念自古罗马时期便已有之。当时的罗马法主要是从引水、通行等相邻关系的角度对权利作了一定限制。但由于适用范围狭窄，"权利不得滥用"只是某项规则，并不能上升到民法原则、法理基础的地位。"权利不得滥用"理论的真正兴起，是与所有权的社会化理论紧密相连的。近代以来，由于私权主义膨胀，权利本位思想成为这一时期的理论核心，"所有权绝对"的思潮一度盛行，对权利的限制则为人所忽略。直到19世纪末期，随着自由资本主义阶段出现的大量问题，如经济危机、贫富悬殊、工人运动乃至世界大战等，都让人们对自由资本主义制度进行了深刻反思，法律中心观念由个人移向了社会，法律思想由强调个人本位转向了社会本位。所有权的社会化理论从而兴起，要求对私人权利予以限制。"权利不得滥用"因此上升为民法原则，并正式出现在成文法典上。如《瑞士民法典》规定"行使自己的权利，履行自己的义务，应依诚实信用为之，权利滥用者不受法律保护"。该理论旨在否定个人所有权的绝对排他性，强调个人所有权的社会义务。应该说，从专利法的历史来看，专利法自诞生之初，便带有对私有权利的限制。从这个角度来看，专利权限制制度与所有权社会化理论没有什么联系，因此只能从法理的角度，来更好地理解"权利不得滥用"与专利权限制制度的关系。

首先，利益的选择和平衡是将权利不得滥用确立为专利权限制制度理论基础的一个重要原因。在法理上，所谓权利就是法律所承认和保护的利益，是立法者利益选择的结果。立法者进行这种选择的过程就是确定何种利益应该受到保护、如何保护以及保护到何种程度的问题。而"权利不得滥用"实际上是对权利效力所及的范围或者利益范围所附加的一种限制或约束。因此，从这个意义上而言，权利和"权利不得滥用"本身都是利益选择的产物。出于对利益的追求，不可避免会导致权利人滥用手中的权利。专利权也不外如是。专利法在保护个人私有权的同时，还负有促进社会发展和保障社会公共利益的使命，这就决定了必须对专利权进行必要限制，以免因为权利滥用而导致法律应予保护的其他利益受损。因此，在专利制度的设置中，专利权限制制度便应运而生。从利益选择的角度来看，如果说法律赋予专利权是立法者完成第一次利益选择的过程，那么，权利不得滥用以及专利权权利限制制度就是立法者对各方利益进行二次选择的结果，权利限制在本质上可谓是对专利权的效力界线的进一步划分。由此可知，专利权限制制度是权利不得滥用原则在专利制度中的适用产物，其以"权利不得滥用"为立法宗旨和指导原则。

其次，法律固有的滞后性和专利权范围的模糊性，决定了"权利不得滥用"是专利制度的法理基础。一方面，专利法与其他众多法律一样，需要以原则性规定作为补充漏洞、适应现实生活变化之用。由于社会是不断变化的，调整社会关系的法律必须适应这种变化，同时，法律又不能"朝令夕改"，必须保持一定的稳定性以维护其权威性。故此，包括"权利不得滥用"在内的一系列抽象性规定作为法律原则规定下来，以弥补法律具体规定的不足，适应变化莫测的社会现实需要。另一方面，专利权本身的特性，决定了须以"权利不得滥用"原则作为专利权限制制度的理论基础。就专利制度而言，由于科技发展瞬息万变，专利权作为一种抽象权利，其内容和范围随着社会和科技的进步，也在不断变动中。因此专利权的权利边界是具有模糊性的。如何认定专利权行使范围、在权利限制与否的争论中划分边界，就得依靠"权利不得滥用原则"。这样，无论社会现实如何变动，专利权范围和行使方式出现怎样的新情况，都能保证专利权的行使不危及他人和社会公众，以维护专利权限制制度乃至专利制度的正常运行。

最后，专利权本身的公共产品特性以及专利权对社会经济的重要影响，也决定了"权利不得滥用"是专利权限制制度的重要基础。如前所述，专利权本身是汲取社会公共信息资源的产物，不能阻止公众对相关信息的接近和必要范围的使用。而随着科技在社会生活中所发挥的作用越来越大，专利权对于市场竞争、科技发展乃至社会生活的影响也越来越大。因此，现实生活要求法律对此作出反应，使专利权人对于专利权的行使和垄断，不能过多影响他人和社会公众的利益。可见，专利权本身的公共产品特性以及专利权对社会经济的重要影响，决定了"权利不得滥用"原则在专利权制度中有着较其他民事权利更为重要的地位，使其成为专利权限制制度的理论基础之一。

三、专利权限制的方式

既然专利权需要进行限制，那么该如何去限制它呢？对此，学界众说纷纭，目前主要有以下三种限制专利权的观点。

第一种观点认为，权利限制就是指专有权所控制的行为之例外，那么专利权限制就是指把本来侵犯专利权的行为由于法律的特别规定而不视其为侵权。通常，为了社会公共利益等的需要，各国不会把以下几种行为视为侵权：在先使用人在原有范围继续使用专利的行为、专利产品售出后的利用处分行为、交通工具的临时过境和为科学研究而使用专利的合理使用行为等。

第二种观点认为，专利权是一种垄断性很强的权利，因此极容易导致专利权的滥用。也就是说，由于专利权的滥用根源在于专利权的垄断性，是专利权行使过程中附随引起的市场支配行为导致的副作用。因此，作为经济法领域的反垄断法的适用就显得十分必要。按照这种观点，专利权的限制就是通过反垄断法去对专利权人在行使专利权过程中滥用权利的行为进行规制。

第三种观点认为，权利的限制包括两个方面的含义，即对权利内容的限制和对权利行使的限制。按照这种观点，专利权的限制分为两个方面。第一个方面是对专利权内容的限制，就是通过立法的方式，在专利法内部明确地对专利权进行限制，也就是通常所说的专利权的内部限制，这些限制既包括对专利权地域上的限制，又包括对专利权时间上的限制等。另外，对于专利权人在行使禁止他人未经其许可而使用其专利的"禁止权"时，专利法也进行了一定的限制，也就是说，在一些特别的情形下，第三人可以不需要经过专利权人的同意和许可而实施其专利，在此情形下的实施行为并不被视为侵犯专利权。这些特殊情形下对专利权人禁止权的限制，主要包括专利侵权的例外制度和强制许可制度等。第二个方面是对专利权人行使专利权的限制，即通过反垄断法来限制专利权人行使专利权时滥用权利的行为，也就是通常所说的专利权的外部限制。这些被反垄断法所限制的滥用专利权行为，是专利权人在技术转让中利用专利权进行垄断、限制竞争的行为，通常是在技术许可或转让的协议中附加不公平的限制性条款，主要有：非必要搭售、强制性一揽子许可、不允许质疑、单方回售、指定专利技术来源或者专利产品销售渠道、不允许竞争、专利产品质量或价格限制、专利期满后的使用限制等，这些不公平的、非必要的限制性条款会对经济发展中的自由竞争构成很大威胁。

对比以上三种关于专利权限制的观点，明显可以发现，第三种观点是比较合理、全面的。通过专利法和反垄断法对专利权的共同规制，可以更好地对专利权进行限制。笔者认为，第三种观点也有不甚合理之处。其不合理之处在于：忽视了对专利权行使救济权时的限制。在我国目前的专利制度中，专利权人在行使救济权（主要指司法救济）时的权利过大，限制太少，使得专利权人与社会大众的权利配置极度失衡，主要有：救济保护的范围过大、救济期限过长、救济数额过多、救济启动程序简单等。虽然从理论上来说，从专利法的内部（即通过专利法自身对专利权进行限制）和外部（即通过专利法之外的反垄断法来对专利权进行限制）同时对专利权进行限制，显得更加全面周到，对专利权的限制更加有力。但笔者认为，根据我国目前的实际情况，还是先完善和健全专利法的内部限制为好，理由如下：

第一，通过反垄断法来限制专利权是在权利已经被滥用之后的规制。此时损害已经造成，与其通过反垄断法在专利权滥用之后、危害已经造成的情况下对专利权人进行惩罚，还不如完善和加强专利法的事前环境治理。最好是事前通过专利法对专利权的内容、权利的申请、行使等设定前置性的限制，使以后专利权滥用的机会减少，做到防患于未然。我国当前薄弱的专利立法现实更是迫切要求我们先做好限制专利权的基础性工作——完善好在专利法内部对专利权的限制制度。

第二，在我国当前的法治水平下，试图通过反垄断法来限制专利权的滥用也是不切合实际的。专利权本来就是一种垄断性很强的权利，它在一定范围内的垄断是一种合法的垄断。在专利权行使的过程中，专利权人由于自己的优势地位，肯定会带有一定程度的垄断性，此时，专利权人的这种垄断是合法的垄断还是非法的垄断，是很难判断的。即使在法治发达的欧美等国家，要想判断专利权人的垄断是否达到反垄断法的垄断标准，也是一件很困难的事情。因此，只有等到我国的法制建设水平逐渐提高以后，再逐步加强通过反垄断法对专利权进行限制。

第三，目前，专利法领域最引人深思的问题其实并不是专利权行使时的滥用（不当行使），也不是专利权内容的非法扩张，而是专利权内容和范围等的合法扩张。在由主要发达国家主导下建立的专利权制度、规则，越来越倾向于对专利权实行更宽的保护范围，越来越扩张专利权的内容。在此情况下，通过反垄法来限制专利权是很困难的事情。因为反垄断法只能限制专利权的非法行使，而专利权人行使的权利是专利法授予的合法权利，是受法律保护的，任何人都没有干涉的权利，所以对于专利权在合法范围内行使时，反垄断法是望尘莫及的。此时要想对不断扩张的专利权进行限制，就只能依赖基础性的法律——专利法，通过专利法的内部限制来遏制专利权的扩张，从而对其实行有效的限制。

第四节 专利权限制的必然性

一、专利权的垄断性

（一）垄断的含义

垄断，有人认为是一种占有状态。当对某种有市场价值的资源独占或高比例占有时，就是垄断❶，这是广义的垄断。但是我们通常所说的垄断是在市场中作为自由竞争的对立面出现的，表现为对自由竞争的限制或阻碍，所以被认为是"特殊经济主体为了特定目的通过构筑市场壁垒从而对目标市场所做的一种排他性控制状态"❷。可见，通常所说的垄断是一种控制市场状态，确切说是一种排他的市场状态，是经济法（学）研究的对象。市场中的垄断在客观上还表现为"利用自己的优势地位以排除竞争者，限制竞争者生产相同的产品或提供同种的服务"❸。由此可见，经济法（学）领域内的垄断包含对市场有

---

❶ 朱苏力. 知识在法律中的力量 [M] //波斯纳. 反托拉斯法. 2版. 北京：中国政法大学出版社，2003：6.

❷ 戚聿东. 中国现代垄断经济研究 [M]. 北京：经济科学出版社，1999：10.

❸ 梁慧星. 电视节目预告表的法律保护与利益衡量. 民商法论丛（第3卷）[M]. 北京：法律出版社，1995：340.

控制力的占有状态兼有排他的行为或目的两方面的含义。

(二) 专利权是垄断权

权利都具有垄断性。民法学者李锡鹤认为权利都是排他、独占的。人是平等的，所以人的意志也是平等的，也就是说他人不能支配自己的意思。权利是主体实现意志的可能性，也是主体支配客体的可能性；所以两个以上的主体不能对同一客体都享有完全的支配权，否则必然其中一个主体的意志的实现是没有保障的。[1] 因而，权利就意味着主体对客体的排他、独占的支配。可见，权利是主体对客体的垄断。这种垄断相当于广义的垄断，显然是正当的。而这种垄断的目的是保障主体支配客体时不受其他人的妨碍。专利权作为一种民事权利，在主体对客体的支配上也具有垄断性。

实际上，专利权的垄断性不仅仅限于作为权利的独占性或排他性，其原因在于专利权的客体是独创性智力成果，是无形的。专利权客体的无形性特征决定了有必要引入特权或经济中的垄断，以禁止他人进行相同的支配客体的活动，才能保障权利人的利益。有形财产权的权利主体对有形客体的垄断是通过对有形客体物理性独占与排他性支配来实现的，所以主体对客体的物理性支配在客观上已经排除了他人违背主体意志支配该客体的可能性。而专利权主体对客体的支配在客观上并不能限制他人对同一客体进行同样支配，也就是说主体的支配行为本身并不能在客观上实现垄断。所以法律必须赋予专利权更深层次的排他特性，以确保权利人控制客体的方式是安全的[2]。所以专利权的排他性不在于排除主体支配客体时受到其他人的妨碍，而是禁止所有未经许可利用特定客体的行为。可见，专利权的排他性已经超出了传统民法中权利的排他性，对不特定第三人的自由产生了更为广泛的限制。这种对不特定第三人的限制，在民事领域表现为权利人对该独创性智力成果的独占利用，在市场领域表现为独占特定的营业活

---

[1] 李锡鹤. 民法哲学 [M]. 上海：复旦大学出版社，2000：90-142.

[2] 安全性是权利成为权利的前提，否则人不能保有自己拥有的财产，就没有动力去占有。参见：高富平. 物权法原论 [M]. 北京：中国法制出版社，2001：导论.

动并排除他人进入相同市场。这样的制度安排体现了对专利权人的经济利益的考虑,有显著的经济法(学)上垄断的特征。

不赋予专利权主体这样的垄断权利,那么法律就不可能保障专利权人对无形的智力成果实现独占支配。如果任何人都可以利用专利权人的智力成果,那么专利权也就不再是一项财产权利。可见,垄断性是专利权必须具有的特征,拒绝任何垄断就相当于彻底否定专利制度。从这个意义上来说,赋予专利权主体以垄断地位是必要的。

二、垄断性对专利权的挑战

(一) 经济上垄断的可批判性

朱苏力教授认为,垄断是社会生活中一种普遍现象,几乎存在于我们生活世界的任何一个角落,而且这种状况是不可能消除的。可见他所指的垄断是广义的垄断。

对于经济领域中的垄断,列宁在《帝国主义是资本主义最高阶段》一书指出,帝国主义又被称为垄断资本主义,垄断资本家通过垄断资本获取高额利润,实行更为残酷的剥削,垄断资本是产生对外殖民扩张和发生战争的根源。同时,普通的经济学常识也指明,垄断造成市场中的交易价格是垄断价格而不是竞争形成的市场价格,从而使得垄断者实现垄断利润,而垄断利润的来源不是由供应商承担,就是由消费者支付。所以垄断会损害消费者的福利,也会损害与垄断者交易的供应商的利益。[1] 更为重要的是,垄断与市场经济所倡导的公平竞争理念和人类向往的自由价值取向背道而驰。有人把世界上第一部反垄断法《谢尔曼法》称为"市场经济的大宪章",说明禁止垄断的法律几乎与保护人的基本权利的宪法一样重要,由此也可以看出垄断不正当性和禁止垄断的必要性。可见,广义的垄断是一种客观存在,为社会观念所普遍接受。而经济法中所指的垄断是通过损害他人的利

---

[1] 波斯纳. 反托拉斯法 [M]. 2版. 孙秋宁,译. 北京:中国政法大学出版社,2003:47.

益而使自己获得垄断利益，是不正当的，应予以禁止。

（二）专利权具有积极的作用

创造性智力成果是一种有价值的资源，它的无形性决定了智力成果的创造者在一个不受管制的市场中回收它的价值是困难的。只有通过给予它的创造者一定垄断特权，才有创造并实施智力成果的动力。❶ 因此，如果社会不向发明者提供这种保证，发明者就不会公开自己维护的技术秘密。所以专利权作为对发明者的回报，是必需的，也是正当的。❷ 正是专利制度，促进了智力成果的公开、推广和应用，推动了科技进步和产业现代化。在最早实行专利制度的威尼斯共和国，曾吸引许多有技艺的工匠到来，并使威尼斯成为当时亚平宁半岛上最发达的国家。

（三）正确对待专利权的垄断性

专利权必然是垄断的。在特权被人类文明史遗弃后，垄断成为专利权必要的特征。而垄断具有可批判性，专利权的垄断性对其自身的正当性提出了挑战。有人就担心专利制度可能变成一种垄断工业的设计。如果任凭专利权人行使这种垄断特权，必将给经济秩序乃至整个社会秩序带来灾难性后果。

由于垄断性给专利权带来的消极影响，有的国家曾经一度废除了专利制度，同时也就当然地抛弃了专利制度积极的社会功能；也有国家在法律条文的表述上回避了专利权的垄断性，但无法从根本上回避垄断的消极因素。在专利制度逐渐趋向一体化和强化保护的今天，任何因噎废食的举措都是不可理喻的，正确的思考方向应当是如何扬长避短。也就是说，应当着眼于如何完善专利制度，使其更好地发挥社会功能。对于专利权垄断性带来的消极影响，应当通过限制这种垄断

---

❶ 罗伯特·考特，托马斯·尤伦. 法和经济学 [M]. 张军，等，译. 上海：上海人民出版社，1994：185.

❷ 洛克的劳动财产权理论，可以用来论证这种正当性。专利权的正当性论证，还可参见：冯晓青. 知识产权法哲学 [M]. 北京：中国人民公安大学出版社，2003.

性，使专利权人行使权利的结果不给他人和社会带来不利影响，以充分发挥专利权的积极因素，促进社会进步。

由此可见，垄断性是专利权与生俱来的消极因素。因为垄断性而废除专利制度是与潮流背道而驰，是不足取的。如果选择采用专利权保护智力成果，就必然面对如何限制专利权的问题。因此可以说，限制专利权具有必然性。

第五节 专利权限制的正当性

一、专利权限制的正当性提出

专利权限制的正当性包含在专利法对专利权客体形成的利益关系调整的正当性之中。专利法的正当性分为专利权保护的正当性和专利权限制的正当性，两者是相互关联的。对正当性的分析，离不开对利益关系的分析。

按照数理逻辑规律，正当是一个变量，而不是恒量。因为正当的判断必须借助主观的标准，论证路径和论证方法不同，会形成不同的论证结果。由于正当性属于主观判断的范畴，主观判断与客观事实之间需要建立连接点。

正当性的单字字面语义的一般理解为："正"，合法，正义，合乎人类公平主义标准，从而取得法律的认可；"当"，合理，适当之意，不超过合理的限度。正当性作为法学分析工具，其意义和作用在于提供评价标准。正当性是评价性概念，犹如"善、好、正义"等概念，虽然其依赖于不同的价值评价标准，但是证成价值评价标准是正当性检验的终极性标准。

一般而言，正当性与正义在价值意义上是等同的，但是，正当性犹如刑法的正当防卫概念一样，偏重于法技术层面，正义则更偏重于道德伦理层面。专利权限制是否具有正当性需要价值标准的衡量。"没有评价，法律寸步难行。"在逻辑上，任何规范性价值判断的正当性成立与否均须通过证明才能下结论。专利权限制制度欲发挥规范效力，必须具备伦理上的正当性，也就是说，必须符合正义性的要求。在理论上，正义可区分为交换正义、分配正义、归属正义、程序正义、结果正义等不同的类型。与专利权限制有关的正义，即专利权限制所能实现的正义与上述正义的主题均有关联。利益平衡理论等学说已经涉及分配正义和归属正义，对交换正义和程序正义的分析却不足。

交换正义对专利权限制的意义如何？笔者认为，判断交易主体所实施的法律行为是否正义，即一方的给付与另一方的对待给付是否具有等值性时，原则上应当采纳主观和客观相结合的方法，而不是仅仅选择其中之一。客观价值论主要是指劳动价值论。主观价值论的核心观点是把商品的价值看作人们对商品效用的感觉和评估，也就是主观评价，而不是像劳动价值论那样把商品的价值看作客观的、凝聚在商品中无差别的人类劳动。正是在双方交易主体基于自由意思，彼此同意对方就商品所作的主观价值判断的前提下，交易才能达成，给付与对待给付之间的均衡才能实现，交易中的正义才能产生通过主观价值标准来判断专利权限制是否正义，也就是将自主与自愿作为判断利益交换行为是否正义的标准，自愿性基本上能够满足法律行为伦理性的要求。从原则上来说，一项基于双方当事人的自愿而达成的交易就是公正的交易，国家不应对之再作出干预。罗马法古谚"对心甘情愿者不存在不公正"正是说明了这一问题。

二、专利权限制的正当性标准

专利权的客体具有满足专利权人专有利益和社会公众合理需求的功能，因此，在同一个客体之上，会存在多种利益。从契约角度分析，契约的本质就是交换，就是用自己的利益换取对方的利益。具体到专利制度中，专利法的"对方"就是公众，就是用专利权人的利益和公众利益进行交换，以发明的公开和合理利用的让渡换取国家的专有权保护。专利取得专有权后，产品的竞争性被排除了，专利权的交易被分割成多个特定领域：一是专有权自由领域，在该领域内，专利交易完全按照市场规则完成；二是公用领域，在该领域内公众的合理利用无须支付对价；三是强制交易领域，在这个领域内，国家保留对特定专利技术交易的强制权，利用人须支付合理的使用费。

专利法律赋予发明者以专利垄断权，排除他人对其发明的使用，以换取其发明向社会公开。这种直接激励公开的产权模式被西方演绎为专利制度的一种重要理论——契约论。即国家以授予发明者专利权为代价，换取发明者将其发明向社会公开，国家和发明者之间达成契约形式的交易。

契约是一种价值交换视角和论证路径，其假设前提是专利权为契约化的权利，契约化的结果是专利权不是完全的、绝对的专有权，而是受限制的财产权。契约化完成后，价值交换不可逆转。对于价值交换的正当性，与正义的标准有关。当代美国哲学家罗尔斯（J. Rawls）论述了社会正义和个人正义之分以及实质正义和形式正义之分。他认为，社会正义原则是指社会制度的正义，主要问题是"社会的基本结构，是一种合作体系中的主要的社会制度安排"，这种原则不能等同于个人正义原则。他还认为，只有首先确定社会正义原则，才能进一步确定个人正义原则。因为个人正义原则是指个人在一定条件下应对制度负有责任的原则。实质正义是指制度本身的正义；形式正义是指对法律和制度的公正和一贯的执行，而不管它的实质原则是什么。所以，形式正义也可称为"正规性的正义"，也就是指"法治"。

形式正义意味着对所有人平等地执行法律和制度，这种法律和制度本身却可能是不正义的。所以，形式正义不能保证实现实质正义。但形式正义可以消除某些不正义。例如，一种法律和制度本身是不正义的，但如果它一贯适用的话，一般地说，至少能使服从这种法律和制度的人知道对他有什么要求，从而使他可以保护自己。相反地，如果一个已处于不利地位的人还受到专横待遇，那就成了更大的不正义。正义是一个相对的概念，是指它是有条件的、受制约的、可变的概念，并不是指根本不存在判断是否正义的标准。与正义不同，利益概念比较简单，就是某种需要或愿望的满足。庞德在论述法的作用和任务时曾这样来界定利益"它是人类个别的或在社会集团中谋求得到满足的一种欲望或要求,因此人们在调整人与人之间的关系和安排人类行为时,必须考虑到这种欲望或要求"。利益存在于各种社会关系中,不同历史时期和不同社会条件下,利益的性质、内容和相互关系是不同的。

对于法与正义之间的关系,西方法学形成三种模式的理解:

第一,法与正义是等同的,法本身就代表正义。古希腊思想家柏拉图在其《理想国》中就讲到,色拉叙马霍斯(Thrasymachus)认为,"正义不是别的,就是强者的利益。"因为每个统治者、政府都制定对自己有利的法律并明告大家。"凡是对政府有利的对百姓就是正义的,谁不遵守,他就有违法之罪,又有不正义之名。"这种观点与后世的国家主义思潮密切联系。

第二,正义是衡量法,指实在法是否符合法的目的即正义的准则,这种观点在西方法律思想中通称正义论或自然法学。正义即自然法,它是高于国家制定的实在法的准则。这种学说在17—18世纪曾成为资产阶级反封建斗争的旗帜,对后世自由主义思潮有较大影响。

第三,认为法与道德正义是无关的,至少没有必然的联系,一个不正义、不道德的法律,只要是合法制定的,仍应被认为具有法律效力。这也就是所谓"恶法亦法"之说。19世纪分析法学派奥斯汀(J. Austin)鼓吹这种学说,续他之后的凯尔森更把这一学说推向极至。凯尔森认为,正义是一种主观的价值判断,作为一门科学的纯粹法学"不能够回答某一法律是否合乎正义以及正义究竟包括什么要素。因为这一问题是根本不能科学地回答的"。

19世纪初,英国伦理学家、法学家边沁首创的功利主义思潮在西欧兴起。边沁反对自然法学的理念,他认为人的天性在于"避苦求乐",也即谋求"功利",这是人们行为的动机,是区别是非、善恶的标准,也是道德和立法的原则。立法的任务在于计算苦乐,最好的立法在于促进社会幸福,即"最大多数人的最大幸福",社会利益即组成社会的各成员利益的总和。政府活动与立法应达到体现最大多数人最大幸福的四个目的,即生存、富裕、平等与安全,其中最重要的是安全，财产与自由也包括在安全之内。

19世纪末，德国法学家耶林（R. Jhening）进一步发展了边沁的学说，提倡新功利主义。耶林主张，法的目的在于利益，法律权利就是法律上被保护的利益。旧功利主义者强调个人利益，而他的新功利主义则强调社会利益，或个人利益和社会利益的结合。功利主义对迄今为止的西方思想界、法学界具有重大影响，庞德的社会学法学以及美国目前流行的经济分析法学都是在功利主义的基础上发展起来的。

法调节各种利益关系的形式是多种多样的，从积极方面讲，包括对有关利益加以确认、鼓励或保护，对实现利益提供机会或优越条件，协调不同利益间矛盾，预防利益矛盾的产生和激化等。从消极方面讲，包括对有关利益的限制、禁止，对利益纠纷加以裁决，对受损害一方提供补救、对损害他人利益一方实施制裁等。法在调节各种利益关系、缓解正义与利益的矛盾中具有极为重要的作用，但正像法的一般作用一样，法在调节利益关系中的作用也是有限制的。在决定法律秩序可以保障什么利益以及如何保障这种利益时，法律作为一种社会控制工具存在三种重要的限制。

这些限制是从以下三个方面衍生出来的：一是从实际上说，法律所能处理的只是行为，只是人与事物的外部，而不能及于其内部；二是法律制裁所固有的限制，即以强力对人类意志施加强制的限制；三是法律必须依靠某种外部手段来使其机器运转，因为法律规则是不会自动执行的。

利益与法律的关系可以归纳为"在民法领域，一切法律关系都归结为利益关系，当事人为自己设定、受让权利，不过是将其作为实现利益的工具"。利益是权利的实存形式；而权利是法律承认和保护的利益，是利益的法律化和法律设定在一定范围内的自由，其边界是权利人和他人利益的分水岭。利益是权利的基本要素，是权利的基础目标，是法律制度设计的分水岭。法是由国家认定或认可、以权利义务为内容与形式的、以国家强制力保障实施的行为规范。利益是权利的基础，任何权利都指向一定的利益，权利是主体对利益所享有的资格。

综上所述，正当性标准与利益有关。笔者认为，利益产生于特定的法律关系当中。在特定关系当中，主体的利益满足即视为该利益关系具有正当性，关键是如何判断利益的满足。在对价的条件下，利益的交换如果符合各自利益的需要，应当视为各自利益的满足。因此，通过利益交换而取得的利益满足应当被推定具有正当性。

▶▶第二章

专利强制许可制度

TRIPS 第 31 条规定的是强制许可制度问题。由于第 31 条的脚注表明该条规定的是第 30 条允许使用之外的其他使用问题,所以普遍认为,第 31 条规定的强制许可制度相对于第 30 条的一般限制制度而言,属于特殊例外制度,其与第 30 条,是特殊例外与一般例外、特殊限制与一般限制的关系,二者共同构成完整的专利权内部限制制度。本章将详细研究强制许可制度问题。

第一节 专利强制许可及其原因分析

一、专利强制许可的概念

(一)概念

专利强制许可,又称非自愿许可,是指在特定的情况下,专利行政机关依据法律规定的条件,在许可范围内,可以对专利强制许可申请进行审查,而不必经过专利权人的同意,通过向具备实施条件的单位或者个人颁发专利许可证书的方式,直接准许该申请人使用专利,而获得专利强制许可证的被许可方需要向专利权人支付一定金额的使用费。因为专利强制许可是不必经过专利权人的同意,所以,对于专利权人来讲,专利强制许可是对其专利权的一种限制。一般认为,实施强制许可是基于某些情况下,社会公众获得有关专利产品的利益比专利权人享有专利权更加重要而作出的。

(二) 专利强制许可制度的本质

专利权的垄断往往会使专利权人在特定的市场中取得主导和支配地位，如果专利权人利用这种主导或支配地位实施非法限制竞争的行为，那么这种对垄断权的不正当行使就违背了公平竞争的原则，导致专利权的滥用。因此，单纯地强调对专利权独占地位的保护，便会产生限制竞争的后果，最终使得专利法律制度追求技术进步的目标无法达成，而随意撤销专利权又会导致专利独占制度的弱化，所以，片面、孤立地强调任何一个方面的观点都是不合理的。随着专利制度的发展，对专利权的限制从任意撤销发展到强制许可，这既是知识产权利益平衡机制逐步规范化、稳定化发展的要求，也是各种利益主体之间长期斗争最后达成的妥协结果。专利强制许可制度的设立，出发点就是依靠外在力量的干预，防止专利权人滥用专利权，阻碍技术进步。

综上可知，专利强制许可制度的本质是保护发明创造者依法享有对发明或实用新型专利的所有权，同时又将该发明或实用新型的内容及使用范围扩大到公众层面，以此达到平衡专利权人和社会公众之间利益的目的。

二、专利强制许可的提出

(一) 维也纳大会：强制许可制度在国际社会崭露头角

关于强制许可制度在国际社会上的起源和发展，首先要提到的是1873年维也纳大会。维也纳大会是奥地利召集的关于专利保护国际大会，当时与该会相关的背景是：虽然欧洲的反专利运动开始逐渐转向低落，但是否取消专利制度的论战仍十分激烈。会议最后以42票对17票多数通过的决议体现了这一论战的折中一面，明确规定了保护专利权原则的另一面，即对专利权人的垄断权作重大限制。其中最引人注目的是决议第 7 条,即允许各国为了公共利益,可以通过强制许可制度许可他人使用专利技术,同时给予专利权人适当赔偿。可见,强制许可其实是专利制度存亡之争的一个产品和成果,其与一般限制制度一起构成专利权内部限制制度,通过对专利制度可能造成的负面影响予以限制,从而挽救了专利制度。从法律层面来看,由于该决议不是条约,只具有倡议的效力而不具有法律上的约束力,因此该决议的通过并不意味着专利强制许可制度马上得到了普遍应用,撤销专利制度的主张仍然还有一定市场。然而应该肯定的是,这一决议的通过对日后许多国家的专利法立法产生了潜在影响,倡导并促使许多国家放弃严厉的专利撤销制度,转向采用较为折中的专利强制许可制度。

(二)《巴黎公约》:专利强制许可制度的稳步发展

第一个对专利强制许可制度作出明文规定的国际知识产权条约当数《保护工业产权巴黎公约》(以下简称《巴黎公约》)。然而,从《巴黎公约》的制定和修订过程可以看出,专利强制许可制度在国际上的争论是巨大的,以致一直贯穿《巴黎公约》修订以来的百余年。

应该说明的是,1883 年的《巴黎公约》最初文本并未规定专利强制许可制度,而只规定了专利当地实施要求。该文本第 5 条主要作了如下两项规定:第一,专利权人将在任何成员国制造的专利产品输入到核准专利的国家,不得导致该项专利的撤销。第二,专利权人仍应根据进口国的法律规定实施其专利。可见,在当时,《巴黎公约》及其成员国主要将撤销专利作为对滥用专利垄断权的制裁,尚未将专利强制许可作为一个主要措施。直到 1925 年修订《巴黎公约》的海牙会议后,第 5 条才最终引入了强制许可制度,并将之作为因滥用专利权而撤销专利的前置条件。该条的相关内容是:

第 5 条第 1 小节第 2 款:本联盟各国都有权采取立法措施规定授予强制许可制度,以防止由于行权所赋予的专有权而可能产生的滥用,例如:不实施。

第 5 条第 1 小节第 3 款前半部分:除强制许可的授予不足以防止上述滥用情形外,不应规定专利的取消。

这样的规定，既防止专利权的滥用，同时又将强制许可作为该项情况下撤销专利的前提，尽可能减少了专利撤销制度的行使。

1958年的里斯本会议进一步对《巴黎公约》作了较大修改，即增加规定强制许可使用不得专有，也不得转让，除非是连同使用这种特许的那部分企业或商誉一起转让。这样，就限制了强制许可使用的范围，使之不过于影响专利权的使用。

在1967年斯德哥尔摩会议上，相关条款即《巴黎公约》第5条第1小节进一步修订为：

（1）专利权人在本联盟任何一个国家制造的物品进口到授权国家，不应该导致该项专利丧失。

（2）本联盟各国都有权采取立法措施规定授予强制许可制度，以防止由于行使专利权所赋予的专有权而可能产生的滥用，例如：不实施。

（3）除强制许可的授予不足以防止上述滥用情形外，不应规定专利的取消，自授予第一个强制许可之日起两年届满前，不得提出专利取消或撤销专利的诉讼。

（4）自提出专利申请之日起4年期满以前，或自授予专利权3年期满以前，以后满期的期间为准，不得以不实施或不充分实施为理由申请强制许可；如果专利权人的不作为有正当理由，应拒绝强制许可。这种强制许可不是独占性的，而且除与利用该许可的部分企业或商誉一起转让外，不得转让，包括授予分许可证的形式在内。

（5）上述各项规定应准用于实用新型。

可见，1967年斯德哥尔摩版本将强制许可的授予不足以防止专利权滥用的条件作为撤销专利的前提，提高了撤销专利权程序的门槛，从而以限制专利但又肯定专利的强制许可措施代替了以往常用的否定专利的措施。与此同时，该版本在时间、申请理由、措施的性质等方面进一步完善了强制许可的适用条件，从而使强制许可制度予以规范和完善。

由以上《巴黎公约》各个阶段关于强制许可制度的文本，不难得出这样的判断：《巴黎公约》经历了一个不断对专利权限制制度进行弱化和限制的过程。在《巴黎公约》1883年的文本中规定，未满足"当地实施要求"将导致专利被撤销，这种否定专利效力的做法从某种意义上可谓是最严厉的专利权限制制度。1925年的文本则将不"实施"的后果从撤销专利改为授予专利强制许可，显然是对专利权限制做了一定程度的让步和弱化。而1958年里斯本文本和现在为大多数国家参与的1967年斯德哥尔摩文本，又对专利强制许可的使用条件作进一步的限定，可视为专利强制许可制度的进一步完善和专利权限制制度的自我限制。尽管在《巴黎公约》的不断修订过程中，专利强制许可制度从使用前提和条件上做了多种限制，然而，仍然有许多发达国家对于强制许可制度持不满态度，这集中体现在TRIPS第31条的制定上。

（三）TRIPS：强制许可制度的进一步强化

《巴黎公约》签订后，强制许可制度以国内立法或司法实践的形式为各国所普遍接受。然而，在国际公约层面，发达国家和发展中国家在专利强制许可问题上始终存在不同的立场。发达国家试图严格限制强制许可的适用，而发展中国家则希望扩大强制许可的适用。这种分歧使强制许可制度成为TRIPS签订过程中的一个争议焦点。在乌拉圭回合谈判开始时，发达国家提出的谈判内容包括限制或者取消专利强制许可制度，可见对于专利强制许可制度应否存在的问题在当时还存在争议。但是到了1989年，如何制定专利强制许可制度已经成为乌拉圭回合谈判的重要议题之一，专利强制制度的存在与否之争已经过渡为适用条件之争。如印度和巴西等发展中国家主张应该在TRIPS中规定广泛的专利强制许可制度，但以美国和奥地利等为代表的发达国家则要求限制专利强制许可的适用。

发达国家主张，应严格限制强制许可制度的使用，只有在反垄断的需要、国家紧急状态等特殊情形下，方可使用这一制度。尤其是应严格限制或禁止以"当地实施要求"为由实行强制许可，只有在专利权人未向当地市场提供专利产品时才可能构成违反"当地实施要求"。换言之，专利权人可以通过在当地生产或者进口来满足"当地实施要求"。此外，发达国家还主张，如果因经济上不可行或者存在其他专利权人无法控制的情形导致专利权人无法在当地实施专利时，不适用强制许可。

最终，主要体现发达国家利益的协议文本最终得以通过。与《巴黎公约》相比，TRIPS 仅没有放宽专利强制许可制度的使用范围，还对专利强制许可制度作了更为严格的限制，设置了重重障碍。

首先，从启动专利强制许可制度的条件来看，《巴黎公约》规定的启动条件就是为了防止对专利权的滥用，至于何为"滥用专利权"，公约除了明确指出"不实施"专利即属于这一情况外，其他情况成员有权自主作广泛的解释。而 TRIPS 第 31 条的启动条件有五种：专利人拒绝自愿授予、国家紧急状态或其他极端危机的状态、专利人滥用私权构成不合理的垄断、非商业性使用、新的技术发展建立在原先某一专利的基础上。虽然是否采纳这五种情形作为实施专利强制许可条件，可由各国自行决定，但其所规定的条件、范围较之《巴黎公约》显然要严格得多，在实践中对专利强制许可制度予以使用的情况也会因此而大为减少。至少，对于在《巴黎公约》中被明确可实施强制许可的不实施专利这一情况，能否根据 TRIPS 允许启动专利强制许可，就一直是争议的焦点。

其次，从对专利强制许可制度的使用限制来看，《巴黎公约》第 5 条只对专利强制许可作了一定的时间限制、正当理由限制和使用范围限制，对使用强制许可的情形和条件并无限制。而在 TRIPS 第 31 条中，使用专利强制许可制度的国家除了必须遵守上述限制外，还必须遵守多项限制，包括颁发强制许可必须经过个案审查，使用强制许可制度生产的产品基本上不得用于出口、强制许可或者补偿额的决定必须经过司法审查或者上一级行政机构的独立审查等，限制显然要严格得多。

最后，从相关补偿费来看，尽管对于专利强制许可情形，授权人应支付专利权人一定补偿费是其应有之意，但对于补偿费的标准如何，《巴黎公约》并未进行规定，而留待各国自行决定。而在 TRIPS 中，对于补偿费的措辞是"支付适当报酬，同时考虑授权的经济价值",这就表明补偿费不可能太低,这对于经常通过专利强制许可来降低使用成本、促进相关科技和市场发展的发展中国家来说,无疑是一大限制。

因此可以说,TRIPS 对专利强制许可制度的适用条件附加了诸多限制。然而,从行文结构、内容种类、措辞用语等立法角度来看,不得不承认,专利强制许可制度在 TRIPS 中得到了更进一步的完善和发展。

三、专利强制许可的五种情形

(一)普通强制许可

因专利权人在法律规定期限内无正当理由未实施或未充分实施其专利,即专利权人怠于有效实施专利时,根据申请人的请求而给予的强制许可,一般称之为普通强制许可[1],或者归类为滥用专利权的强制许可。

1. 专利权人对专利的实施义务

从专利制度的发展历史看,强制许可制度与专利权人在授权国实施专利的义务有关。《巴黎公约》第 5 条 1 款(2)项列举的颁发专利强制许可的唯一理由就是不实施专利。以未实施或者未充分实施专利作为颁发专利强制许可的理由,是世界各国专利制度的普遍做法,这对于推动发明创造的应用,保证专利制度的正常运行非常有必要。《巴黎公约》及各国专利法在这方面的规定进一步印证了"授予有限的垄断权利,目的是为了获得新技术的公开和应用"这一论断。根据民法总论的理论,"有权利就有义务",民事权利和民事义务相适应的基础理论在专利强制许可制度当中得到了很好的体现。实施专利不仅是专利权人的权利,而且还是专利权人的法定义务。如果专利权人在规定时间内无正当理由未实施或者未充分实施专利的,就应被视为没

---

[1] 胡开忠. 知识产权法比较研究 [M]. 北京:中国人民公安大学出版社,2004:331.

有履行法定义务，其他具备实施条件的单位或者个人就可以依法申请给予强制许可。强制许可申请人在实施了专利之后，新技术得到了应用，本应由专利权人在授权国实施专利技术的义务，通过申请人的强制许可实施行为，也得到了实际履行。

2. 专利的闲置妨碍了社会技术的进步

专利权人在专利授权后3年内，且自申请日起满4年，无正当理由而未实施或未充分实施专利的情况，说明专利权人已经不可能在合理长的时间内及时、有效地实施专利技术。其原因也许是专利权人自身不具备足够的实施条件，也许是就实施许可条件协商不成，也许实施新的专利技术还不如继续沿用旧的现有技术所带来的经济效益更好，也许专利权人根本就没有实施专利的主观愿望，仅仅只是满足于对技术方案的垄断持有而已。无论是出于什么原因，专利权人的这种"不作为"，在客观上都形成了新技术被"圈地囤货"、闲置不用的局面，使专利技术无法及时地应用于相关领域，也无法在专利的基础上实施更新的技术方案。这样的专利不仅对人类社会毫无用处，还妨碍了技术进步乃至社会进步。这显然违背了专利授权的根本目的，需要依法适用强制许可制度加以调整。

3. 专利的实施是对其实用性的最终评价

实用性是发明专利和实用新型专利必备的"三性"之一，一件专利申请如果明显缺乏实用性，就不能够获得授权。一件专利是否具有实用性，即是否能够"制造或者使用，并且能够产生积极效果"，在专利申请阶段主要体现在申请文件中的文字描述和说明中，不可能也没有必要提交产品实物或者公开所有试验数据等信息。也就是说，审查员对专利实用性的审查，只能局限于文字上的审查，专利申请人对技术方案的描述和解释能够符合常理和形式逻辑，在理论上能够自圆其说，符合《审查指南》的若干具体要求，就应该相信该专利申请具有实用性。

但事实上，专利获得授权并不等于能够顺利实施，即不一定能够产业化地制造出合格的专利产品，不一定能够在产业中理想地使用专利方法，不一定能够产生积极的技术效果。否则的话，就不会有那么多专利实施许可过程中出现的纠纷了。所以，专利的应用实施，是获得授权之后检验专利是否真正具备实用价值的唯一标准。如果专利能够顺利实施，说明专利具有实用性；反之专利就不一定具有实用性。对经过实践检验不具有实用性的专利技术方案，相关领域的技术人员就会设法加以改进，或者另觅可行的途径，以替代方案解决现实的技术问题，这样就能够促使相关领域的技术得以及时提高和进步。因而从评价专利的实用性价值，促使相关技术及时改进的角度而言，专利强制许可制度也具有独特的意义。

（二）交叉强制许可

因在后专利的实施有赖于在先专利的实施，可以依申请给予对在先专利的强制许可；在给予上述强制许可之后，在先专利权人也可以申请给予对在后专利的强制许可。在理论上，一般将此归类为"交叉强制许可"，或者"从属专利的强制许可"。

在后专利的实施"有赖于"前一专利的实施，包括以下几种可能的情形：一是实施在后专利的过程中必须使用在先专利的方法；二是实施在后专利时必须先生产出在先专利的产品，或者将该无法通过合法途径得到的在先专利产品作为生产经营的工具、设备或者原材料等；三是在后专利的技术方案包含在先专利的所有必要技术特征，即后一专利是前一专利的从属专利，在实施在后专利时必然会落入在先专利的保护范围。在上述情形下，在后专利的权利人想要实施其专利，就必须实施在先的专利。如果在先专利权人对在后专利权人关于实施在先专利的合理请求不予许可，那么在后专利也就无法合法实施。

此时，在先专利权人的"不予许可"行为不仅垄断了自己的专利技术，还将其垄断的权力延伸到了他人的在后专利中去。这种"垄断的延伸"是否合理，关键要看在后专利是否属于"具有显著经济意义的重大技术进步"。如果在后专利没有更好的经济效益，不是重大技术进步，则在相关领域仅仅实施在先专利就已足够，无须其他并不明

第二章　专利强制许可制度

显更具优势的技术作为替代。这种情形下，在先专利权人是否许可在后专利权人实施在先专利，属于当事人自愿协商和意思自治的范围，不会导致阻碍技术进步的消极影响。这时候，并不需要国家公权力的介入，不需要适用强制许可制度，也无损社会实践对于新技术的需求。在先专利权人不予许可他人实施其专利所导致的垄断局面，仍然合乎专利法律允许的范围。这样就能够体现出知识产权法尊重在先权利的基本原则，在无损于技术进步时将相关利益归于在先专利权人。

如果在后专利相对在先专利而言，在技术上是重大进步，在经济效益上有更显著的价值，那么实施在后专利在相关领域的生产经营中就具有更加积极的意义。实施在后专利也许能够明显提高生产效率，更加节能减排，节约劳动力和原材料等生产资料，或者改善劳动条件，减少对某种生产条件的依赖，生产出更好的产品——这些积极效果都是显著经济效益和重大技术进步的体现。当在后专利权人以合理条件，在合理时间内仍然无法与在先专利权人达成协议时，在后专利就无法顺利实施，无法体现出其对技术进步的贡献和经济价值。在这种情况下，在先专利权人对技术的垄断显然就变得不合理了，其对前一专利的垄断权利不应当再延伸到后一专利中去。这时，在后专利权人就只能依法申请给予强制实施在先专利的许可，才有可能顺利实施在后专利，达到相应的技术目的和经济目的。在给予了上述对在先专利的强制许可之后，在先专利权人除了可以获得合理的使用费作为补偿对价之外，还可以申请给予实施后一专利的强制许可，从而也可以应用更先进的技术，获得更好的经济效益。专利法中，"交叉强制许可"的规定很好地体现了法律的衡平精神，使新旧专利权人之间的权利义务关系能够被调整到相当均衡对等的状态，在经济领域的竞争中，双方亦能处于同一起跑线之上。在这一法律规范的指引之下，新旧专利权人之间最有效率和利益最大化的选择，就是通过协商达成互相给予专利许可的条件，在同一技术和产业领域尽早形成合作共赢的格局，从而减少了专利纠纷，也减少了专利强制许可的实际申请需要。

（三）反垄断强制许可

为排除垄断、保护正常的市场竞争秩序而需要给予强制许可的规定，是在我国《专利法》最近一次修改时才被引进到国内的。经过司法或者行政程序确定专利权人滥用专利权的行为是反竞争的垄断行为，是给予该类强制许可的前提条件。

1. 垄断破坏正常的市场经济秩序

市场经济最重要的活力源泉来自于竞争，竞争是市场经济最基本的要素和特征。在竞争充分有效的市场环境中，经营者会想方设法地生产销售更好的产品，提供更好的服务，或者尽可能降低产品和服务的价格，让利于消费者。只有这样，企业才能得以生存、发展和壮大，形成多方共赢的良好局面。然而，竞争亦会压缩经营者的利润空间，垄断却能够为垄断者带来更高的不正常利润。资本的天性是追逐利润，它既会想方设法地争取竞争的胜利，也会想方设法地谋求垄断的地位。在某个行业内，一旦形成垄断局面，就很容易出现滥用垄断地位的情形。垄断企业逐渐失去改进其经营模式的压力和动力；其他企业的生存空间被逐步压缩；消费者不能以合理价格得到其最需要的产品或服务——同行业经营者之间、经营者与消费者之间的多方博弈关系会严重失去平衡。这样，市场经济机会均等、自由竞争的基本秩序便被彻底破坏了。实质上，这是一个关乎市场经济秩序以及其中各有关利益主体公共利益的问题。

2. 过度垄断妨碍技术进步

在竞争的环境里，优胜劣汰是正常的结果；而在垄断的环境里，原本比较优秀的企业，因为已经没有竞争所带来的压力，很容易日渐陷于保守和退化。在竞争的环境里，技术创新能力是企业是否具备竞争力的标志，不断研发新的技术是企业占据竞争优势地位的关键法宝；而在垄断的条件下，企业即使不使用新技术，也能取得可观的垄断利润，企业没有研发和应用新技术的迫切需要，研发新技术反而要投入更多的人、财、物等资源，应用新技术需要过早淘汰已有的产品、设备和经营组织架构。所以，垄断企业往往对技术革新没有太多兴趣。此外，未取得垄断地位的其他企业由于受到反竞争行为的打压和影响，市场空间极小，产品无法正常销售，它们的科技创新成果难以推出并转化为市场效益，实际上缺乏创新空间，影响了它们的创新积极性。因此，过度垄断显然不利于相关领域的技术进步。

3. 专利与资本的结合容易产生过度垄断

知识产权本身就是一种垄断性的权利，适度的垄断能够激发人们努力地创造新的实用技术，并追求由此带来的财富。专利作为知识产权的核心内容之一，往往需要与资本紧密地结合在一起，才能发挥出更大的经济效益。在经营者追求垄断利益的过程中，专利本身所具有的垄断性特点很容易被加以利用。专利技术一旦成为过度垄断的工具，那它就会沦为资本垄断欲望的帮凶。经营者一旦利用其专利技术来滥用市场支配地位、达成垄断协议，或者促成具有排除、限制竞争效果的经营者集中等，其行为就触犯了反垄断法的戒律，除了应该承担反垄断法所规定的行政违法责任和民事责任之外，还受到专利强制许可制度的规制。国家强制力可以从以上几个方面依法干预和调整滥用垄断地位的行为，从而恢复市场经济应有的正常秩序和竞争氛围，专利资本也不得不收敛起它欲望的野性。

（四）公共利益强制许可

公共利益是指具有社会共享性的、全社会的整体共同利益。涉及社会公共利益的情形很多，例如公共健康问题、社会秩序或善良风俗问题、国家统一和安全问题等，其中国家处于紧急状态，出现包括突发事件在内的非常情况，都属于影响公共利益的典型情形。自然灾害、事故灾难、公共卫生事件和社会安全事件给人类社会带来的威胁和危害，往往不是常规手段所能抵御的，更不是公民个人所能够应对的。为保护人民生命财产的安全，维护国家安全、公共安全、环境安全和正常社会秩序，国家应该采取一切必要的手段来避免公共利益受到损害。当已有的物质技术条件不能解决突发事件所造成的危机时，即当政府已经储备的公共资源尚不足以应对危机时，就需要及时扩大公共资源的范围，掌握更多的物质和技术条件来化解危机。

当国家处于紧急状态或为应对突发事件时，可以征用私有财产。被征用的财产，不仅仅指有形财产，也应包括知识产品在内的所有无形财产。专利有着极强的技术性，在应对自然灾害、事故灾难、公共卫生事件等方面往往可以发挥极大的作用。当某项专利技术可以被应用来有效地处理危急事件时，其理应可以被"征用"。所以，我国《专利法》第49条规定："在国家出现紧急状态或者非常情况时，或者为了公共利益的目的，国务院专利行政部门可以给予实施发明专利或者实用新型专利的强制许可。"这与我国《突发事件应对法》中关于财产征用的规定是一脉相承的，具有相同的正当性理由。有学者认为，国家征用制度体现了专利法对国家利益的优先考虑。

私权服从于公共利益，最根本的原因是在于，当个人权利与公共利益出现冲突时，代表绝大多数社会成员利益的公共福利需求，是更为重要的法益。也可以说，公共利益是由无数个人的私权所组成的社会整体利益，公共利益在私权面前具有压倒性的优势。同时，如果公共利益不能得到保障，私权也很可能无法得到实现。当出现严重自然灾害、致命传染病、环境污染、核灾难或者社会秩序混乱等问题时，身处其中的专利权人自身难保，而置身境外的专利权人也无法在特定区域内行使权利获得收益，即当所有社会成员都处于危急状态时，专利权人也难以独善其身。因此，由于紧急状态、非常情况或者公共利益的原因而给予实施专利的强制许可，对专利权人而言并非没有间接甚至直接的利益。况且，专利权人还可以获得合理的使用费作为补偿。

（五）公共健康问题强制许可

按TRIPS第31条的规定，专利强制许可只能主要用于供应国内市场，该限制给不具有制药能力或者能力不足的国家解决公共健康问题带来了极大障碍。为克服这一困难，世界贸易组织经过反复争论，从2001年至2005年先后通过了著名的《TRIPS与公共健康宣言》（又称《多哈宣言》）和《关于执行〈TRIPS与公共健康宣言〉第六段的决议》(以下简称《总理事会决议》)、《修改 TRIPS 议定书》,弥补了 TRIPS 上述条款的缺陷。2008 年,我国在新修订的《专利法》中增加了相应规定,为公共健康的目的,可以对专利药品给予制造并将其出口到有关国家或地区的强制许可。

1. 生命健康权是基本的人权

公共健康权是建立在个人的生命健康权利基础之上的。个体的健康和生命受到疾病的威胁,还不至于成为社会公共问题。但当大量的人口都受到同类疾病威胁却无法救治的时候,个人的生命健康问题就上升为社会的公共健康问题了。

生命健康权是人类最基本的权利之一。没有生命健康权作为基础,其他权利就失去了存在的意义。自然法学者布莱克斯顿曾经强调,"生命是不朽的自然法赋予个人的绝对权利之一","任何人类法,只要与它相抵触,就是无效的"。因此,生命健康权利在法的价值体系中,高于其他形式的价值。当生命健康权与其他权利发生冲突时,一般而言都应当首先考虑维护人的生命健康利益。知识产权权利主体的财产利益和主要包括姓名权和社会评价声誉在内的精神利益,都不及人类的生命健康权利重要。当知识产权与人类的生命健康权利发生冲突时,人类基本的良知就会促使法律制度作出正确的选择,优先安排保障生命健康权利,其次再考虑知识产权的利益——由于公共健康问题而实施专利强制许可就是这样一种制度安排,为保障社会公众的生命健康而限制了知识产权的自由。《TRIPS 与公共健康宣言》的历史意义,正是在于它确立了公共健康权利优先于知识产权的原则。

2. 公共健康问题实质上是一个人道主义问题

据世界卫生组织(WHO)统计,全球每年有 1400 万人死于传染性疾病,其中 90% 以上发生在非洲、亚洲和南美洲。传染病在发展中国家的大规模流行和肆虐,虽然其基础原因在于这些地方的经济发展水平低和医疗卫生条件差,也缺乏能够满足市场需求的生产能力,但直接原因却是由于缺乏足够便宜的新药。绝大部分病人及其家属没有经济能力去购买这些昂贵的药品。而这些新药的价钱之所以高企,主要是由于药品专利所形成的生产垄断和价格垄断。

流行疾病在许多发展中国家和地区得不到及时有效的控制，就很容易成为一种人道主义灾难。面对大量人口面临的疾病痛苦和死亡威胁这样的人道主义危机，无论是发展中国家还是发达国家都不应当视而不见，国际组织更不应当视而不见。世界贸易组织对 TRIPS 有关条款的长期讨论和逐步修正，从本质上体现了深刻的人文关怀精神。而拥有大量新药专利和占有主要市场份额的发达国家，也不得不顾及国际舆论和人权组织谴责的声浪，作出适当的妥协和让步。经过修订后的药品专利强制许可制度有效地降低了解决人道主义危机的门槛。正如西方学者所说，"唯一合乎理性的战略是保证使最大多数人的生命以牺牲最少的其他生活目的的代价而得到保全"，正因为"人类一切活动的本来目的便是生存"。

3. 公共健康属于社会公共利益范畴

公共健康问题绝不仅仅是一个治病救人的技术问题，而是一个涉及社会各方面的重大议题。首先，当大量人口陷入严重疾病时，能够正常参与生产生活的人力资源必然减损，使社会和经济活动受到影响；其次，流行疾病的泛滥亦必然占用大量的公共医疗资源，使本已捉襟见肘的发展中国家的公共财政资源雪上加霜，更加无力集中资金发展经济和医疗卫生事业；再次，上述问题使欠发达国家及其人民进一步走向贫穷；最后，疾痛、贫穷和发展机会的缺乏，很容易促成社会秩序的不稳定和混乱。这种社会秩序的混乱不仅是危及一国内部的社会公共利益问题，还很可能演变成影响国际社会安全和政治经济秩序的事件，比如难民问题等。只有解决好公共健康问题，占世界大部分领土和人口比例的第三世界才有可能实现和平与发展，避免危及国际社会的正常秩序和安全。

4. 国际利益的博弈与平衡

TRIPS 的修改，是一个漫长争论与相互妥协的过程，充分体现了不同的利益诉求，是不同国际利益集团之间充分博弈的过程。《TRIPS 与公共健康宣言》和《总理事会决议》的重要成果是通过修正 TRIPS

的个别条款，将 WTO 各方成员的利益，以及各自所应当承受的权利和义务，调整到了相对平衡的状态。

发展中国家通过争取，不仅扩大了药品专利强制许可的适用范围，为解决公共健康问题创造了有利条件，而且在 TRIPS 解释原则、自主建立权利用尽体系、最不发达国家延长过渡期等方面也取得了较为满意的成果。

发达国家对以上问题的让步并没有使其失去基本的利益，仍然维持了在制药工业方面的优势地位。TRIPS 本来已经极大地提高了发展中国家的知识产权保护水平，《TRIPS 与公共健康宣言》和《总理事会决议》仍然强调知识产权的重要性，并且对专利强制许可的运用增加了不少详细的反限制条件，对贸易转移等敏感问题准备了足够的保障措施。实际上，允许向不具有制造能力或制造能力不足的成员出口强制许可专利药品，对专利权人的市场和利润并没有实质性影响，因为高昂的专利药品在那些地方本来就没有多少市场；合法地输入经过强制许可的专利药品，却可以有效地挤占非法仿冒药品的市场，而专利权人也获得了适当的许可费收益。

有人认为，美国在 2001 年遭受"9·11"恐怖袭击之后，迫切需要在反恐方面获得各国政府和舆论的支持，因而在专利保护方面没有坚持其强硬立场，作出了一定程度的让步，这是发展中国家能够在多哈会议上取得进展的重要原因。可见，在药品上所承载的，不仅仅是专利或者公共健康问题，还影响到国际政治利益格局的调整。美国及其发达国家的盟友通过对知识产权的些微让步，获得了政治、军事方面的重要利益。

对世界贸易组织而言，在这一问题上获得进展，为其所推动的全球化进程排除了又一个障碍。这使人们相信，药品专利与公共健康问题只是全球化进程中的一个插曲，类似的问题完全有信心可以通过世界贸易组织的协调机制来协商解决。而经济和社会的全球化，本身就是一个备受争议的议题，能够为公共健康问题找到出路，也等于为人类社会全球化的进程找到了出路，有效地增强了所有人的信心。所以，与其将 TRIPS 的修改看成是某种"斗争"的成果，不如将其看成一种国际力量的博弈与利益平衡的结果。在这一略显漫长的过程中，人权、知识产权和全球化的价值观念都得到了广泛的宣扬。同时，经过充分的争论和研讨，知识产权的权利限制理论也再次得到了很好的论证，并且深入人心。

第二节　TRIPS中专利强制许可制度

近年来，艾滋病、SARS、禽流感、甲型H1N1流感等全球公共健康危机频发，高昂的药价与贫困的病患之间的矛盾空前尖锐，保护专利与拯救生命孰轻孰重的问题拷问着世人的良知，医药产品专利的强制许可成为国际知识产权保护中最引人瞩目的热点问题。在发展中国家的强烈呼吁和大力推动下，WTO对此作出了积极回应，通过了《TRIPS与公共健康宣言》、《关于执行〈TRIPS与公共健康宣言〉第六段的决议》和《修改TRIPS议定书》等一系列法律文件，完成对TRIPS第31条关于专利强制许可规定的修订工作，这是WTO成立以来首次对其核心协议进行修订。我国作为人口众多的发展中大国，爆发公共健康危机的威胁时常存在，如何充分利用TRIPS第31条之修订所提供的机遇，进一步完善我国的专利强制许可制度，保障广大公众的生命健康权利，并促进我国医药产业的发展，是一个值得研究的课题。

一、TRIPS框架下专利权限制

在1986~1994年进行的乌拉圭回合谈判中，关于知识产权的规则第一次被引入到多边贸易体系中进行协商谈判。在乌拉圭回合谈判之前，关于知识产权相关问题是否应该被纳入谈判过程当中，发达国家和发展中国家存在很大的争议。一些发达国家例如日本和美国主张，乌拉圭回合谈判不仅要讨论假冒商标问题，而且应就知识产权的内容和执行等内容进行谈判。然而巴西和阿根廷反对将知识产权纳入谈判的范围。

1986年9月形成的《埃斯特角宣言》，将"与贸易有关的知识产权问题，包括假冒商品"列为谈判的议题之内。该宣言明确了与贸易有关的知识产权的三项授权："第一，为减少对国际贸易的扭曲和障碍，考虑到充分有效地保护知识产权的必要，为保证实施知识产权的措施和程序本身不对合法贸易构成障碍，谈判应旨在澄清关贸总协定的规则，并视具体情况制作新的规则和纪律。第二，谈判应旨在拟定处理国际冒牌货贸易的多边规则、原则、纪律的框架，同时应考虑总协定已承担的工作。第三，谈判不排斥世界知识产权组织和其他机构处理这些问题可能采取的其他辅助行为。"

上述三项授权之后，1993年12月乌拉圭回合谈判闭幕，在闭幕时达成新版TRIPS，表明了对知识产权的国际保护进入了一个契合发达国家预期的高标准保护时期。尽管有人认为新版TRIPS是乌拉圭回合谈判的一项重大成就，但是，许多学者认为，将贸易与知识产权捆绑挂钩、在GATT体制下加强知识产权保护极为不妥，甚至是一个极大的讽刺。GATT的宗旨是防止因歧视待遇造成限制竞争，其目的在于减少贸易保护主义和限制竞争的做法。虽然新版TRIPS在其前言中宣称，TRIPS达成的宗旨是在"不构成贸易壁垒的条件下，通过加强知识产权的保护促进自由贸易"。但是，对于加强知识产权保护是否能够促进自由贸易、如何贯彻TRIPS这一宗旨却是个谜。首先，专利的本质在于垄断和限制竞争，而不是促进竞争；其次，从新版TRIPS的内容来看，它不仅与WTO其他协议挂钩，形成"一揽子协议"，而且建立了一套知识产权保护的国际标准。从本质上来说，新版TRIPS是建立一套关于知识产权的强保护措施，是以牺牲欠发达国家或地区的利益来满足发达国家的利益。这种将知识产权与贸易的结合形式很有可能会造成新的贸易保护主义和限制竞争的产生。其与GATT所倡导自由贸易宗旨截然相反，是否应该将TRIPS纳入到GATT体制下仍然值得人们思考和衡量。

TRIPS第30条对专利权的限制和例外作了原则性的的规定，被称为"专利权的例外"。条款内容如下：成员可以对授予专利的专有权规定有限的例外，只要此类例外不会对专利的正常利用产生不合理的抵触，以及不会不合理地损害专利所有人的合法利益，同时考虑第三人的合法利益。"但是，TRIPS 第 31 条"未经权利人授权的其他使用"也被称为专利的强制许可制度对第 30 条的"授予专利权例外"规定了严格的限制条件，前前后后总共有 12 项。TRIPS 中对于专利权滥用规定的第 8 条规定："为防止权利人滥用知识产权、采取不合理地限制贸易或者对国际技术转让造成不利影响的行为，在必要时可以采取适当的措施。"这是一个较为笼统和一般性的规定。TRIPS 第 40 条集中规定了在签订专利许可合同中时反竞争行为的控制问题。

二、TRIPS 专利强制许可制度的形成和发展

由于 WTO 是当今世界上最重要的多边贸易机制，其成员众多，涵盖了世界上绝大多数重要国家，而且发达国家尤其是美国在谈判中所处的强势地位，造就了作为 WTO 一揽子协议的重要组成部分的 TRIPS 成为全球范围内保护范围最广、保护水平最高、保护力度最大、制约力最强的国际知识产权公约。在 TRIPS 的谈判过程中，发达国家和发展中国家争持激烈，而专利强制许可制度自始至终是一个争夺焦点。发达国家由于掌握经济、技术优势，主张严格限制专利强制许可制度的使用，以维护其技术优势和经济利益，而发展中国家由于经济、技术水平较低，希望保留专利强制许可的广泛使用，以获得必要技术、满足本国经济发展和社会公共利益需要。

（一）TRIPS 专利强制许可制度的形成

作为斗争和妥协的结果，TRIPS 虽然通篇没有出现"强制许可"的字眼，但其第 8 条、第 27 条和第 31 条都规定了与专利强制许可有关的内容，尤其是第 31 条"未经专利持有人授权的其他使用"，实际上对强制许可的条件和程序作了详尽的规定，具体包括如下几方面内容：

1. 颁发强制许可的事由

第 31 条的（b）款、（k）款、（l）款规定了可以颁发强制许可的事由：

（1）专利权人拒绝许可。第 31 条（b）款规定："只有在使用前，拟使用者已以合理的商业条款和条件争取权利持有人的授权，但在合理期限内未获成功，方可允许这种使用。"

（2）国家出现紧急状态或其他特别紧急状态。在（b）款中还规定了一旦某成员进入国家紧急状态或其他特别紧急状态下，可以不受有关拒绝许可规定的约束，进行强制许可使用，但应在合理的时间内尽快通知权利持有人。

（3）非商业性公共使用。同样在（b）款中还规定了非商业性公共使用也可以不受有关拒绝许可规定的约束，进行强制许可使用，但是，如果政府或合约方未作专利检索即知道或有明显的理由知道一项有效专利正被或将要被政府或为政府使用，则应立即通知权利持有人。

（4）纠正反竞争行为的需要。第 31 条（k）款规定被救济司法或行政程序已确定为反竞争行为而允许强制许可的，可以不受上述（b）款的约束，也不受有关产品仅供该许可成员方国内市场规定的约束。

（5）两项专利间存在依赖关系。第 31 条（l）款专门对两项专利间存在依赖关系的强制许可作了规定，如果两项专利间存在依赖关系，为了利用一项专利（第二专利），就不得不侵犯另一项专利（第一专利），而且第二专利与第一专利相比，具有重要经济意义的重大技术进步，那么可以强制许可给第二专利权人使用第一专利，反之，第一专利权人应有权以合理的条件获得交叉许可使用第二专利。第 31 条（c）款专门针对半导体技术做了特别规定，强调对半导体技术颁发强制许可证的事由只能是非商业性公共使用或者纠正反竞争行为的需要，大大缩小了可以颁发强制许可证的事由范围。

2. 颁发强制许可的程序

（1）应当一事一议。第 31 条以（a）款显著位置强调强制许可应当一事一议,也就是说要"各案处理",不能把某一个强制许可证的授予经验,作为常规或通则普遍适用。

(2) 审查机制。第31条(i)款规定强制许可决定的法律效力,应接受司法审查,或接受该成员内更高一级主管当局的独立审查。

3. 强制许可使用费的支付

第31条(h)款和(j)款规定考虑到有关许可的经济价值,上述每一种情形下的强制许可都应该支付给权利持有人足够的报酬,而且有关报酬的决定应接受司法审查,或接受该成员方国内更高一级主管当局的独立审查。对于为纠正反竞争行为而进行的强制许可,其报酬的确定,则可以考虑纠正反竞争行为的需要。

4. 强制许可的效力限制

第31条的(d)、(e)、(f)和(g)款对专利强制许可的效力范围作了严格限制,要求强制许可应该是非独占性的,而且是不可转让的,除非连同从事使用的那部分企业或者商誉一并转让。任何专利强制许可使用,均应主要为了供应该许可成员的国内市场需要。此外,在适当保护被许可人合法利益的前提下,如果导致专利强制许可的条件已不复存在且不会再发生,强制许可即应终止,主管当局应有权审查导致授权的条件是否继续存在。

由上述内容可见,TRIPS第31条不仅对颁发专利强制许可的事由严加限制,而且对实施范围也予以约束,而此前各国专利法对专利强制许可制度的适用条件要宽松、简单得多。第31条的规定实际上给WTO各成员方实践强制许可设置了更多障碍,大大限制了将之付诸实践的可能。尤其是(f)款的规定,要求强制许可应主要用于国内市场的需要,这就意味着具有药品生产能力的成员方为公共健康通过强制许可生产的药品只能供应本国市场,不能出口,而缺乏药品生产能力的国家(主要是发展中国家和最不发达国家)也不能进口其所需的这些药品,给这些国家解决公共健康危机造成了极大的困难。因此,有的学者认为,TRIPS根本上是发达国家用以维护其在世界贸易中的控制地位，阻止发展中国家与其竞争的工具。❶ 有人甚至指出："与其说 TRIPS 第 31 条规定了专利权限制即允许实施强制许可，还不如说是规定了对权利限制的限制"。❷ 进入 21 世纪后，随着艾滋病、SARS、禽流感、甲型 H1N1 流感等全球公共健康危机频发，TRIPS 第 31 条的规定显然无法满足各国，尤其是发展中国家应对危机的需要，修订第 31 条已是势在必行。

（二）TRIPS 专利强制许可制度的新发展

在发展中国家强烈呼吁和大力推动下，2001 年 11 月 9~14 日，在多哈举行的 WTO 第四次部长级会议通过了《TRIPS 与公共健康宣言》。该宣言承认许多发展中国家和最不发达国家面临公共健康问题的严重性，并且声明 TRIPS 不会也不应阻止成员方采取措施保护公共健康，强调 TRIPS 的解释和实施应当有利于各成员维护公共健康，尤其应促进所有公众获得有关医药。

宣言重申了 WTO 成员方充分使用 TRIPS 中为此规定的灵活性条款的权利。每一位成员方有权颁发强制许可，并有权决定颁发此类许可所依据的理由；各成员方有权决定构成国家紧急情况或者其他非常紧急情况的条件。该宣言还明确指出，公共健康危机（包括与艾滋病、肺结核、疟疾或其他流行性疾病有关的危机）构成国家紧急情况或者其他非常紧急情况。而针对第 31 条（f）款带来的有关药品专利强制许可的问题，《TRIPS 与公共健康宣言》第六段明确指出："我们承认那些在药物领域生产能力不足或没有生产能力的 WTO 成员方依 TRIPS 在有效利用强制许可方面可能会面临困难。我们要求 TRIPS 委员会找出快速解决该问题的方案，并于 2002 年底以前报告给 WTO 委员会。"《TRIPS 与公共健康宣言》第一次在 WTO 体制内确认了公共健康权利高于私权的知识产权，并明确了 WTO 成员有充分使用 TRIPS 中的灵活性条款维护公共健康安全的权利。但是该宣言还未能

---

❶ F. Emmert, 1990.
❷ 贺小勇. WTO（多哈宣言）"第 6 条款问题"之研析 [J]. 法学评论，2004（6）.

彻底解决 TRIPS 第 31 条（f）款规定对那些在药物领域生产能力不足或没有生产能力的 WTO 成员解决公共健康危机所造成的障碍，有待进一步谈判解决。

经过两年时间的艰难磋商，2003 年 8 月 30 日，在瑞士日内瓦通过了 WTO 总理事会《关于执行〈TRIPS 与公共健康宣言〉第六段的决议》（以下简称《总理事会决议》）。这一决议为那些在药物领域生产能力不足或没有生产能力的成员方在修改 TRIPS 之前解决艾滋病、肺结核、疟疾或其他流行性疾病导致的公共健康问题，提供了一个过渡豁免机制。该决议规定，WTO 的任何最不发达成员方，以及通报 TRIPS 理事会的其他成员可以进口 WTO 其他成员方依据强制许可而制造的治疗流行病的药品，合格进口方在进口专利药品时须将进口产品的名称和预期数量及其他有关事项通知 TRIPS 理事会，任何成员方可以在该决议规定的条件下，实施专利强制许可生产药品出口到合格的进口成员方，进口成员方和所有其他成员方都应当采取合理措施以防止药品的再出口，出口成员方在授予强制许可时，应给予专利权人充分的补偿。《总理事会决议》突破了基于领土原则专利强制许可只能着眼于国内市场的传统观念，是一项历史性决议。尽管它在进口的药品、数量、进口成员方、出口成员方资格、防止贸易转移方面做了诸多严格的限制，但从法律层面上，赋予了那些在药物领域生产能力不足或没有生产能力的成员方进口仿制药品的权利。

不过，《总理事会决议》还只是一个临时性的过渡安排，其效力到 TRIPS 第 31 条修订完成生效时终止，因此，该决议第 11 条要求 TRIPS 理事会于 2003 年年底前启动 TRIPS 的修订工作，以便尽快将决议的内容永久固定下来。2005 年 12 月 6 日，WTO 总理事会通过了《修改 TRIPS 议定书》（以下简称为《议定书》），将《总理事会决议》的实质性内容纳入 TRIPS 文本，具体包括三个部分内容：第一，在 TRIPS 第 31 条之下增加第 31 条之二，将《总理事会决议》中所规定的豁免安排纳入其中，允许利用强制许可所生产的药品出口至药物领域生产能力不足或没有生产能力的成员方。第二，在 TRIPS 第 73 条之后增加附件，详细规定利用第 31 条机制应当满足的条件和程序等。第三，附件的附录，主要规定对进口国欠缺医药生产能力的评估标准和方法。《议定书》还规定未经其他成员同意，不得对议定书任何条款提出保留。《议定书》将由 WTO 成员方在 2009 年 12 月 31 日之前或理事会决定的更长期限内接受，经 2/3 成员方接受后生效，在《议定书》生效之前《总理事会决议》将继续适用。

虽然《议定书》仍然存有一些不足，例如内容还存有一些不确定因素（例如对适用的药品和欠缺医药生产能力等概念的界定），可能会在各国的具体执行中带来争议，以及贸易转移的防范困难等，有待进一步完善，但是，这并不影响《议定书》的通过所具有的重要意义，因为它为发展中国家和最不发达国家执行 TRIPS 提供了重要的灵活性，也标志着发展中国家在 WTO 谈判中取得的一次重大胜利。同时，也意味着国际社会已经意识到知识产权保护不应成为基本人权保护的障碍，在追求高标准的知识产权保护的同时，应兼顾公众利用专利产品的空间，以维护社会公共利益需要。

三、TRIPS 框架下专利权限制的表现

TRIPS 对于知识产权的保护标准是迄今为止效力最高的国际公约。该协议在第一部分"总条款与基本原则"中表明："对于知识产权的保护与权利的行使，其目的在于促进科学技术的革新、转让和传播，以有利于社会和经济福利的方式去促进科学技术知识的生产者和使用者互利，并对权利和义务进行平衡。"为了实现上述目的，TRIPS 第 8 条规定了成员方可以采取必要的措施保护公共健康以及促进对本国经济和科学技术进步至关重要的领域的公共利益，并且在必要的时候可以对知识产权人滥用权利、采取不合理的限制贸易活动或者在国际技术转让中造成不利影响的行为采取适当的限制措施。TRIPS 的上述规定明确了当面临公共健康、科学技术进步、竞争秩序等公共利益时，可以采取必要的措施对专利权进行适度的限制。

(一) TRIPS 对专利权内容的限制

1. TRIPS 对专利权内容的规定

TRIPS 对专利权利内容的规定体现在第 27 条和第 28 条中。第 27 条为"可授予专利的客体",明确规定了可以被授予专利权的客体范围,即"专利应该授予在所有技术领域内的任何发明,不管是产品还是方法,只要其具有新颖性、包含发明性的步骤并且可供工业应用(其中新颖性和包含发明性的步骤成员方可以将其理解为非显而易见的和实用的)。并且专利的取得和保护不可以因为发明地点、技术领域以及产品是进口还是本地生产为由而受到歧视"。第 28 条被称为"专利权的垄断权范围",包括权利人所享有的专有权以及专利权人有权转让或者以继承的方式转让、订立专利许可合同。其中专利权人所享有的专有权包括两个方面:一是对于产品专利而言,专利权人享有未经其同意不得制造、使用、许诺销售、销售或者为此类目的进口该产品的权利;二是对于方法专利而言,专利权人享有未经其同意不得使用该方法的权利,以及使用、许诺销售、销售或者为此类目的进口至少是由该方法专利直接获得的产品的权利。

依据 TRIPS 第 27 条和第 28 条的规定,对产品和方法均提供了专利保护,而且不管专利药品是进口还是在当地生产均应该被授予专利权。对于专利权的过多保护基本上体现了美国等发达国家的意志,正如赵维田所说的"TRIPS 是发达国家的巨大胜利,发展中国家失之甚多"。对于药品而言,TRIPS 的这种保护对于任何没有得到专利授权的治疗严重疾病的同类药品,包括那些专门生产廉价药品的公司所生产的药品均不可以上市,直到药品专利期限截止之日。根据英国知识产权委员会 2002 年发布的"整合知识产权与发展政策"报告中提出"对药品实施的专利保护,在很大程度上影响了药品的价格,在 TRIPS 生效前很多发展中国家并没有对药品提供专利保护以便它们国内的民众可以买得起所需要的药品。TRIPS 生效后,许多发展中国家对药品提供了专利保护,这就使得原先不受专利保护的通用药品的竞争力下降。这种专利权保护制度严重影响到了贫困国家人民获得健康保护的权利，对于发展中国家是不公平的。"

2. "Bolar 例外"对专利权利内容的限制

虽然 TRIPS 第 27 条和第 28 条对专利权提供了过多的保护，但是第 30 条规定了"授予权利的例外"，对专利权人的专有权进行了有限的限制。TRIPS 第 30 条规定："成员方可以对授予专利的专有权作出有限的例外规定，只要这种例外的规定不会对专利的正常使用产生不合理的抵触，以及这种例外的规定不会不合理的损害专利权利人的合法利益，同时应该考虑第三人的合法利益。" TRIPS 第 27 条、第 28 条对专利权利内容过度的保护加之第 30 条对授予专利权例外规定的模糊性，导致不同的成员方之间会有不同的理解方式，容易在成员方之间产生争端。最典型的即为 DS114 案件，即 1997 年 12 月欧共体诉加拿大药品专利保护争议案 Canada-patent Protection of Pharmaceutical Products。

1997 年 12 月 19 日，欧共体向 WTO 提出申诉，认为《加拿大专利法》第 55 条第 2 款第（1）项、第（2）项不符合 TRIPS 第 27 条第 1 款和第 28 条第 1 款应该承担的义务。该申诉案件主要涉及《加拿大专利法》第 55 条第 2 款中第（1）项、第（2）项规定的"专利权例外"，即"法定审查例外"和"储藏例外"。《加拿大专利法》第 55 条第 2 款第（1）项规定："除专利权人以外的任何人仅为开发和提供加拿大、加拿大各省或加拿大以外的国家法律要求的信息而制造、使用和销售专利发明，不构成侵权。"这一条被称为"法规审查例外"，被适用于药品。第 55 条第 2 款第（2）项规定："除专利权以外的任何人为在专利到期日后的专利产品的销售而制造、储藏，根据上述第（1）项而制造使用的专利发明，不构成侵权。"这一条即为"储藏例外"。与此同时，加拿大的法律规定，在某件专利到期之前 6 个月，除专利权人以外的任何人都可以实施针对这一专利的"储藏例外"，即指在专利期满前 6 个月，竞争者被允许制造并将制造的产品储藏起来，待专利期满后即可上市销售。要知道，药品上市前要经过政府机关审批，这种例外的目的是让专利药品的潜在竞争者在专利保护期限内就可以获得政府的生产许可，这样在专利权到期日之日，潜在的竞争者就可以立即销售药品。如果没有"法律审查例外",竞争者必须要等到专利产品到期日后,才可以提交审批资料许可后生产药品。但是,据加拿大统计,药品从开发到经过政府机关审批到进入市场一般需要 8 年到 12 年的时间,也就意味着这些药品的专利保护期限实际上仅为 8 年到 12 年。另外,一旦专利到期,马上就会出现大量的仿制药,这些仿制药也要经过政府机关的审批才能被投入市场。一般来说,生产和审批仿制药的时间为 3 年到 6 年半。如果没有"法规审查例外",仿制药品的生产者就要在专利到期日后再等 3 年到 6 年半,这实质上就延长了专利的实际保护期。加拿大承认其"储藏例外"不符合 TRIPS 第 28 条第 1 款的规定,但符合 TRIPS 第 30 条规定。TRIPS 第 30 条规定:"成员方可以对授予专利的专利权规定有限的例外,只要此类例外不会对专利的正常利用产生不合理的抵触,以及不会不合理地损害专利所有人的合法利益,同时要考虑到第三人的合法利益。"根据上述条款,双方均同意,要符合 TRIPS 第 30 条规定必须同时具备三个条件:第一,例外是有限的;第二,例外不能影响专利的正常使用;第三,专有权的例外要在考虑第三人合法利益的基础上,不得侵害专利权人的合法利益。如符合 TRIPS 第 30 条规定,以上三个条件相互补充,缺一不可。

专家组认为,《加拿大专利法》第 55 条第 2 款第(2)项关于"储藏例外"的规定实质上不符合 TRIPS 第 30 条授予专利权例外的规定。虽然"储藏例外"仅在专利到期前 6 个月内适用,这一点可能会减少对专利权人的损害,但是其并没有对数量进行限制,专家组认为"储藏例外"不是有限的例外。因此《加拿大专利法》第 55 条第 2 款第(2)项关于"储藏例外"的规定违反了 TRIPS 第 27 条第 1 款对专利无歧视授予和保护以及第 33 条关于专利权保护期限的规定。

关于"法规审查例外"。首先,专家组认为《加拿大专利法》第 55 条第 2 款第(1)项的规定仅仅是为了向有关审批机关提交信息和数据而制造、使用和销售专利产品,并不会使专利权人的商业利益受到损害,所以被认为是有限的例外,符合 TRIPS 第 30 条的第一个条件;其次,专家组认为,专利权人对专利的正常利用就是要消除一切可能影响其经济利益的竞争,但其具体形式不是固定的,必须适应技术发展和市场变化。对于大多数其他专利产品来说,不存在上市前要审查的问题,也就不存在因为审查而延长的市场独占期。因此,专家组认为,"法规审查例外"没有与专利权的正常使用造成不合理的冲突,符合 TRIPS 第 30 条关于专利权例外的第二个条件。关于第三个条件,专家组指出,欧共体把"合法利益"等同于"法定权利"是错误的,"合法利益"须是被相关公共政策或其他社会规则支持的、合理的利益保护主张。"法定审查例外"符合专利法的目的,并被广泛接受,而由于法定审查而缩短的专利权人的市场独占期的利益还未形成广泛的社会共识。因此,《加拿大专利法》第 55 条第 2 款第(1)项关于"法定审查例外"的规定并不违反 TRIPS 第 28 条第 1 款对于专利垄断权范围的规定。

欧共体诉加拿大专利保护争议案中专家组给出的"法规审查例外",也被认为是"Bolar 例外",不属于侵犯专利权的情形,其实质上是对专利权限制的一种表现。"Bolar 例外"最初源于美国,是由 Bolar v. Roche 案催生出来的。1983 年,Bolar 公司为了可以尽早地上市 Roche 公司拥有专利的安眠药盐酸氟西汀的仿制药,在该专利期满前(1984 年 1 月 17 日),从国外进口了 5 千克的原料以进行制剂学、稳定性和生物等效性等方面的研究,并向 FDA 申请许可研究,随后被 Roche 公司起诉侵犯专利权。最终这个问题交由美国国会解决。美国国会于 1984 年修改了本国的《专利法》,规定"目的在于仅仅获得以及提交 FDA 所要求的信息的有关行为不视为侵犯专利权"。所以,Bolar 公司为符合 FDA 的要求所进行的进口、使用行为不属于侵犯专利权。TRIPS 专家组认为,"法规审查例外"也即"Bolar 例外"行为不侵犯专利权,是一种对专利权的合法限制,是对专利权限制表现方面的一种解释。我国《专利法》第三次修改后,第 69 条第 5 款也对此作出了规定:"为提供行政审批所需要的信息,制造、使用、进口专利药品或者专利医疗器械的,以及专门为其制造、进口专利药品或者专利医疗器械的",不视为侵犯专利权。

（二）TRIPS 第 31 条"未经权利人授权的其他使用"与专利权限制

TRIPS 第 31 条规定了未经权利人授权的其他使用，也被称为专利的强制许可。专利权人获得专利权后可以选择自己使用，也可以将专利权的使用权通过许可合同的形式许可他人使用。一般来说，专利权人为了更快地获得专利的经济利益，通常会许可其他公司使用其专利权。但是，也不排除专利权人在获得专利权后，不实施其专利权或者不当实施其专利权，给其他社会个体乃至社会整体造成不良影响。在这种情况下，应利害关系人的申请，各国的专利机关往往采取对权利人的专利权进行强制许可的手段，来维护其他社会个体或者社会整体的利益。因此，专利强制许可制度是对专利权人垄断权的一种限制，是专利权限制的表现之一。TRIPS 第 31 条"关于未经权利人授权的其他使用"是 TRIPS 框架下对专利权限制的一种表现形式。强制许可制度作为对专利权进行限制的手段，甚至是最重要的一种限制手段，并不是新近才出现的，也不是仅仅适用于专利技术的某一些领域。它是各国国内专利法不可或缺的组成部分，能够有效地控制专利权人滥用专利权，保护社会的公共利益。

1. TRIPS 第 31 条相关规定

TRIPS 第 31 条对限制专利权规定了 12 项条件：

（a）强制许可必须根据个案的情况逐一进行审查从而决定。

（b）强制许可的技术使用人在申请强制许可之前，必须经过了多方的利益合理的商业条件向知识产权的权利人申请进行自愿性的许可而这种努力经过一定的期限内并没有获得成功，方可申请强制许可。上述的这些要求在一个国家紧急状态下或者其他极其紧急的情况下或者为了非商业性的公共目的使用是可以得到豁免。但是，使用强制许可的政府机关必须在合理可行的时间内尽快的通知专利权利人。

（c）强制许可的范围和期限仅仅限于专利权人授予专利权的目的。

（d）强制许可是非排他性的。

第二章 专利强制许可制度

(e) 强制许可不可以进行单独的转让，但可以与持有此种使用权的企业进行全部或者其一部分一并转让。

(f) 根据强制许可生产的产品应主要供应授权国的国内市场。

(g) 除非为了充分保护强制许可使用人的合法权益，应该在造成强制许可的情形不存在或者没有再发生的现实可能性时终止强制许可的决定。有关机关应专门申请有权审核有关强制许可的情形是否继续存在。

(h) 专利权人有权得到充分的补偿，且补偿额应该考虑许可的经济价值。

(i) 有关强制许可决定的法律效力及强制许可补偿费的决定应受成员的司法审查或者受不同的上级机关的独立审查。

(j) 如果此种使用是为了补救经司法或者行政程序所确定的反竞争行为，成员不必适用（b）项、（f）项规定的条件。在此种情况下确定补偿时，应当考虑纠正反竞争行为的需要。如果导致此种授权的条件可能重现，主管机关有权拒绝终止授权。

(k) 半导体技术的其他使用只适用于非商业的公共使用或者作为对已经司法或行政程序确定为不正当竞争行为的救济手段。当涉及依赖专利的强制许可时，必须符合三项条件：（1）第二项专利相对于第一项技术而言，必须是"具有重大经济意义的重要技术进步"；（2）第一项专利权人有权以合理的条件使用第二项专利的技术；（3）第一项专利的强制许可除非与第二项专利一并转让，否则不得单独转让。

TRIPS第31条关于专利权限制的适用，设置了严格且烦琐的条件，使得发展中国家很难利用这一条款。对于专利药品而言，其专利权大多掌握在发达国家的专利权人手中。通常情况下，权利人为了获得更好的经济利益，会对其专利药品设置很高的定价，尤其是那些治疗严重传染病的药品。当发展中国家面临类似艾滋病等疾病时，由于当地的民众很难买得起发达国家生产的专利药品，而发展中国家的企业又没有制药的能力，在此情况下，发展中国家很难利用TRIPS第31条关于专利强制许可的规定，最终导致发展中国家面临公共健康危机。因此，TRIPS第31条关于专利强制许可的条款，受到发展中国家和国际组织的广泛指责,认为过度的保护了专利权人的利益,而置广大发展中国家的民众于水深火热当中。

2. TRIPS 第 31 条的不足

依据 TRIPS 第 31 条（b）项的相关规定,如果成员方因为国家处于紧急状态之下或者存在其他紧急情形,则事先请求专利权人自愿许可的程序可以得到豁免。但是,TRIPS 并没有对何为紧急状态、何为其他紧急情形作出明确的规定,而是交予各成员方自行进行解释。然而,各成员方对于紧急状态和其他紧急情形的认识和理解不同,因此造成了对某种情况下是否属于紧急状态可能存在不同的解释。2001 年 6 月,WTO 总理事会对公共健康与知识产权问题进行了讨论,并最终于 2001 年 11 月达成《TRIPS 与公共健康宣言》。在《TRIPS 与公共健康宣言》第 5 段 c 项对何为紧急状态作了一定的规定:"每一个成员方都有权利自主决定什么情况下构成国家紧急状态或者其他紧急情形。可以解释为公共健康危机,包括一些严重传染性的疾病,例如艾滋病在内的公共健康危机等,成员方都可以将其解释为国家紧急状态或者其他紧急情形。"

在 TRIPS 签署以前,各成员方普遍规定:"在两件专利具有相互依赖的情形下,应当对前一个专利技术（也被称为主专利）进行强制许可,以便使得后一个专利技术得以实施。只要后一个专利权人同意以合理条件许可主专利权人使用其专利技术。然而,TRIPS 第 31 条对这种互为依赖性的专利技术的强制许可采取了严格的限制条件,要求第二件专利技术对于主专利来说,必须是具有重大经济意义的重要技术进步"。但是对于何为"重大经济意义的重要技术进步",TRIPS 并没有规定明确的标准,WTO 成员可能采取不同的解释。

对于 TRIPS 第 31 条强制许可争议最大的是（f）项的规定:"通过强制许可所生产的专利产品应当主要供应成员方国内市场"。例如,当甲国发生了严重的公共健康危机,而克服危机的重要药品在该国受到专利权的保护,则甲国可以以公共健康为由授权该药品的强制许可,但是,如果甲国本国的企业不具备此种药品的生产能力,并且甲国为发展中国家或者欠发达国家,民众也没有足够的能力去购买专利权人通过进口而来的昂贵药品。这时，即使乙国通过强制许可制造的药品价格明显低于专利权人进口入甲国的药品价格，但是乙国又不能将强制许可的药品售往甲国，最后，甲国民众面临的只有要么支付昂贵的药品要么死亡。TRIPS 第 31 条关于强制许可"主要供应本国市场"的规定，严重限制了发展中国家方便有效地利用强制许可制度获得廉价的药品来治疗疾病缓解本国的公共健康危机。于是，许多的国际组织和学者纷纷呼吁减少限制强制许可制度的条款，尤其是（f）项关于"专利产品主要供应本国市场"的限制性规定。

综上所述，TRIPS 第 31 条未经权利人授权的其他使用（强制许可制度）不仅对实施强制许可的请求事由进行了严格的限制，而且对可以实施强制许可的范围也进行了严格的约束。而此前各国专利法以及国际社会对于强制许可的适用要求的较为宽泛。TRIPS 第 31 条的规则一方面没有很好地平衡专利权人垄断权与公共健康权之间的关系，损害了发展中国家利益；另一方面 TRIPS 第 31 条规定的模糊性使得 WTO 成员之间的争端频繁。因此，有学者认为，TRIPS 从根本上是发达国家用以维护其在世界贸易中的控制地位，阻止发展中国家与其竞争的工具。有人甚至指出："与其说 TRIPS 第 31 条规定了专利权限制及允许实施强制许可，还不如说是规定了对权利限制的限制。"在进入 21 世纪之后，随着艾滋病、SARS、禽流感、甲型流感等严重传染病所导致的全球公共健康危机的频发，TRIPS 第 31 条关于强制许可制度的规定显然无法满足各个国家的需要，尤其是无法很好地满足发展中国家应对本国健康危机的需要，修订第 31 条已是势在必行。

3. WTO 对 TRIPS 第 31 条修改

从全球药品供应的格局来看，拥有药品专利权较多的发达国家是主要的药品供应者，而发展中国家由于环境、医疗水平等因素则是最主要的药品消费者。在这种背景下，不顾发展中国家的现实情况，将药品列为专利保护的对象，又对专利的强制许可设置了严格的限制条件，如 TRIPS 第 31 条（f）项规定，经专利强制许可生产的药品只可以供本国市场而不得出口、必须给予专利权人充分的补偿、强制许可决定必须经过司法审查或者独立的行政复审等，这些严格的限制条件都使得发展中国家很难从专利强制许可制度中获益。因此，很多发展中国家、国际组织和学者都奔走相告，试图用自己的力量推动相关制度作出改变。

2001年6月与9月，WTO总理事会就公共健康与知识产权问题进行了讨论，并于2001年11月在多哈召开的WTO第四次部长会议上达成《TRIPS与公共健康宣言》，其主要内容有：

第一，宣言表示WTO了解到很多发展中国家和欠发达国家成员所面临的公共卫生健康危机的严重性，如艾滋病、肺结核、疟疾等严重的传染病；

第二，宣言承认了知识产权的保护对于新药研发的重要性，以及这种保护对于药品价格所带来的不利影响；

第三，宣言指出TRIPS不会也不应该妨碍各成员采取保护公共健康的措施；

第四，宣言进一步对TRIPS的宗旨和原则进行了重申，并强调TRIPS的实施和解释应该以有利于解决公共健康危机、促进药品的可及性为原则；

第五，宣言还指出对于那些缺乏药品生产能力的发展中国家或者欠发达国家来说，很有可能无法有效地使用TRIPS第31条所规定的专利强制许可制度。因此，WTO责成TRIPS理事会于2002年年底之前找到"解决这一问题的快速途径"。

该宣言虽然对发展中国家的公共健康危机进行了重视，但只是一些原则性的规定，并没有彻底改变TRIPS偏向专利权人垄断利益的情况。由于一些专利制药公司和发达国家的阻碍，《TRIPS与公共健康宣言》所预期的解决时间一直推迟。WTO总理事会终于通过了《总理事会决议》。其对TRIPS第31条（f）、（h）项所规定的关于专利强制许可的义务实施了有条件的豁免。即决议允许WTO成员方将通过专利强制许可生产的药品出口到其他国家。

但是豁免是有一定限制条件的：第一，成员按照本国专利法的规定所颁发的专利强制许可生产的药品必须要出口到"适格的进口方"，"适格的进口方"的范围是指WTO认为的最不发达的成员方和其他已经通知 WTO 理事会准备使用这一制度进口经强制许可生产的药品的成员方。第二，对于"适格进口方"进口的药品也有明确严格的限制。WTO 规定，"适格进口方"利用强制许可进口的专利药品的数量必须是本国所需，而且进口的药品上必须要有明确的标签或者标志标明该药品是通过强制许可进口而来的等严格的条件。《总理事会决议》建立了一个包含了数量可观的条件和程序规定的机制。但是，对于该程序的利用却显得格外的复杂和烦琐，通常需要十几个步骤或者程序才能得到 WTO 的许可，而且这种制度要求针对个别药品和个别国家，运用一事一议的原则进行决定。

该决议自 2003 年通过以来，只有在 2007 年被使用过一次。2007 年 7 月 17 日，卢旺达通知 WTO，希望在两年内进口 26 万盒 Triavir。2007 年 10 月 4 日，加拿大通知 WTO，已经授权公司生产这种仿制药品，出口到没有制药能力的卢旺达。

《总理事会决议》虽然在一定程度上解决了发展中国家利用专利强制许可制度获取廉价的仿制药品，但是却附加了过多的限制条件，而且决议所规定的豁免是一种过渡性质的安排，其效力直到 TRIPS 被修改之时为止。

经过多方的努力，WTO 于 2005 年 12 月 18 日的第六次部长会议上通过了《香港宣言》，该宣言将《总理事会决议》的规定吸收到 TRIPS 当中，使之上升为 TRIPS 的一部分，具有永久的效力。《香港宣言》将原先 TRIPS 第 31 条（f）项通过专利强制许可生产的药品只能供应国内市场，改为在第 31 条之后增加一条"bis"条款，称为"第 31 条'bis'"条。新增加的条款允许成员方利用专利强制许可生产的药品出口到一些缺乏制药能力的成员。在 2007 年 12 月 1 日前，各成员方可以自行决定是否接受，当 2/3 的成员方批准接受后，该议定书即生效，成为 TRIPS 的一部分。我国于 2007 年 12 月 28 日批准接受该议定书。然而，由于在规定的时间内接受的成员没有达到 2/3，所以 WTO 总理事会决定将批准接受议定书的时间延长，最后一次是在 2011 年 11 月 30 日将批准该议定书的时间延长至 2013 年 12 月 31 日。但是，截止到 2013 年年末，只有 50 个成员方批准此议定书，所以该议定书至今并没有生效。虽然议定书的规定对于发展中国家而言是有利的，纠正了 TRIPS 中严重的不平衡性，确认了社会公共利益应该优先于专利权人的垄断利益，但是由于其并没有正式生效，它的实际作用并没有预期的那样有效。

四、TRIPS 之修订对我国专利强制许可立法的影响

无论是 2003 年的 SARS 危机，还是在我国多个省份蔓延的甲型 H1N1 流感病毒，都严重威胁着我国广大社会公众的生命健康安全，由于我国的社会经济水平还处于发展中阶段，高昂的药价与公众有限的支付能力之间的尖锐矛盾亟待解决，《修改 TRIPS 议定书》的通过正好为我们解决这一矛盾提供了良好的契机。因此，2007 年 12 月 28 日，我国批准了《修改 TRIPS 议定书》，也完成了《专利法》的第三次修订，力争充分利用《修改 TRIPS 议定书》所赋予的权利，促进我国公共健康事业和医药产业的发展。

为了解决我国面临的公共健康问题，落实 WTO《TRIPS 与公共健康宣言》和《总理事会决议》，国家知识产权局于 2005 年 11 月 29 日发布了《涉及公共健康问题的专利实施强制许可办法》，自 2006 年 1 月 1 日起施行。该办法对"传染病"和"药品"的范围作了界定，传染病是指导致公共健康问题的艾滋病、肺结核、疟疾以及《中华人民共和国传染病防治法》规定的其他传染病。而药品，是指在医药领域用于治疗上述传染病的任何专利产品或者通过专利方法制造的产品，包括制造前述产品所需的有效成分和使用前述产品所需的诊断试剂。还明确了在我国预防或者控制传染病的出现、流行，以及治疗传染病，属于《专利法》第 49 条所规定的为了公共利益目的的行为；传染病在我国的出现、流行导致公共健康危机的，属于《专利法》第 49 条所规定的国家紧急状态，符合颁发专利强制许可的事由。

该办法允许为了公共健康的需要，针对治疗某种传染病的专利药品，在我国具有该药品的生产能力的情况下，授予实施该专利的强制许可；我国不具有生产该药品的能力或者生产能力不足的，授予强制

许可，允许被许可人按照 WTO《总理事会决议》从其他有能力生产的 WTO 成员中进口该药品，但是，被许可人以及其他任何单位或者个人不得将依照该强制许可进口的药品出口到其他国家或者地区，同时被许可人应当向专利权人支付合理的报酬，该药品的生产者已经向该专利权人支付报酬的，被许可人可以不向专利权人支付报酬。该办法第 9 条规定："世界贸易组织成员按照总理事会决议确定的机制通报世界贸易组织 TRIPS 理事会，希望进口治疗某种传染病的药品的，或者非世界贸易组织成员的最不发达国家通过外交渠道通知我国政府，希望从我国进口治疗某种传染病的药品的，国务院有关主管部门可以请求国家知识产权局授予强制许可，允许被许可人利用总理事会决议确定的制度制造该种药品并将其出口到上述成员或者国家。"这意味着我国医药企业可以在遵守 TRIPS 有关规定的前提下，利用强制许可生产某些专利药品并出口到药物领域生产能力不足或没有生产能力的成员。

《涉及公共健康问题的专利实施强制许可办法》较为充分地落实了 WTO《多哈宣言》和《总理事会决议》赋予发展中国家的灵活性，为我国因解决公共健康问题而实践专利强制许可制度提供了法律依据。

2008 年 12 月 27 日，全国人大常委会通过了我国《专利法》的第三次修订，专利强制许可制度也是本次《专利法》修订的重点内容之一，从而使我国专利强制许可制度在更高法律层面上实现了与修订过的 TRIPS 的衔接。新《专利法》在第六章分 11 条对强制许可的适用情形、颁发强制许可的程序、使用人的付费义务、强制许可的效力范围等——作了规定。

首先，新《专利法》明确了专利强制许可的适用情形包括以下四种：一是专利权人自专利权被授予之日起满 3 年，且自提出专利申请之日起满 4 年，无正当理由未实施或者未充分实施其专利的；二是专利权人行使专利权的行为被依法认定为垄断行为，为消除或者减少该行为对竞争产生的不利影响的；三是在国家出现紧急状态或者非常情况时，或者为了公共利益的目的；四是两件专利间存在依赖关系。上述四种适用情形中的第二种和第四种情形，申请专利强制许可的单位或者个人还应当提供证据，证明其以合理的条件请求专利权人许可其实施专利，但未能在合理的时间内获得许可。

其次，规定了颁发专利强制许可的程序。国务院专利行政部门作出的给予实施专利强制许可的决定，应当及时通知专利权人，并予以登记和公告。专利权人对国务院专利行政部门关于实施专利强制许可的决定不服的，专利权人和取得实施强制许可的单位或者个人对国务院专利行政部门关于实施专利强制许可使用费的裁决不服的，可以自收到通知之日起3个月内向人民法院起诉。

再次，规定了专利强制许可使用费的支付。取得实施专利强制许可的单位或者个人应当付给专利权人合理的使用费，或者依照中华人民共和国参加的有关国际条约的规定处理使用费问题。付给使用费的，其数额由双方协商，双方不能达成协议的，由国务院专利行政部门裁决。

最后，规定了对专利强制许可的效力限制。取得实施专利强制许可的单位或者个人不享有独占的实施权，并且无权允许他人实施。对专利强制许可实施的市场供应也作了限制，除为了公共健康目的而实施专利强制许可的药品，国务院专利行政部门可以给予制造并将其出口到符合中华人民共和国参加的有关国际条约规定的国家或者地区外，其他专利强制许可的实施应当主要为了供应国内市场。此外，给予实施专利强制许可的决定，还应当根据专利强制许可的理由规定实施的范围和时间。专利强制许可的理由消除并不再发生时，国务院专利行政部门应当根据专利权人的请求，经审查后作出终止实施专利强制许可的决定。

将《专利法》第六章的这些规定，与TRIPS之规定以及新修订后的内容相比较，我们不难发现，二者的内容相当一致，新《专利法》已将TRIPS的最新发展成果吸收进来，进一步完善了我国的专利强制许可制度，也实现了与国际的接轨。

综上所述，在当前艾滋病、甲型H1N1流感等流行性疾病对全球公共健康安全造成严重威胁时，WTO对TRIPS有关药品专利强制许可制度的修订和我国对《专利法》的修订,都具有十分重要的意义。虽然修订后的 TRIPS 对药品专利强制许可所设定的程序较为烦琐,每一次都需对药品、国家进行个案审查,而相关出口成员的实施立法亦十分复杂,因此,其能否有效地被利用以及能否在事实上促进最不发达国家和发展中国家人民对药品的获得有待进一步观察。但是,它毕竟为发展中国家和最不发达国家执行 TRIPS 提供了重要的可行性和灵活性,对专利权人滥用药品起到了威慑作用,增加了这些国家与专利权人谈判的筹码,可以争取降低专利药品的价格,以满足公共健康安全的需要。

第三节 国外专利强制许可制度

虽然对于国际公约上应如何规定专利强制许可制度,各国争议较大。然而,从各国本身的实践来看,对专利强制许可制度均持肯定态度,他们或通过立法,或通过司法实践,普遍采纳了专利强制许可制度。

一、发达国家的专利强制许可制度

（一）美国

《美国专利法》从 1790 年制定开始,虽然历次修正过程中专利强制许可问题多次被提议列入但是至今没有明文规定。该法第 271 条(d)款第 4 项规定,如果专利权人"拒绝授予许可或者拒绝行使专利权的任何权利","不能认为该行为构成滥用专利权"。《美国专利法》并没有对强制许可进行规定,在独占权利方面的主要限制措施就是通过其他法律或者司法判例确立的特定条件下的强制许可。

（1）在政府使用方面,为了公共利益的需要,政府可以在特定情况下采取行动征用专利权。《美国法典》第 28 卷第 1498 条对国家使用权规定,"当美国联邦政府未经美国专利的权利人或者有权使用和制造该专利所保护发明的人同意而使用或者制造该发明时,专利权人有权在美国联邦索偿法院(Court of claims)起诉并就该使用和制造行为获得合理而充分的补偿。合理而充分的补偿包括权利人的合理成本。"针对2004年以来发生的禽流感疫情,对于罗氏医药企业等跨国公司拥有的达菲(Tamiflu)专利权,就有专家建议应当采用与专利强制许可相对应的国家征用权来加以解决。

(2)在反垄断救济的强制许可中,美国司法部(DOJ)和联邦贸易委员会(FTC)于1995年和2007年分别颁布针对知识产权领域反垄断执法的指南或政策报告,其中就针对拒绝许可行为是否构成反垄断法所禁止行为进行了指导性的规定。在反垄断案件中,专利强制许可已经被法院用来作为针对垄断行为的救济措施。随着技术标准在产业发展和竞争中的作用越来越突出,美国法院和反垄断执法机构所处理的的技术标准中涉及的反垄断问题也日益严重。1996年Dell案、2002年Rambus案和2003年的Unocal案,都体现了如果专利权人在制定标准过程中有欺诈行为,而标准制定完成并实施以后一旦获得超过其技术贡献利益,可能会违反反垄断法。

(3)美国专利侵权案件中,颁发禁止被告实施专利技术的永久性禁令是法律规定的救济途径之一。《美国专利法》第283条规定,"法院可以依照平衡原则在合理的期限内颁布禁止令,以制止对受专利权保护的任何权利进行侵犯。"法院对于专利侵权案件就一直采用禁止令。而2006年联邦最高法院审理的eBAY案,推翻了此前法院一直采用的做法,强调在专利侵权案件的禁止令颁发时,应当根据平衡原则进行判定,并将普通案件中作为禁止令颁发判定标准的四项标准引入专利案件,改变了以往在认定专利侵权情况下自动颁发禁止令的做法,从而在事实上经由司法途径颁发了专利强制许可。由于这是联邦最高法院所作出的判决,对于此后若干专利侵权案例都产生了重要影响。

(二)德国

《德国专利法》第24条对专利强制许可的条件及程序等作出了规

定。其对颁发专利强制许可条件的规定是，在符合许可资格的申请人曾在合理的时间内，以合理的惯用的商业条件，向专利持有者要求获得实施该发明的许可但其努力失败，以及颁发该专利强制许可符合公共利益的条件下，由专利法院依照个案颁发对一项发明的非独占性行业实施的强制许可。《德国专利法》还特别规定了对植物新品种专利，当一个植物品种种植人不通过侵犯在先专利就无法获得或者实施一项植物品种权时，前述关于普通专利强制许可的规定同样适用。

《德国专利法》规定，授予一项专利强制许可只能在专利权授予之后进行。一项强制许可的颁发受到一定限制，并依赖于颁发时的条件，其实施的范围和期间依照授权时确定的目的。除此之外，该法律还对专利权人能够获得的经济补偿作出规定，专利权人可以要求强制许可持有人支付补偿费，补偿费的数额应该依据个案的情况来合理确定，并应考虑到涉案的强制许可的经济价值。当重复性支付的补偿款项将到期，情况出现实质性的变化，进而使得确定补偿数额的环境不存在时，应该保证当事人有权利主张相应的调整。

如果只看专利强制许可在德国的授予数目，强制许可的实际意义似乎微不足道。根据德国法律数据库 Dreif 的统计，1923~1943 年，共有 295 项强制许可申请，授予了 23 项；1950~1979 年有 37 项申请，未授予任何强制许可。1980~1984 年，根据德国联邦专利法院的统计，既没有强制许可的申请，也没有授予强制许可；1985~2002 年登记了 6 项申请，由德国联邦专利法院授予了 1 项，但后来又被德国联邦最高法院撤销了。

德国联邦最高法院在审理的药品专利强制许可案中，对公共利益的认定标准进行了澄清。法院认为不能一般性地认定因为专利权享有独占权利就认为其违背了公共利益，即使专利独占权利使得权利人在市场占有垄断地位也是如此。公共利益的体现只能根据案件具体实施的情况来确定。如果基于《德国专利法》关于具有"重要的技术进步和显著的经济效果"的技术可以获得专利强制许可的规定，该案原告所做的技术贡献在于发现现有药性成分的新用途，这并不足以说明其相对于现有治疗方法有先进之处。另外，由于原被告双方制造的药物有效成分从结构式上看虽然存在不同,但是对于药用效果并没有实质差别。因此,不能认为原告必须通过强制许可实施被告专利才能维护公共利益。

在反垄断救济的强制许可方面,《德国专利法》认为,专利权的保护不受其他法律包括反垄断法的约束,因此反垄断法的适用不会导致专利法中关于专利强制许可规定的适用,但这种倾向在德国联邦最高法院 2004 年关于 Spundfass 案的判决中得到纠正。根据该案判决,认定一个拒绝许可知识产权的行为是否构成滥用,至少需要考虑专利权是否成为进入下游市场的关键性条件,以及权利人差别性许可专利权是否有合理理由。该案的判决不仅进一步澄清了《德国专利法》中强制许可中涉及的公共利益问题,还明确地将竞争法规则纳入其中,是德国专利强制许可的重要发展。

(三) 英国

英国是较早建立专利制度的国家,其专利理论认为如果专利权对于贸易会产生损害或者总体上来说是没有效率的话,那么将是无效的。作为强制许可的前身,如果颁发专利过程中存在歧视或者不利于实现政府的目标,则可以由枢密院 (Privy Council) 予以撤销。《英国专利法》也早在 1883 年就已经有了相关规定,该制度最初的重点是在防止专利权人滥用其独占权。现行专利强制许可是 1977 年《英国专利法》中规定的,并于 2004 年进行了到目前为止的最后修改。

此次修改的最大变化,就是针对"WTO 专利权人"与"非 WTO 专利权人"的不同,分别规定了不同的强制许可理由。其中,针对"非 WTO 专利权人"颁发强制许可的理由与 1977 年《英国专利法》原先的规定基本一样(除了专利产品的"进口"修改为仅限于从"非 WTO 成员"的进口)。但是,为了符合 TRIPS 对专利强制许可的限制性要求,对于"WTO 专利权人"的专利强制许可理由则进行了删减,仅包括"对产品发明专利而言,没有以合理条件满足对该产品的需求"等三个方面的理由。至于没有商业实施或最大程度地进行商业实施、对专利产品的需求实质上是通过进口来满足的、通过进口专利产品阻碍了在英国的商业实施、因拒绝以合理条件许可而导致英国制造的专利产品无法供应出口市场等强制许可理由，不再适用于"WTO专利权人"。对于"WTO专利权人"来说，进口产品可以作为满足国内需求的手段。而这种需求应当是真实的，并非申请专利强制许可人希望存在或者获得强制许可后可以拓展的需求。如果由于专利权人授予许可条件或者使用和分配专利产品及使用专利方法方面的原因，造成制造、使用和分配非专利产品的活动或者在英国进行工业或者商业活动受到不合理的限制，则可以授予专利强制许可。

此外，由于英国属于欧盟成员，对于《欧洲联盟条约》的义务还必须得到履行。1992年欧洲法院审理的欧盟委员会诉英国政府关于进口欧盟成员产品应当作为满足国内市场需求手段案中，英国政府由于没有满足《欧共体条约》第30条（现第28条）而败诉了，即此后不能将进口欧盟成员产品排除在满足国内市场需求的范围以外。而且，欧盟认为《英国专利法》规定的专利局长有权颁发当然许可的自由裁量权违反欧共体条约的规定，也就是说当专利权人在其他欧盟成员实施而未在英国实施时，也不能颁发当然许可并允许被许可人进口专利产品，因为该措施会造成对专利权人在其他欧盟成员实施专利权的歧视。

（四）法国

《法国知识产权法典》将依法申请颁发的专利强制许可和政府机构依职权颁发的征用许可分别进行规定，而这两种许可都属于TRIPS第31条规定的强制许可。该法典第L613-11条规定，专利授权3年期满或者申请4年期满以后，专利权人或者其权利继受人在其专利被申请使用强制许可时无正当理由拒绝，并且尚未开始使用或者未作真实有效的使用准备或者未以足够数量销售专利产品以满足法国市场需要的，可以由任何公法或者私法的人依程序获得强制许可。如果改进专利权较前一专利具有显著技术进步和重大效益的，可以出于公共利益并在改进专利实施所必需的范围内颁发强制许可。专利强制许可及根据公共利益颁发的当然许可是非独占性的，并且只可与其所属的营业资产、企业或者部分企业一同转让。

该法规定的征用许可是出于公共健康利益的需要，药品、获得药品的方法、获得药品必须的产品或者生产该产品的方法专利，在供应公众的药品的数量或质量不足或价格过高的情况下，应公共健康主管部长的要求，由工业产权主管部长决定颁发征用许可。除此之外，对于满足国民经济必需的专利权，工业产权主管部长可以依职权催告专利权人实施发明，如果一年内没有效果并且专利权人不实施和未充分实施、严重影响经济发展和公共利益的，可以由行政法院决定适用征用许可。值得注意的是，征用许可颁发时，并不需要有特定企业作为申请者，而在专利使用征用许可公布之日起，任何符合资格要求的人，可以申请工业产权主管部长颁布实施许可。征用许可报酬应当由专利权人和实施企业协商并由工业产权及公共健康主管部长批准，协商不成的由法院确定。征用许可自决定通知各有关方面之日起生效。

（五）日本

日本是亚洲较早实行专利制度的国家，1871年就公布了《专卖简章》，1888年修改为《专利条例》，1899年制定《专利法》。日本现行《专利法》是1959年公布，并于1960年起施行的，其间经过了多次修订。在1978年和1999年两次修订中，关于专利强制许可部分的规定没有大幅度修改。

《日本专利法》规定了三种不同情形的专利强制许可，包括不实施时裁决设定普通实施权，为实施从属发明而裁决设定普通实施权和为公共利益而裁决设定普通实施权。并且，日本专利实施中对于保障专利权人的经济利益比较重视。值得注意的是，尽管各国专利法都规定在符合法定条件的情况下可以宣告专利权无效，但多数仅限于专利申请本身的瑕疵，而日本是少数保留由于专利权人滥用专利权而可由法定程序撤销专利权的国家。

目前，日本的专利强制许可制度已经将目光集中在反垄断领域的专利权滥用行为。《日本禁止垄断法》的除外适用条款规定，该法不适用于被认为是行使专利权等知识产权法规定的权利的行为。2007年日本颁布了《行使知识产权反垄断指南》，其中对于专利权人拒绝许可或者提起侵权诉讼等行为在通常意义上不认为存在问题，认为此类行为只是对于权利的正常行使。该指南所列举的四种滥用情形包括：

第一，参与专利池的企业拒绝向新加入者或者特定企业授予许可而没有合理理由，从而妨碍其使用该技术，这种限制就是反垄断法禁止的排除其他企业商业行为；

第二，如果某项技术对于特定市场非常关键，并且实际上被众多企业在商业活动中使用，如果某些企业可以从权利人处获得许可而其他企业被拒绝并排除在外，则可能构成反垄断法禁止的排除其他企业商业行为，这被称为"权利拦截"（Interception）；

第三，如果在特定技术市场或者产品市场经营的企业，集中了其实际或者潜在竞争者可能使用的所有技术所包含的专利权及其他知识产权，并拒绝许可对方使用，从而阻止竞争者使用该技术，可能构成反垄断法禁止的排除其他企业商业行为，这被称为"权利集中"；

第四，当产品标准由多家企业联合制定时，如果权利人推动标准建立并通过欺诈手段纳入权利人的技术，包括虚构技术纳入标准后的许可条件，以便促使其他企业在接受许可的情况下使用技术，但是此后拒绝许可从而阻碍符合标准的产品的制造和开发，则可能构成反垄断法禁止的排除其他企业商业行为。1977年，日本公平交易委员会就处理过10家企业组建专利池、但是拒绝许可该专利池以外企业使用技术，最终该委员会通过颁发专利强制许可解决技术使用问题。

二、发展中国家或地区的专利强制许可制度

（一）巴西

曾经引起WTO争端的《巴西工业产权法》关于专利强制许可的规定，是发展中国家利用专利强制许可制度实现社会公众利益，保护本国产业发展的典型。巴西于1996年修改《工业产权法》，其中第68条规定，专利授权3年后，在专利权人进口专利产品被允许的情形

下，除了不具备经济上的可行性以外，专利权人因为不能制造或者不能充分制造专利产品，或者不能充分利用专利方法，以致没有在巴西实施该专利技术，或者专利技术的商业化没有能满足市场需求，如果专利权人根据现行法律在行政或司法决定中被认为是滥用专利权或滥用经济力量，则应对其专利实施强制许可。

为了在专利权人私有和公共利益之间取得平衡，《巴西工业产权法》对于授予专利强制许可也设置了一些限制。首先，强制许可产品主要供应国内市场；其次，在颁发强制许可时间上，如果是不实施专利情形，必须在专利授权后3年才能颁发；最后，在非独占许可和不准分许可的规则方面，强制许可应不是独占的，而且不允许分许可，这些规定都符合TRIPS的要求。为了保证强制许可的顺利实施，并且遵循TRIPS有关规定，该法明确规定了申请人应拥有合法理由并有技术和经济能力来有效实施该专利技术。为了确保被许可人会有效实施专利，除非有合法原因，被许可人应在颁发许可的一年内开始实施该专利，特殊情况可以延迟一年，如果被许可人不遵守上述规定，专利权人可以请求取消许可，被许可人应有权保护专利不被他人使用强制许可，只能随着实施该许可的企业的转让、转移或租赁而转让。

(二) 印度

印度现行专利法是1970年制定，并于1999年、2002年和2005年进行了三次修改。该法对于印度医药产业从主要生产仿制药到逐步投入医药研发起到推动作用。其中第三次修改对强制许可制度进行了比较全面的修改，并取消了当然许可制度。由于专利强制许可同专利实施密切相关，印度专利法规定，专利实施和颁发强制许可时要考虑有关因素，包括授予专利是为了鼓励发明，并保证该发明没有不当迟延，在印度以商业规模并尽可能充分地实施专利的保护和执行要对技术研发和转移有贡献，以及对技术信息的生产者和使用者共同利益有促进，并且以社会经济福利和权利义务平衡为导向，专利权不能阻碍保护公共健康，即能够促进对印度社会经济和技术发展有重要作用的技术领域所涉及的公共利益，并且对权利人滥用专有权利并阻碍国际技术转移的行为进行限制，专利权人能够以公众可以负担的价格提供专利发明。如果颁发强制许可后两年，仍然存在专利发明没有在印度境内实施，或者公众对专利发明的需求仍然没有得到满足，或者公众不能以合理可接受的价格获得专利发明的情况，则中央政府或者任何利益相关人可以向专利局长申请撤销专利权，作为对专利独占性所带来危害的最终救济措施。

此外，专利局局长在决定是否颁发强制许可时，还需要考虑以下因素：发明的性质、专利保护期经过期间以及专利权人及其许可人在充分利用发明方面已经作出的努力，申请人实施发明并使公众获益的能力，以及申请人承担资本和实施风险的能力。而申请人是否作出努力在合理期限内以合理条件寻求专利权人授予许可但是没有成功的情况也是考虑因素。2005年，《印度专利法》修正时明确合理期限为6个月。当然，对于国家紧急情况及其他极端紧急情况或者为了公共利益使用和反竞争救济措施而言，并不需要经过先行协商的过程。而专利局长对于强制许可申请提出以后发生的情况不必考虑在内。

WTO总理事会2003年通过执行《总理事会决议》后，印度专利法修订时也规定对于满足没有生产能力国家需求而颁发强制许可并出口产品的条款。对于没有生产能力或者没有足够生产能力的国家，为了应对公共健康问题已经颁发相应强制许可并允许进口的，印度也可以颁发专利强制许可并出口医药产品，以满足该国需求。如果按照规定提出申请，专利局长可以颁发仅为出口而生产药品的强制许可，许可期间和条件由局长决定并予以公布，并且，根据这项特殊安排的强制许可要求，不影响其他强制许可产品的出口。

（三）泰国

泰国现行专利法规定了专利强制许可的内容，并且在改进法律规定方面做了努力。该法根据TRIPS的内容作了相应修改，并在该法第45～50条规定了专利强制许可的内容。《泰国专利法》规定的专利强制许可颁发事由中，首先，专利权人未实施专利可以颁发强制许可。如果专利权人在申请日后4年或者授权后3年，并且无合法理由的情况下未在泰国生产专利产品或者使用专利方法,或者国内市场没有专利产品销售或以不合理的高价销售,或者公众需求没有得到满足,申请人均可以申请强制许可。其次,对于从属专利情况下的强制许可,《泰国专利法》采用侵权认定的标准,即如果从属专利实施会侵犯基础专利权,而前者在后者基础上又有重大技术进步和经济价值,可以申请基础专利的强制许可。而基础专利权人也可以用合理条件获得从属专利许可权。此外,政府部门为了服务公众需求、国防需要、保护或者利用自然资源和环境、避免或者缓解食品药品及其他消费品短缺,或者为了其他公众服务,可以获得专利权人所享有的权利,条件是支付给专利权人或者独占许可人使用费,并及时向其发出通知。

在程序上,专利强制许可申请和使用费谈判是分离的。申请人首先向知识产权局局长申请获得许可权(Entry),然后可以与专利权人自行谈判许可条件。如果协商不成,再由知识产权局局长决定合理的许可条件。特别地,为了减轻被强制许可的专利权人在专利维持费方面的负担,知识产权局局长可以决定将该费用至少减少一半。收到申请以后,知识产权局局长应当通知专利权人及独占许可人,并将其情况告知申请人。上述三方当事人均可向知识产权局局长提出意见和证明材料,并应当被告知强制许可决定内容。对于知识产权局局长作出的强制许可决定可以在60天内向复审委员会提起申诉。

(四)我国台湾地区

我国台湾地区"专利法"承袭了民国时期的专利法律制度,并且从1994年开始就规定了专利强制许可制度,它在台湾地区"专利法"中称为强制授权或特许实施。为了配合TRIPS,台湾地区1994年修正了专利强制许可的颁发要件和程序。首先,在紧急情况下或者是为增进公益的非营利使用,可以申请专利强制许可。对于这种情况下颁发专利强制许可的判别,应当将专利权的独占性权利和社会公共利益进行衡量与比较,如果除专利强制许可外,还有其他对专利权侵害程度较小的途径可以达到相同的目的与效果的,不能颁发强制许可。其次,为了适应TRIPS的需要,我国台湾地区"专利法"取消了关于专利未实施可以颁发强制许可的规定，转而规定申请人曾以合理商业条件在相当时间内仍不能协议授权时，专利行政机关可以依据申请对该专利实施强制许可。最后，对于限制竞争行为或不公平竞争行为经法院判决或者台湾地区"公平交易委员会"处分确定的，虽不符合其他强制许可事由，也可以提出申请。一般认为，以法院判决或者"公平交易委员会"处分确定为前提，如果未经过终审判决或者处分程序，仍不得申请专利强制许可。对于"公平交易委员会"反竞争行为的裁定，由于可以通过向"行政法院"起诉获得救济，如果对该判决不服还可以继续上诉，因此，是否在"公平交易委员会"作出决定后就能认为其效力确定而据此颁发专利强制许可，台湾地区学者之间还存在不同意见。

我国台湾地区在专利强制许可的规定上基本符合 TRIPS 的要求，并且期望充分利用该协议及有关决议的弹性条款。而在专利强制许可实施方面，台湾地区也进行了有益的尝试。2004 年所颁发的飞利浦光碟强制许可是针对技术标准中专利权滥用而颁发的，而 2005 年所颁发的克流感药品强制许可是为了应对公共健康领域的紧急情况而进行的。在发展中国家和地区中，我国台湾地区"公平交易委员会"在维护市场秩序中发挥了重要作用，其运作的机制和执法水平也处于比较领先的地位，因此其在专利强制许可中所处的地位和发挥的作用值得特别关注。

三、专利强制许可制度的比较

1. 申请专利强制许可的事由

TRIPS 第 31 条规定了专利强制许可的适用条件，却并没有限制成员内法应规定何种强制许可的理由，这已成为 WTO 成员及学者们的普遍共识。因此，WTO 成员完全可以根据各自的国情，灵活地规定启动专利强制许可的理由。例如，印度 2002 年《专利法》规定了十分广泛的专利强制许可理由，包括：专利权人未实施或未充分实施专利、公众对专利产品的合理需要没有得到满足、专利产品价格过高以致公众无力承担、保障公共健康和营养、印度关键技术部门的发展、专利权人在技术转让中滥用专利垄断权、国家紧急状态和极其紧急情势、非商业性的公共目的使用等。可见，同样作为发展中国家，印度以国际公约为依托，以"有利于本国利益"为原则，制定了符合本国经济技术发展需要的强制许可事由，值得学习。

2. 申请专利强制许可的主体

TRIPS 第 31 条第 2 款仅规定"拟使用者"这一概念，并没有对强制许可申请人的资格做任何要求。因此，许多 WTO 成员均对强制许可申请人的资格不加以限制，任何人都可以提出强制许可申请。如 1977 年《英国专利法》第 48 条第 1 项规定，"任何人可以在授予专利之日起 3 年届满后向专利局长申请强制许可"；《印度专利法》第 84 条第 2 款也规定，"任何人"，包括该专利的被许可人，可以根据该条的规定申请专利强制许可。同时，这些国家均没有要求申请人在申请专利强制许可时必须具备任何实施条件，而是由主管机关在决定是否颁发专利强制许可时，将申请人具备实施条件作为颁发专利强制许可的条件。可见，我国新《专利法》第 49 条的规定显然过于严苛了。

3. 专利强制许可的适用条件

一些国家和国际公约通过案例、排除法或学理解释对专利强制许可的适用条件进行了必要的说明，例如，根据英国的一些判例，所谓"正当理由"主要是指：（1）因为专利的特性使得在英国实施是没有可能性的；（2）因为在英国存在条件限制而在其他国家没有这样的限制，使得在英国实施是没有可能性的；（3）在英国实施是没有盈利可能的，甚至是会带来损失的。又如，在《巴西工业产权法》中规定，除非是由于不可抗力或由于实施缺乏经济上的可行性，其他情况下的未实施或未充分实施可以作为提出专利强制许可的理由。可见，判断条件是否合理应当从多方面考量，不仅要判断专利强制许可申请人提出的许可条件是否合理，更重要的还必须判断专利权人提出的许可条件是否合理。另外，除了专利许可使用费的金额条件外，其他条件还包括：许可的期限、附加的技术、回授、搭售安排、出口限制等。

第四节 公共健康领域专利强制许可制度的实证分析

一、生物医药研发领域的专利强制许可

由于生物医药技术特别是研究材料和研究工具专利技术，对于开发应对公共健康问题的医药产品非常重要，而专利权的存在某种程度阻碍了医药产业有效利用此类技术，考虑到上面所提到的专利许可、组建专利池以及科学实验例外都存在某些缺陷而不足以满足需求，因此，专利强制许可作为解决手段可以发挥应有的作用。如果不能有效开发出治疗疾病的药品和其他医疗设施，后续产品推广并为公众所利用就成为无源之水。各国专利法并没有排斥对生物技术专利进行专利强制许可。遗传诊断是既可以用于临床也可以用于后续研究的方法，具有最终产品和研究工具的双重性质。调查显示，该领域的专利申请和许可授予对于临床应用和遗传筛检的后续开发具有重要影响。此外，在瑞士的调查发现，专利保护对研究造成困难，而被调查者主张对遗传检测的临床应用给予研究例外，或者按照合理条件颁发非独占性强制许可。

相对于其他技术领域而言，生物技术由于包括基因或者受体等生物材料，具有唯一性和不可替代性，使得专利权人能够获得更大的谈判优势，专利权对研究活动的阻碍作用也更为严重。竞争者无法像其他技术那样通过在周边进行研发寻找替代技术，因为除非利用该生物材料本身进行研究，否则无法获知由该遗传物质所引发的疾病的原因。在此情况下，根据对关键设施规则的分析，如果可以认为针对特定疾病所形成的生物技术研发市场构成竞争法上的相关市场，受到专利权保护的遗传物质或者其他生物材料对相关疾病研究活动所形成的研发市场构成关键设施，则使用该专利材料进行研发的机构可以在被

拒绝许可的条件下申请专利强制许可。此种专利强制许可可以在事前向政府机关进行申请。美国就有人建议立法规范将 DNA 序列专利强制许可授予所有需要的科学家，即使他们进行的研究活动属于商业开发也应如此。如果由于多种原因未能申请，也可以在专利侵权诉讼时作为不颁发禁止令等强制措施的抗辩理由，从而获得事实上的专利强制许可。如果不从竞争法角度考虑颁发专利强制许可，美国其他相关法律也能够为生物技术领域的专利强制许可提供法律保障，包括拜杜法案。允许联邦政府在由其资助的专利没有充分实际应用时，可以要求权利人许可给第三方，如果由于专利权人或者被许可人等没有满足健康或者安全方面的需要，也可以通过专利强制许可行为给予满足。美国的《空气洁净法》和《植物品种保护法》规定在特殊情况下，适用于生物材料和研究工具的专利强制许可。有学者认为，应当针对生物材料专利特别是基因专利中的强制许可免除事先协商自愿许可的规定，实际上并无此必要。因为根据竞争法颁发的专利强制许可，TRIPS 第 31 条（k）款已经免除了该条（b）款有关事先协商、自愿许可的要求。

　　如果医药企业合并会损害行业竞争关系，反垄断执法机构可以在同意合并案时要求合并后的企业将其所拥有的专利权许可给适当的第三方，以避免由于专利权集中而减少的技术市场竞争。美国就曾经处理过多起类似的案件，在认定相关医药企业合并后在相关市场具有技术垄断地位，将通过颁发专利强制许可缓解其对技术市场的冲击。在 1997 年 Baxder 公司与 Immeno 公司合并案中，FTC 就要求其将与血纤维稳定因子（Fibrin Sealant Focter）有关的专利技术许可给批准的被许可人，而实际上在该合并案通过 6 个月内就有公司获得了此类专利许可。此外，在 1980 年的 Eli Lilly 案（涉及胰岛素专利权）、1997 年 Ciba-Geigy 公司合并案（涉及疱疹单体病毒胸普激酶基因 HSV-tk 专利）以及 1990 年 Roche 合并案（涉及与艾滋病治疗有关的细胞的 CT4 专利）中，FTC 都作出类似的决定，此举可以避免由于专利问题妨碍企业合并的完成，但是又防止由于企业垄断地位上升而导致专利权集中并由此造成专利许可双方谈判地位的倾斜和专利许可交易成本的上升，进而妨碍正常专利许可交易的完成。

由于上面所列案件涉及的专利都包含作为研究材料和研究工具的专利技术，因此获得此类专利许可对于继续进行生物医药产品研发非常重要。在颁发上述专利强制许可时，FTC注意不对专利权人具有重要经济利益的关键市场的专利权颁发专利强制许可，并且避免形成对颁发专利强制许可的强烈预期，从而对企业后续研发造成影响。从这些案件所涉及的专利权人后续研发活动来看，其专利申请中的研发行为和成果也确实没有明显的下降。

相对于科学实验例外，专利强制许可仍然可以为权利人提供经济回报，从而实现对开发生物材料和研究工具的激励和保证后续研究可以获得专利技术之间的平衡。对于此种情况下的专利强制许可，其许可费的确定可以采用比较特殊的方式进行。由于生物材料和研究工具本身只是在科学实验过程中使用，而不是作为产品或者服务在市场销售，因此并没有体现为市场价值，确定专利许可费的交易成本要比能够体现为终端产品的专利权高。于是，被许可使用该技术的专利许可费可以通过研发过程所形成的产品的市场价值进行计算，从而合理体现研究工具在最终产品中所起的作用。此为延展性专利使用费（Reach through royalty），并在涉及研究材料和工具专利的自愿许可中已经被采用，而此类条款可以帮助确定专利技术的合理使用费。专利使用者不必担心支付过高的使用费，并且会投入最优资源进行最终产品的开发。当然，要防止研究工具专利权所索取的许可费造成专利费堆积现象，必须从专利许可费比例上加以控制并与同一产品中的其他专利许可费综合考虑。上面提到的1990年Roche合并案中，FTC所确定的方法专利许可费率是终端产品销售额的1%，相对于产品专利3%的许可费是较低的。事实上，在自愿许可协议中，专利权人也不会要求过高许可费，否则，如果最终产品生产和销售没有利润的话将导致商业活动无法继续进行，收取专利许可费也成为无源之水，只不过由于信息不对称导致自愿许可协商的交易成本较高。

二、药品实施领域的专利强制许可

药品实施领域的专利强制许可是关系到公众能否得到必要药品的关键。尽管被许可人仍然是企业而不是个人，但是专利产品的生产和销售将能够直接满足人们的公共健康需要，其所涉及的社会和经济范围以及对公众和专利权人利益的影响是广泛的。能否有效解决公共健康问题，固然同该国的医药技术水平和经济富裕程度有关，然而对于众多发展中国家而言，在资源有限的情况下，也需要政府具有强有力的政治决断，在实施专利强制许可解决公共健康问题时，更是如此。不过，针对专利强制许可的任何政治决断，不能只考虑某些因素或者说有利因素，还需要将其不利因素考虑在内，实现两者最佳平衡点的关键是将专利药品所涉及的货物贸易或者技术贸易的交易成本作为衡量是否颁发专利强制许可的指标性因素，而不是仅针对药品价格。通过专利强制许可实现技术转移仍然是其重要的政策目标，TRIPS 第 66 条第 2 款规定，发达国家成员有义务鼓励其企业和公共机构促进向最不发达成员转让技术，《TRIPS 与公共健康宣言》也在公共健康领域重申了这一点。而上面小节进行的分析发现，专利技术进行的国际技术转移较国内技术转移交易成本更高，因此专利强制许可更应当成为克服这种技术贸易交易成本的有效途径，并由此促进公共健康问题的解决。

TRIPS 谈判和生效以前，各国就已经制定了能够适用于公共健康和营养领域的专利强制许可规范，并且已经在相当广泛的领域进行了专利强制许可实践，为解决有关社会问题提供了有益的经验。然而，TRIPS 内容的广泛和实施效力的保障，使得成员的任何有关规范和实践经验都必须受到该条约的检验。从前述分析我们可以看到，TRIPS 所制定的专利强制许可规则要求，主要目标和功能是充分利用该措施减少专利技术交易成本，并在制度设计上防止该措施造成新的交易成本上升风险。这样的制度设计应当体现在涉及利益广泛的药品专利实施领域的专利强制许可当中。药品实施固然同公共利益有关，而公共利益的重要性和紧迫性也是导致药品专利交易成本上升的重要因素，公共利益的要求不仅是对现有专利药品的广泛供应，也必须考虑到不断通过研发获得新药的可能性，因此通过减少交易成本促进药品专利的正常交易仍然是实施专利强制许可的重要目标，也必须在专利强制许可的制度设计和实际运作中加以体现。

（一）公共健康领域专利强制许可的制度发展

1. TRIPS 与《TRIPS 与公共健康宣言》

专利强制许可同专利制度一样，虽然早已被纳入《巴黎公约》协调范围，但是其实施属于各国国内法规范的范畴。在 TRIPS 生效以前，发展中国家尽管也加入了《巴黎公约》等协调专利保护的国际条约，但是在制定应对公共健康等社会问题方面仍然保留有自主性。TRIPS 提高了发展中国家专利保护的水平，甚至对比专利制度发展的历史，该协议要求发展中国家面临比发达国家还处于同一阶段时更高的保护水平。专利保护水平的提高，使得发展中国家政府提供包括营养、健康和环境保护等公共产品的能力受到削弱。特别是部分新兴的发展中国家已经具备了生产多种必要药品的能力，能够提供给其他发展中国家廉价而合格的药品，而这种能力在 TRIPS 生效以后，特别是在过渡期结束以后难以得到充分发挥。没有能力生产药品国家的公共健康问题变得比以前更为严重。应当说，TRIPS 规则并没有考虑到专利强制许可对解决发展中国家公共健康问题的重要性，原因在于发达国家没有经历过发展中国家所面临的严重公共健康问题，难以设身处地地为发展中国家制定规则。

应当说，在《TRIPS 与公共健康宣言》以前，国际政治压力是发展中国家实施专利强制许可的主要障碍，并体现为双边贸易摩擦和争端，乃至报复措施。2001 年美国遭受炭疽病毒袭击尽管属于恐怖袭击事件，但是使得包括美国在内的发达国家认识到，专利强制许可等专利保护弹性措施对于解决公共健康问题的重要性。同年 11 月达成的《TRIPS 与公共健康宣言》认为，TRIPS 没有也不应当妨碍各成员为维护公共健康而采取措施，在重申承担义务的同时，确认该协议能够也应当以一种有助于成员维护公共健康的权利，特别是对促进所有人获得药品的权利的方式进行解释和实施。各成员将有权批准专利强制许可，并且可以自由决定批准专利强制许可的理由，针对专利强制许可颁发时构成国家紧急状况或其他紧急情形的条件，《TRIPS 与公共健康宣言》也将决定权确认为各成员享有，并且没有限制颁发专利强制许可所涉及的疾病种类，即没有限制为流行性疾病。《TRIPS 与公共健康宣言》在这一点上没有满足发达国家要求。

不论对于《TRIPS 与公共健康宣言》的法律地位有何种异议，即使其并不具有国际法律地位，而如时任美国贸易代表佐利克所说属于政治宣言，但也为减少发展中国家在实施专利强制许可方面的国际政治压力作出了贡献。佐利克也承认，《TRIPS 与公共健康宣言》的通过是发展中国家和发达国家为实现共同目标作出努力的典型范例。既然作出这样的宣言，如果对于发展中国家颁发专利强制许可解决公共健康问题的行为提出异议或者诉诸争端解决，发达国家将失去合理的立场。当然，这并不意味着发展中国家实施专利强制许可的国际政治压力完全消除，但是毕竟从根本上扭转了专利保护程度不断加强和专利强制许可作用不清而受到贸易强国质疑与挑战的情况。因此，专利权从私权化到社会化的转变初见端倪。

2. 2003 年《总理事会决议》和 2005 年修正案

为了解决《TRIPS 与公共健康宣言》中所关注的发展中国家和最不发达国家制药企业没有制造能力或制造能力不足而造成有效利用专利强制许可有可能会遇到困难的问题，WTO 总理事会于 2003 年 8 月 30 日作出决议。该决议设计了在保证最不发达国家和没有生产能力的发展中国家能够通过专利强制许可获得药品的制度，同时可以防止通过专利强制许可生产的产品过分损害专利权人的既得市场份额和利益，减少克服自愿许可中的交易成本，从而试图实现专利权人和社会公众之间的利益平衡。该决议内容也通过 2005 年 TRIPS 第 31 条修正案以国际条约的法律形式固定下来。

应当说，没有生产能力或者生产能力不足的国家是国际技术转移交易成本最高的国家。由于其国内没有合适的企业能够实施药品专利技术，使得构成交易成本的重要条件中，寻找交易对象的成本非常高乃至无法完成交易。自身无法生产或者生产无法满足需要，使得该国面临公共健康问题时必须通过进口药品来解决。此类国家通常经济水平较低，购买专利权人所生产药品的能力较差，而发展中国家实施 TRIPS 过渡期满后，从其他发展中国家购买廉价仿制药的途径也减少，因此直接购买专利药品的成本由于谈判地位差异而比较高。虽然跨国医药公司或者国际组织出于人道主义或者商业的考虑，在某些特殊药品领域和某些最不发达国家可能会采取价格折扣或者赠送药品方式，然而无法成为解决公共健康问题的主要手段。由此，必须通过专利强制许可制度克服由此所带来的交易成本问题，从而解决公共健康对发展中国家和最不发达国家所造成的生存和发展问题。

该决议许多内容不仅为决议本身的实施提供基础，也为实施 TRIPS 有关条款和解释《TRIPS 与公共健康宣言》有关内容提供借鉴。例如，该决议中"医药产品"是指在医药领域用来应对《TRIPS 与公共健康宣言》第一段中认可的公共健康问题的任何专利产品，或通过专利方法制造的产品，其中包括药品制造所需的有效成分和药品使用所需的诊断试剂。由于该决议和修正案对于 TRIPS 第 31 条（f）项有关专利强制许可产品出口限制的例外规定，对于进出口成员方面都进行了规定。"符合条件的进口成员方"指任何最不发达成员，以及任何向 WTO 总理事会发出通知，表明其希望使用此制度作为进口方意愿的成员。按照规定，成员可在任何时候通知 WTO 总理事会它将全部或有限制性地使用该制度，例如只在国家紧急状态、其他特别紧急情形或公共非商业性使用场合才使用。而对于"出口成员方"，指使用该决议和修正案中确定的制度生产医药产品并将其出口到"符合条件的进口成员方"。

为了防止专利强制许可产品出口造成专利权人利益的不当损害，该决议所设计的多项规则使得该制度实施不至于产生损害专利权人利益，因而将专利强制许可使用范围限制在必要的范围。此类制度设计可以解决自愿许可时专利权人无法通过双方许可协议而减少的交易成本，从而为更有利于专利技术转移提供保证。首先，为了防止专利强制许可产品出口产生回流至发达国家的潜在风险,在该制度下生产的药品必须使用特别的标签或标记,标识是依据该决议确立的制度所生产,供应商必须使用特殊包装、特殊色彩或形状来区分此类产品,而且这些区分方式应可行且对价格没有显著影响。其次,在运送前被许可人必须在网站上公布有关信息,包括运送到各个目的地的数量和指定产品的区分特征。在自愿许可中是难以做到这一点的,信息不透明将使得专利权人和药品使用者难以辨别是否为回流产品。而各成员应确保 TRIPS 所要求的有效法律手段的可获取性,以防止在此制度下生产的产品进口并在其境内销售。最后,出口成员方根据本决议中确立的制度授予专利强制许可时,应结合考虑该许可给进口成员方带来的经济价值并给予专利权人充分的报酬,而进口成员方则可以免除再次支付报酬的义务。出口成员方由于其经济实力较强,且专利交易市场和谈判能力也有比较保证,可以以较低交易成本发现并确定专利权的合理补偿费,避免进口成员在谈判能力上的不足而造成补偿费不合理并影响专利权人或者进口方的利益。

如果说《TRIPS 与公共健康宣言》更多地属于政策宣言和规则明确,而并不涉及具体条约内容,各成员方也不必据此对其本国国内法有关规范进行修正,那么 2003 年的 WTO 决议和 2005 年的修正案则需要各成员方根据国际法领域规则的改变而在国内法中有所体现。2004 年 5 月,加拿大通过的 BILL-C9 法案就采纳了 2003 年 WTO 决议内容,允许加拿大医药企业将专利强制许可药品出口至缺乏生产能力的国家,而给予专利权人的经济补偿根据进口方人类发展指数(Human Development Index)加以确定。作为同为北美自由贸易协定(NAFTA)成员的美国,对于加拿大的该项立法表示理解,并同意冻结 NAFTA 中有关 2003 年 WTO 决议内容条款的实施。上面提到 2005 年印度对专利法进行修改,增加了专利强制许可产品出口到没有生产能力国家的规定。而 2006 年 5 月欧盟委员会也通过了类似的规定,并将适用范围扩大至非 WTO 成员的不发达国家。

值得注意的是,尽管修正案为发展中国家和最不发达国家获得专利强制许可药品提供有力的法律保障,但是修正案批准状况和原因以及发展前景却不容乐观,该修正案草案需要 WTO 成员 2/3 以上批准才能生效,2005 年 12 月 WTO 总理事会通过该草案时曾决定,WTO 成员批准该协定的期限为两年,截止到 2007 年 12 月 31 日。但是,到目前为止,只有包括美国、日本、中国、欧盟在内的 43 个国家和地区批准了该修正案。2007 年 9 月,加拿大通知 WTO 已经根据上述决议和本国法律,通过专利强制许可生产了供应乌干达的艾滋病药品,成为解决专利权与公共健康问题的最新实例。

(二) 公共健康领域专利强制许可的实际案例

在 TRIPS 实施以前,英国、加拿大等发达国家和巴西等发展中国家都颁发了较多的药品专利强制许可,这些案例对于此后的案件处理和规则解释具有指导作用。但是 TRIPS 实施以后,国际法律规范和各国国内法律规则都面临新的调整,很多国家都进行了针对性的修改。有的是为了适应 TRIPS 的要求严格限制了专利强制许可的条件,有的在《TRIPS 与公共健康宣言》发表以后针对特定领域的专利强制许可条件进行了重新解释或者规定。应当说,TRIPS 实施以后各国政府和企业所面临的法律环境有了较大变化,因此需要针对此后发生的专利强制许可案例进行重点分析,才能解决体制下专利强制许可制度制定和适用的问题。下面所分析的是此时期所发生的典型案例。

1. 加拿大

加拿大向卢旺达出口专利强制许可药品是 2003 年 WTO《总理事会决议》达成以来典型的案例,体现了通过国际贸易解决公共健康问题的重要作用。2007 年 7 月 9 日,非洲国家卢旺达向 WTO 提交通报,称其将援引 2003 年 8 月 30 日 WTO《总理事会决议》,进口用于治疗艾滋病的仿制药。该通报称,根据卢旺达政府对目前公共健康状况的评估,其拟在此后两年自加拿大公司进口上万份治疗艾滋病的药物,而卢旺达本国由于属于最不发达国家,并没有为药品提供专利保护,因此没有进口仿制药的法律障碍。该药系齐多夫定、拉米夫定和奈韦拉平三种药物的合剂。由于卢政府目前难以预计其在公共健康方面的具体需求,因此将保留进一步调整进口数量的权利。而 2007 年 10 月

5日，加拿大通知WTO，已经授权其国内的医药企业Apotex生产并提供卢旺达所需要的该种药品。这是自2003年以来首例发展中国家和最不发达国家通过进口解决公共健康问题的案例。WTO则发表声明，在加拿大通知之后，Apotex即日起可以在符合WTO规范下，生产并以低廉价格出口至本身没有能力生产此药的卢旺达。在该药品的三种成分中，齐多夫定和拉米夫定的专利属于英国葛兰素史克公司，奈韦拉平则由百灵家公司拥有专利。两个专利权人对于此次强制许可并没有明显的抵触，葛兰素史克于2007年8月初表示，如果Apotex向卢旺达提供药品属于非营利性质，则其同意放弃部分专利权，而百灵家也于同年10月对加拿大政府的决定表示尊重。相反，专利强制许可生产企业倒是表示，加拿大国内法律程序过于复杂，让专利权人可以利用程序拖延药品生产，不利于及时提供药品给卢旺达患者。

必须承认，到目前为止，加拿大向卢旺达出口专利强制许可药品是仅有的成功案例。而要有效利用WTO《总理事会决议》所建立的体制，出口国政府的态度和专利权人所施加的影响仍然是不可忽视的。尽管这种体制所针对是不发达国家的公共健康问题，不过对于解决公共健康问题所需要的药品范围和数量，以及如何保证实施过程中的非营利性，仍然没有合适的办法。因此，专利权人仍然多数持保留态度，进而影响出口国政府作出颁发专利强制许可决定的态度。2008年1月，印度公司Natco也曾经向印度政府申请获得辉瑞公司所拥有的Sutent抗艾滋病药物专利以及罗氏公司所拥有的Tarceva抗癌药物专利的强制许可，并计划将所生产的药品出口至邻国尼泊尔以解决当地公共健康问题。不过，印度政府要求在审查程序中听取专利权人的意见，而专利权人必然不愿给予积极响应。尽管Natco公司对这样的程序处理不满意，认为印度2005年修订的专利法并没有规定要求这样做，但是印度政府显然不愿意完全承担有关的政治责任，因此该专利强制许可始终没有给予颁发。

2. 巴西

TRIPS生效以后，包括巴西和南非在内的发展中国家都试图利用专利强制许可制度解决公共健康问题，但是遭遇了发达国家政府和跨国医药企业所施加的政治压力及采取的法律行动。尽管美国对巴西提出的 WTO 争端案件以及南非药品专利强制许可案件的都采用了和解或者撤诉的方式，发达国家对发展中国家在专利强制许可问题上的疑义和反对动作却没有停止。发展中国家面对发达国家强大压力，仍然采取了各种措施对于专利强制许可给予充分利用，从而为解决公共健康问题提供保障，并尽可能地避免或者减少来自外部的政治压力，同时也充分考虑到专利强制许可制度对国内产业和经济发展可能产生的影响。

巴西非常重视专利强制许可与卫生计划的结合。巴西的全国传染病和艾滋病计划的主要任务，是让所有需要性传染病和艾滋病治疗药物的本国公民，都能通过全国公众健康保健系统免费获取这些药物。到 2002 年，巴西用于购买抗逆转录酶病毒药品的成本已经减少，这是因为巴西卫生部实施全国传染病和艾滋病计划时，使用了与跨国公司谈判的手段，其中包括使用专利强制许可作为威慑手段。由于巴西国内企业具备专利药品的反向技术能力和现实制造成本的评估能力，巴西卫生部有可信的强制许可威慑能力，在与外国制药商就降低药价进行谈判时才会处于优势地位。2001 年，巴西卫生部使用这种方法与 Roche 和 Merck 达成最终协议，它们的两种药品（Nelfinavir 和 Efvirenz）分别降价 40% 和 70%。因此，巴西已将艾滋病的治疗放在了优先地位。巴西之所以能够支付较高的治疗成本，是因为它是一个相对富裕的发展中国家，而其国内感染艾滋病病毒的人口比例较小，况且它所掌握的技术窍门使其卫生部能够在与外国公司谈判时有效地降低药价。但是艾滋病病毒感染率较高的较贫穷的国家，如果没有外援是支付不起这种初期投资的。对于这些国家来说，技术能力较低也是它们的局限性，因此没有有效实行 WTO《总理事会决议》的专利强制许可方案。

巴西曾经在下面两个案例中，成功地利用强制许可作为与跨国医药企业谈判的手段，迫使对方大幅度降低药品价格以满足公众需求。首先，由于上面提到的用于治疗艾滋病的药品"Nelfinavir"价格过高，时任巴西卫生部长的谢拉（Jose Serra）于 2001 年 8 月引用"国家紧急状态"的规定，与该药的制造商谈判，要求其降低药品价格，否则将采专利强制许可措施。如果颁发专利强制许可，跨国制药商就可能失去巨大的市场份额，而不得不与巴西国内的制造商分享该市场份额。Roche公司立即同意"Nelfinavir"的价格降低13%。但是巴西拒绝了这个降价，于8月22日宣布由巴西政府拥有的药物研制中心来生产该药。此后，Roche公司被迫接受了"Nelfinavir"价格降低40%的要求。然后，巴西卫生部长又于2005年3月向艾滋病药品"Kaletra"的美国制药商发出类似的专利强制许可警告，对方仅仅答应降价26%，而巴西国内生产成本可降低42%，并且仿制药可以在取得专利强制许可后10个月内就可以生产出来。如果颁发专利强制许可，Abbott只能得到3%的许可使用费。随后，Abbott保证在此后6年里将该专利药品的价格"显著下降"，使得2006年巴西在进口该药品中的花费减少1800万美元，而在此后6年中总共将节约2.59亿美元。其次，2007年4月，巴西终于颁发了首个艾滋病药品专利强制许可，将墨克（Merck）公司的专利原料药依发韦仑（Efavirenz）生产足够7.5万个病人使用的剂量，预计每年可以节约3000万美元。可见，专利强制许可在促使跨国医药企业将价格政策从少量高价转变为多量低价方面有重要作用，即使是颁发专利强制许可威胁已经能够达到的显著效果。

3. 泰国

泰国政府及其人民一直受到艾滋病等传染性疾病以及心血管病等慢性疾病的困扰。2001年，泰国政府就试图颁发专利强制许可，但是在美国政府的压力下作罢。此后，在2005年至2006年与专利权人谈判自愿许可及降低药品价格未果的情况下，泰国疾病控制局局长分别于2006年11月29日和2007年1月24日宣布对两种抗艾滋病药品专利和一种心脏病药品专利进行强制许可。这三种药品专利分别为法国制药集团赛诺菲-安万特公司生产的心脏病药品波立维（Plavix）、美国默克公司生产的抗艾滋病药品依法韦仑（Efavirenz）和美国雅培公司生产洛匹那韦及利托那韦复方制剂（Kaletra），同时对专利强制许可的条件和期限也作出了规定。此次专利强制许可的范围为不超过20

万艾滋病人的使用量,并且艾滋病人的范围限定在三个公共健康系统内,不包括私人健康保险系统。在专利许可费方面,则规定销售价格0.5%的金额会提供给专利权人作为补偿。

此后,2007年9月,泰国国家医药保障办公室又宣布对诺华公司(Novartis)生产的格列卫(Glivec)和弗隆(Femara)、罗氏公司生产的塔西法(Tarceva)和法国塞诺菲-安万特公司生产的泰素帝(Taxotere)4种癌症药品实施专利强制许可。据泰国卫生部官员透露,如果与诺华公司、罗氏公司和塞诺菲-安万特公司等全球制药巨头有关降低药价的谈判失败,泰国政府将对上述公司的4种药品实施强制许可。所涉及的癌症药品包括诺华公司生产的伊马替尼和来曲哇两种药品。对于泰国政府的专利强制许可行为,美国政府施加了强大的政治压力。尽管有多名美国国会议员向贸易代表建议不要干预泰国政府的行为,但是美国还是因泰国宣布药品专利强制许可而将其列为"重点观察国家",很可能会因此次专利强制许可而将泰国从目前的"重点观察国家"升级为"重点国家"。这导致泰国政府不得不对已经颁发的四项癌症药品专利强制许可是否付诸实施进行重新审查。而包括联合国在内的国际组织和非政府组织对于泰国政府进行专利强制许可给予了充分支持。英国慈善组织牛津饥荒救济委员会(Oxfam)敦促泰国新政府维持前任政府实施药品专利强制许可的政策,否则贫困患者将无法获得昂贵的救命药品。Oxfam的一位艾滋病项目主管表示,此前泰国政府颁布强制许可令降低了治疗艾滋病的一些关键药品的价格,使能够获得药品的患者人数超过12万人。泰国政府应继续执行癌症药品的专利强制许可计划,因为这将挽救众多贫困患者的生命。如果泰国政府不能继续对治疗癌症的关键药品实施专利强制许可,将很可能导致其他发展中国家也步其后尘。

泰国政府实施专利强制许可的行为有多个方面的有利条件。首先,泰国政府没有拘泥于在公共健康领域的极端危急情况下才实施专利强制许可,而是在疾病广泛流行并且危及众多患者生命和身体健康的情况下果断地实施专利强制许可。在泰国法律中,与美国法律和TRIPS规定的内容相似,没有将政府使用专利技术的条件作过于严格的限制，只要公共健康的严重情况和非专利药品的提供不能满足需求的现实存在，足以符合颁发专利强制许可。为了保证对专利强制许可所涉及的药品专利进行有效的评估，从而遴选并确定确有必要实施专利强制许可的对象，泰国国家健康安全委员会还专门成立了实施药品和医疗设备专利政府使用分委员会，从而确保政府颁发专利强制许可的决定具有科学性和专业性。

其次，泰国将专利强制许可产品的使用限制在公共健康体系而非私人健康保险系统，可以避免或者减少对其颁发专利强制许可目的的疑虑和争议。这种卫生系统的有效划分也对专利强制许可行为提供了有力支持。能够购买私人健康保险的人群在支付药品费用的能力方面，要高于普通人群，他们主要包括泰国的高收入人群和外籍人士，需要自己支付购买药品的费用，而专利权人的收益主要集中在私人健康保险系统。实施专利强制许可以后，政府在相同的预算下可以采购到更多合格的药品，从而为更多享受公共健康系统服务的公众提供医疗服务。

再次，泰国政府选择的药品都是国内医药市场有大量需求，而专利强制许可颁发后可以有效降低药品价格的品种。例如抗艾滋病药物Fnfavirenz，2007年年初，泰国在颁布专利强制许可后，从印度进口的6.6万瓶该药物，每瓶650泰株的价格就比专利药品1400泰株低50%以上，而专利权人默克公司也不得不在随后将药品价格降低到730泰株。抗癌药物曲哇的仿制药价格为每片6泰株（约合12美分），比专利药品便宜40倍。为了防止专利权人的利益被过分损害，泰国政府除了对同一种药品专利强制许可的产品数量进行控制外，还对实施强制许可专利的数量相对于整体专利数量的比例进行控制。政府部门就曾经表示，今后颁发强制许可的药品专利不会超过专利总数的15%。

最后，由于泰国国际贸易谈判能力并不强，因此泰国政府比较重视利用政府间国际组织和非政府组织的力量来对抗美国等发达国家所施加的政治压力。除美国政府外，欧盟贸易代表曼德尔森也试图对泰国政府颁发专利强制许可的行为提出异议，以期改变泰国政府的政策。在泰国政府宣布进行专利强制许可以后，曼德尔森发表声明，要求泰国政府正视由于专利强制许可导致的国际贸易的阻碍和对泰国丧失国际研发领域合作的危险。而事实上，泰国政府的行为获得国际社会的认可和支持不在少数。WHO 总干事陈冯富珍在 2007 年 2 月致泰国公共卫生局长的信中就强调，泰国政府颁发专利强制许可的行为完全符合 TRIPS 的要求，并且重申 WHO 会帮助发展中国家有效利用 TRIPS 的弹性条款。该组织还认为，颁布专利强制许可行为是各国政府职权内的事项，并且政府并不需要在颁布前同专利权人谈判许可的前置性条件。

4. 我国台湾地区

2004 年以来，我国台湾地区也受到了禽流感病的威胁。为了有效地应对可能爆发的禽流感疫情，保障台湾地区公众的身体健康和生命安全，必须在疫情暴发以前就做好充分的准备。由于禽流感可以通过呼吸道传染，同非典型肺炎类似，可能在短时期内在人群中大量流行并引发严重的公共健康问题，因此卫生管理单位储存充足的防疫和治疗药物，是在最短时间内应对可能发生的疫情的必要条件。在专利权人及有关生产企业不愿意提供自愿许可的情况下，我国台湾地区卫生管理单位颁发了专利强制许可，为台湾地区生产并储存有关药物扫清了法律障碍。

2004 年 1 月 13 日，WHO 公布了越南发现第一起高致病性禽流感（H5N1）病例，截至 2005 年 10 月，包括越南、泰国、柬埔寨及印度尼西亚等国家共发现 118 起确诊病例，其中 61 例已经死亡。因此，WHO 多次发出警告，禽流感可能会在普通人群而非特定人群中传播，必须在疫情产生以前就给予有效应对。WHO 呼吁各国提早准备，按照人口数量确定抗病毒剂量，储备有关疫苗和药物。当时治疗和预防 H5N1 病毒感染最有效的药剂是包含有效成分奥司他伟（Oseltamivir）的达菲。该药物在我国台湾地区的权利人是美国医药企业吉列德科技公司，而瑞士罗氏公司是作为被许可人在包括我国台湾地区在内的世界各个国家和地区制造和销售该药物的企业。我国台湾地区卫生管理单位在向罗氏公司购买部分药品作为储备的同时，也联合"台湾卫生研究院"等研究机构开发了合成制造该药物的方法,为在我国台湾地区本土生产并储备该药物提供了基础。2005年10月31日,我国台湾地区卫生管理单位向台湾地区知识产权相关管理部门申请专利强制许可,后者于同年11月25日作出批准专利强制许可申请的决定,成为全球首例对达菲进行强制许可的地区。与前面提到的国硕光盘专利强制许可案不同,专利权人基于各种考虑并没有对我国台湾地区知识产权管理部门的决定提出申诉,因此该决定很快便生效,进入专利强制许可的实施阶段。

由于专利强制许可实施过程中能够得到专利权人的技术支持较少,而药品等直接关系到人的生命和健康问题,如果原料采购和生产工艺等技术问题无法解决,即使扫除了专利权的法律障碍也无法有效利用专利技术解决公共健康问题,甚至可能会对公众健康造成新的损害。在申请专利强制许可的过程中,罗氏公司就不断强调,其所生产的达菲制造过程繁复,所以技术转移不易完成。专利制度普遍要求专利文件的内容应当包括实施专利技术的优选方案。但是在进行专利审查过程中对于实施例的要求并非十分严格,而且专利说明书所公布的实施例可能仅限于实验室制造,而非大规模工业生产。因此,要大批量生产应对公共健康问题的药品,还需要从技术上克服若干障碍。2005年,前面提到的我国台湾地区研究机构及印度医药企业公司Cipla,就是通过反向工程等方法,实现了对该药品制作工艺的掌握。它们已经完成达菲的复制,而且能够开始量产,所需的时间也比罗氏公司所声称的更短。罗氏公司声称大量增产估计需要3年的时间,是公司管理阶层与技术人员针对药品成分获得管理单位的批准及量产制程所需要时间作出的评估,可见,要满足世界多个国家和地区的需要,仅有该公司提供产品远不能满足。我国台湾地区神隆药厂表示,在紧急情况下,它可以及时、大量生产原料药,只要能稳定八角酸(shikimic)的供应。在专利强制许可过程中,原料药的供应显得非常重要。在这方面,可以进行广泛的国际合作,特别是在发展中国家和地区之间,有必要通过共同努力解决强制许可所面临的技术障碍。

▶▶第三章

专利先用权制度

专利先用权是在单一性原则和先申请原则的情况下,为弥补先申请制的不足,权衡多方利益而产生的。它是与专利权并存的一种独立权利,在对专利权限制同时,平衡了先用权人、专利权人、公共利益三者之间的利益关系。

先用权制度作为专利法中一项平衡专利权人与先用人之间利益关系的重要制度,世界上绝大多数国家专利法中均有明文规定。我国《专利法》第69条第2项规定:在专利申请日前已经制造相同产品、使用相同方法或者已经作好制造、使用的必要准备,并且仅在原有范围内继续制造、使用的,不视为侵犯专利权。2009年最高人民法院《最高人民法院关于审理侵犯专利权纠纷案件应用法律若干问题的解释》(以下简称《专利侵权司法解释》)第15条亦对先用权制度相关问题作出了具体解释。我国先用权制度主要存在以下两个方面的问题:第一,先用权成立条件过于严格,范围过窄;第二,对先用权的限制过大。这样做对先用人而言有失公允,也是造成我国司法实践中专利侵权案件的被告通过先用权抗辩取得成功的案例少之又少的主要原因。我国先用权制度之所以作出这种对先用人极为不利的制度设计,主要是由于我国关于先用权的相关理论基础认识不足造成的。比如我国的主流观点认为先用权仅仅是一种专利侵权的抗辩,而不是一项独立的实体权利。这反映了我们学界理论研究相对滞后,没有将专利权、先用权放到整个法律体系中去考察,而只是在专利法的视域内进行分析,于是厚此薄彼,唯专利权马首是瞻。本章从先用权立法的价值取向出发论证先用权制度的来龙去脉与立法目的,探讨先用权的性质，并在分析美国先用权制度的基础上，对先用权的成立条件与效力范围进行研究。

第一节 专利先用权及其理论依据

一、专利先用权产生的背景

随着知识经济的到来，科学技术迅猛发展，知识产权日益受到各国重视，相关立法也相继出台，其中以保护工业技术发明创造为主要内容的专利法，亦被世界各国以相应的法律给予保护。而各国建立专利法律制度的基础是通过平衡专利权人和社会公众利益关系，对有限的资源进行高效、公平的分配，使专利制度产生最佳的社会效果，其基本宗旨是保护发明人的智力劳动成果，保护其合法权益，并防止其权利滥用，同时激励创新，鼓励知识传播与利用。在这里的保护发明人的智力劳动成果是专利权人的利益，激励创新和鼓励发明创造的推广应用则是代表着社会公众的利益。而加强对公共利益的保护，是一国乃至世界在知识产权及专利权立法中非常重视的。TRIPS 的主要内容是维护公共利益。在其前言（e）条中，该协议在"承认知识产权为私权"的同时，"承认保护知识产权的诸国内制度中被强调的保护公共利益的目的，包括发展目的与技术目的；也承认最不发达的国家成员在其域内的法律及条例的实施上享有最高灵活性的特殊需要，以使之能建立起健全、可行的技术基础"。该协议第 7 条规定，"知识产权的保护与权利行使，目的应在于促进技术的革新、技术的转让与技术的传播，以有利于社会及经济福利的方式去促进技术知识的生产者与使用者互利，并促进权利与义务的平衡"。第 8 条中规定，"可采取适当措施防止权利持有人滥用知识产权，防止借助国际技术转让中的不合理限制贸易行为或消极影响的行为。"可见，作为知识产权法重要组成部分的专利法除保护专利权人的权利外，还应维护国家和社会的利益。这从知识产权的利益平衡理论便可见一斑。可以说，任何一部法律的诞生都是利益平衡的结果,当多方面的利益相冲突的时候选择一个平衡点,以此为中心便构建了一部法律,从著名的美国宪法到知识产权领域的法律概莫如是。

(一) 先用权的存在优化了专利先申请原则

为了更好地证明对专利权进行限制的必要性,有必要了解一下专利的申请制度。专利申请是发明人获得专利权的前提,也是将其发明创造进行公开的程序。由于专利的独占、排他性,专利权人当然有权实施其专利,但同时他也可以阻止别人实施该项专利。专利权的这种特性就决定了同样的发明创造只能授予一项专利权,只能有一个专利权主体,即一发明一专利原则。所以当同一内容的发明创造分别由两个或两个以上的单位或个人申请专利时,便只能对其中一个单位或者个人授予专利权,专利权究竟授予谁,是一个必须抉择的原则性问题。对此,世界各国专利法通常采用两种方法来解决这一问题,即先申请原则和先发明原则。

所谓先发明原则,是指几个发明人就同一发明创造提出专利申请时,专利权授予最先完成发明创作的人。先发明制是将专利权理所应当地授予最先完成发明创造的人,从鼓励发明创造的角度看,这一制度体现出了公平正义原则,具有一定的合理性。但是,先发明制也有其缺点。首先,该原则对社会公共利益不利。在先发明制下,发明人常常认为他是最先发明人,总能得到专利权,迟些申请也无妨,因而他常常倾向于对发明创造予以保密,以致使专利权阻滞在自己手中,这样就可能造成他人的重复研究,他人也不能尽早从其发明中得到启发,因而对科技的进步不利。其次,判断谁最先完成发明创造将是一件非常困难的事情,"这种证明相当麻烦,不但要考虑构思完成的时间,还要考虑发明实施的时间及发明人付诸实施的程度",程序复杂,费时费力,消耗大量司法资源和社会资源。最后,先发明制还造成了已获得的专利权的不稳定因为随时可能跳出一个"先发明者"来主张权利,从而也使得相关的经济活动变得无法预料,导致浪费和低效率。

所谓先申请原则，是指两个以上的申请人分别就同样的发明创造申请专利的，专利权授予最先申请的人。先申请制保护的是最先向专利局提出申请的人，很显然这样的制度设计能够有利于发明创造的尽早公开，加速发明创造的更新周期，在各发明人之间形成技术竞争，有利于技术的不断创新，同时也能够避免重复研究，各发明人通过有效技术检索还能够确定自己的发展方向，避免侵权、保持自己的技术优势等作用。此外，由于先申请原则不需要证明发明创造完成时间的先后，只需证明提出申请时间的先后，因此，其处理程序非常简单，节约了社会资源。鉴于先发明制的重大缺陷和先申请制的诸多优点，目前绝大多数的国家实行的都是先申请制，之前采用先发明制很具代表性的国家，只有美国和菲律宾。然而美国在2011年9月16日颁布了《发明法案》（即《专利法（修正案）》），其中最主要的内容就是放弃先发明制采用先申请制。我国《专利法》也采用了先申请制，该法第9条规定：两个以上的申请人分别就同样的发明创造申请专利的，专利权授予最先申请的人。

但是，先申请制也有一些不足之处，其一，该制度会造成科研人员在研究、设计上稍有成就，就争先恐后的申请专利，从而导致大量的不成熟、价值不高的申请出现，给审查工作增加不必要的负担。其二，通过申请，被授权的专利权人不一定是最先完成发明创造的人，也不一定是最先实施该发明创造的人。在专利申请日前，有人已经制造出了与专利产品相同的产品，或使用与专利方法相同的方法制造出了产品，或者已经做好了制造、使用的必要准备，若专利权人依据其专利权要求在先实施人停止其实施行为，这对于在先实施人显然是不公平的，并且对在先实施人投入的人力、物力、财力，也是一种极大的浪费。为了克服第一点不足，大多数国家在专利法中设计了延迟审查制度，使申请人在提出申请以后的几年内考虑是否请求实质审查。而在尝试克服先申请制第二点不足的努力中，人们设计出了专利先用权制度，即对于未获得专利权的其他发明人，只要他们在专利申请日前已经制造相同产品、使用相同方法或者已经作好制造、使用的必要准备，法律就赋予他们一种特殊的权利，允许其在一定的范围内继续实施该专利，而不视为侵犯专利权。这样就能够避免未获专利权的其他发明人的损失。这种"特殊的权利"就叫做专利先用权。随着专利申请程序中申请在先原则成为国际上一项通行的原则，先用权也已被大多数国家的专利立法所确认，如美国、德国、英国、日本、瑞士联邦、瑞典的专利法均规定，先用权是限制专利权行使的一种例外情况，是可以与专利权相对抗的一项民事权利，先用权的行使不构成对专利权的侵犯。我国《专利法》规定了先用权制度，对专利权人实行一定的限制，防止专利权人滥用其权利。这说明我国并不是绝对的采用先申请原则，因为先用权制度在一定程度上是保护了先用权人的利益，是对利益冲突进行平衡，同时加速专利技术转化为生产力而设计的一种制度。

此外，在先申请制的第二点不足中，还存在这样的情况：出于各种原因，有些人虽然不是独立的发明人，而只是善意地、合法地知悉了某项技术，并为实施该技术而进行了投资，之后该技术却被他人申请了专利，这个时候这些善意的投资人是否应该被判为侵权呢？基于诚实信用原则和信赖保护原则，也为了维护经济活动的稳定性，消除先申请制带来的某些不利因素，世界各国基本上也都赋予了这样的投资人专利先用权，我国相关的司法解释也肯定了这种先用权：《北京市高级人民法院关于专利侵权判定若干问题的意见（试行）》中规定，"在先制造产品或者使用的方法，应是先用权人自己独立研究完成或者以合法手段取得的，而不是在专利申请日前抄袭、窃取或者以其他不正当手段从专利权人那里获取的"。最高人民法院2003年11月《最高人民法院关于审理专利侵权纠纷案件若干问题的规定（会议讨论稿）》第47条也规定，"先用权人所实施的技术或者外观设计应当是在专利申请日以前自己研究开发、设计或者合法受让取得的技术或者外观设计。实施侵犯他人权益的技术或者外观设计的，不享有先用权"。也就是说，只要是善意地、合法地获知某项技术，即使自己本身并非独立的发明人，也可以享有先用权。

（二）先用权具有刺激创新和促进专利转化的功能

上述讨论主要从利益平衡角度及弥补专利先申请制的不足来谈专

利先用权产生的背景,接下来笔者将从我国发展的现实加以考察。各国专利先用权制度的产生,都有其必要的社会历史原因,我国专利先用权制度的产生也不例外。目前我国正处在大力发展创新性国家的阶段,而技术的发展应用决定了一个国家创新型发展的程度。据调查,目前我国的专利技术得到实际应用的只有不足20%,80%多的专利处于休眠状态,这与美国等发达国家专利技术得以应用达到30%以上相比,存在差距。如何缩小此差距,使专利技术得以更为广泛的应用,专利先用权制度起到了一定积极作用。专利先用权使得先用权人得以商业秘密的形式实施其专利技术,扩大了仅有专利权人及经专利权人许可的实施人的范围,但是由于我国专利先用权的相关规定过于限制先用权人实施其技术,因此存在诸多问题亟待解决。

二、专利先用权的涵义

(一)概念

专利先用权是指某项发明创造在申请人提出专利申请以前,任何人已经制造相同的产品、使用相同的方法或者已经做好制造、使用的必要准备,在该发明授予专利权后,仍有继续在原有的范围内制造或者使用该项发明创造的权利。即使后来申请专利的人获得了专利权,具有先用权的单位或个人也不被视为侵犯了专利权。在实践中相同的发明创造被两个不同的发明人分别独立完成的情况是常见的,但发明创造不一定都要申请专利才可以实施,或者申请日期有先后之别,而专利权最终只能授予最先申请的人。先用权就是从保护没有申请但独立完成了发明的另一个发明人的基本利益着想,给其一种特殊的权利,即具有先用权的单位或者个人,可以不经专利权人的允许,继续制造该产品或使用该方法。

(二)内容

依据现有法律规定,专利先用权包括三个方面的内容:一是先用权人可以在"原有范围"内继续制造、使用该专利技术的权利，这是先用权人的一项基本权利，是体现公平原则的根本所在；二是享有依法取得收益的权利，即先用权人除了享有继续制造权，还享有销售、许诺销售和使用的权利；三是对专利权人追诉的抗辩权。

（三）理论依据

在先申请原则下，基于专利授予条件"新颖性"的要求，先用权人与专利权人会在特定情况下产生冲突。真正有冲突的情形是先用权人原先秘密使用该成果，在专利权人申请专利后而转入公开使用。如果先用权人原先就在公开使用某一发明成果，则这个事实足以使有关专利因丧失新颖性被判无效；如果先用权人一直秘密使用着某一发明成果，则永远不会与专利权人冲突。为解决先申请原则带来的这一冲突，协调专利权人与先用权人的利益，我国《专利法》设立了先用权制度。其理论依据主要有以下三点：

1. 民法公平原则在专利法中的贯彻落实

先用权人通过独立的智力活动创造技术发明并且在申请日前实施的行为在法律理念上并无瑕疵，应当得到法律肯定性的评价。但根据先申请原则，专利权应授予申请在先的发明人，法律赋予专利权人独占的排他权，他人要想使用该专利须经专利权人的许可才可以使用。倘若先用权人投入资金或者智力、物力后研究开发出的发明创造仅因一纸专利证书而付诸东流，并将面临被诉侵权的危险，显失公允。因此，在设立先申请原则的同时，应从公平原则出发，构建先用权制度，来衡平专利权人和先申请人的利益，降低专利"先申请原则"带来的不公平因素。专利法规定先用权原则的实质，是以申请日为时间界限，对申请专利在先的人和已经实施或者准备实施的单位或者个人之间的利益关系进行调整、平衡，以使他们的利益都受到公平的保护。

2. 维持正常投资和维护社会稳定的必然要求

先用权人投入的资金和设备将会产生收益，这种收益是有利于个人和社会的财富,能够促进市场经济繁荣,促进生产力发展。如果没有先用权制度,将会使投入了巨大财力和物力的行为面临随时被迫停止的危险。为了不使国民经济受损,保护已经投入的资金和设备,从绩效原则出发,法律应当设立先用权制度,鼓励和保护这种智力投资,而不应将其白白浪费掉,更不能因此而影响了其创造的积极性。

3. 有利于贯彻彰显专利法的立法目的

专利制度设立目的是通过对发明人利益的保护来提高其创造积极性,从而促进科技的应用推广和快速发展。在奖励发明人的同时不应损害其他公众利益是大多数国家专利法所普遍遵循的原则。如果片面强调专利权的保护,而忽视对相关利益主体的保护,则不利于全社会创新积极性的提高,也不符合专利制度的设立宗旨。另外,如果专利权人获得专利权后自己不积极实施专利,也不许可他人实施,那么相关技术发明便不能及时得到应用和造福公众,而如果对先用权人的权利在制度上加以保障,先用权人的实施行为就可以避免以上情况。所以,在法律上赋予先用权人的权利,并不是削弱专利制度,而是专利制度的应有之义。

第二节 美国专利先用权制度

2011 年《美国发明法案》对原有专利法进行了大幅修改,其重要修改内容之一为扩大了先用权抗辩的适用范围。美国先用权制度经历了较为曲折的历程。现行美国先用权制度是美国立法机关考虑全球专利法协调统一及美国企业在全球的竞争力、激励创新、维持商业秘密权人、专利权人、大学等主体利益平衡的结果,它既从微观层面规定了先用权获取要件和先用权行使的限制,又从宏观层面规定了先用权制度与相关制度如以大学为主体的权利人科研成果转化、现有技术的衔接,其最终目的是鼓励创新并促进美国经济的发展和美国全球竞争力的保持和提升。美国先用权制度的历程给我国先用权制度的完善能提供几点有益的启示。

第三章 专利先用权制度

一、专利先用权制度的确立及修改背景

2011年9月16日,美国总统奥巴马正式签署《美国发明法案》(America Invents Act,AIA)。《美国发明法案》对美国旧专利法进行了大量修改,其重要修改内容之一为将原来仅仅适用于商业方法专利的先用权制度扩大适用至所有专利。美国现有先用权制度的建立,经历了颇为曲折的历程。纵观美国专利立法史,美国1836年专利法第7条和1870年专利法第37条认可了先用权抗辩,但由于先用权抗辩被认为是专利权排他性特点的不和谐音,先用权抗辩于1952年被废除。此后,美国重建先用权制度的呼声一直没有停止过。建立先用权抗辩的提案最早于1967年产生,提案因个人发明者、小企业和非公司企业如大学、研究机构和风险资金投资者等的反对一直未被通过。1999年,以先用权抗辩为内容的现行专利法第273条作为《美国发明者保护法》(American Inventors Protection Act of 1999,AI-PA)的一部分得以颁布,但先用权抗辩仅仅适用于商业方法专利,且此条几乎从未被使用。继2005年扩张先用权范围的提议被否决后,2007年,此提议又在参议院和众议院被提起,但再次被否决。该否决主要缘于大学的反对,其反对理由为:第一,对商业秘密的保护影响了专利权的排他性;第二,大学不使用技术,无法从先用权制度中获益,此权利对大学无意义;第三,因大学研究者的工作内容之一是发表关于其最新发现的科研文章,在他们针对已发表文章中的科研成果申请专利前,他们可能面临其他人利用其所发表文章中的科研信息生产产品并获取先用权的风险。2011年,立法部门和大学代表经过协商,通过排除对以大学为主体的专利的先用权抗辩,维护了大学的利益,从而消除了先用权立法主要障碍。《美国发明法案》最终在议会通过,该法将先用权范围扩张到所有专利。

如前所述,2011年《美国发明法案》颁布之前,美国已颁布先用权制度,但该先用权抗辩仅仅适用于商业方法专利,且此条几乎从未被使用。《美国发明法案》将先用权抗辩扩大适用于所有专利,这

主要基于以下考量：

（1）新先用权制度与全球其他国家立法大致相同，这能降低美国公司跨国经营成本，增强美国国际竞争力。当今世界，技术改革缩短了国家之间的空间距离，公司不断扩展投资范围，跨国经营活动日益普遍。知识产权法，特别是专利法，在全球经济贸易中扮演的角色越来越重要。意识到专利法在全球贸易中的重要作用，美国一直努力使其专利法和其他国家专利法相统一，以降低在多国申请专利的发明人的专利申请和营运成本。全球多数国家采用了先申请制并规定了先用权制度，而美国原有的专利法则采用先发明制度，并规定仅仅商业方法享有先用权抗辩，这不符合美国的利益，正如众议院代表 Lamar Smith（现任众议院司法委员会主席）所述："对很多生产商而言，现有专利制度使他们陷入两难境地。如果他们申请专利，他们的技术被公布于世，国外生产商将获知它并在不交使用费的情况下秘密运用这一技术。由于专利侵权行为经常难于监控，对技术申请专利意味着将此技术送给外国竞争者。而另外，如果生产商对此技术不申请专利，后发明人能提出专利申请并能禁止先前独立发明人使用其技术。……当今世界，多数国家承认先用权，这一制度在吸引美国生产设备到这些国家起到了很大作用。"为了和其他国家保持一致，减少美国企业在不同国家获得专利的成本，2011 年《美国发明法案》将原有的先发明制改为先申请制，并将原先仅仅适用于商业方法的先用权制度扩张适用于所有专利。

（2）在以鼓励创新为终极目的的专利制度下，商业秘密权人的利益仍有以先用权制度对其进行保护的必要。保护先用权意味着保护商业秘密，而在专利制度下，保护商业秘密仍然有其合理性，它既符合美国的经济正义理念，又能实现专利制度的立法目的，甚至在某种程度上能有效纠正以专利权未能有效保护创新的某些弊端。先用权制度的实质是保护商业秘密权人的利益，它符合美国的经济正义理念。当一项发明创造产生后，发明创造人可以选择商业秘密权或专利权对该发明创造进行保护。专利申请过程繁杂、某些方法和加工过程很难符合专利申请条件、获取专利的成本有时高于发明经济收益、某些方法发明的属性不容易通过最终商品的外表获知、专利保护期有限、专利侵权行为难以发现且在实施法律救济时有诸多困难，这些因素阻碍了发明创造人申请专利的积极性，最终他们选择采用商业秘密方式保护自己的发明创造。这种保护模式在防止其他商业竞争者模仿发明人发明创造的同时，也使其面临因发明创造的公开而丧失权利的风险，而且，在该发明被他人申请专利的情况下，先发明人可能面临被控专利侵权的诉讼风险，让商业秘密权人面临专利侵权责任，这不符合法律鼓励创新的立法理念，也不符合法律的经济正义理论。美国经济正义理论鼓励努力工作，它增强了工作意愿并营造了鼓励创新的环境。商业秘密权人只要进行了努力的工作，法律就应当奖励他们，从而促进社会进步。

在专利制度背景下，商业秘密权人和专利权人之间存在利益冲突，此冲突有以下三种解决思路：第一，受商业秘密保护的技术构成现有技术，它使专利无效，同时技术向公众公开；第二，专利有效，包括商业秘密权人在内的任何其他人在未经专利权人许可或在法律无明文规定的情况下，无权使用该专利；第三，专利有效，商业秘密权人依先用权抗辩免责。第三种思路分别赋予商业秘密权人和专利申请人一定的权益，体现了以下多重利益即先用权人继续实施此发明的利益、专利权人收回投资及获得利润的利益、公众低成本享用发明成果的利益和鼓励公众创新的利益之间的平衡。法律通过先用权制度维护商业秘密权人利益，符合经济正义理论原则。

在美国，也有一些学者认为，当专利制度存在时，不应该鼓励保护商业秘密的先用权，因为它通过消除披露妨碍了公共信息的增加，也不能鼓励创新。但这一观点颇值得商榷，理由如下：第一，如前所述，并不是每一项技术都宜于采用专利的形式进行保护。有一些技术很难证明其新颖性、创造性和实用性，发明人更宜采用商业秘密形式保护其利益。另外，对无能力实施专利监管的发明人而言，商业秘密保护也是一种比较好的选择。即使法律不规定先用权制度，这些发明人或小企业也一定会采用商业秘密形式保护自己利益。先用权制度保证了这部分发明人收益的稳定性，有利于鼓励他们从事创新。第二，商业秘密不影响专利权。因为商业秘密提供的保护相对较弱，尽管发明人有保守秘密的动力，但科技发展并不因此受阻碍，除非发明人的发明非常特别，一般在很短时间内其他人也将创造出内容相同的发明。第三，现有专利制度存在一些弊端，而包括先用权在内的商业秘密制度则在某种程度上能有效纠正以专利权未能有效保护创新这一立法模式的某些弊端。

现有专利制度存在如下弊端：一是专利权人理应披露信息以促进创新，但客观事实是专利权人对信息的披露并不完整。专利权人披露信息的目的是获取专利，对超越这一目的的、能显示技术如何实施的具体信息，专利权人常常不予充分披露，即使该信息的公布对公共利益有重大意义。这不利于潜在发明者获知信息并利用信息进行创新，因而也没有达到专利法通过激励专利权人公布信息以促进创新之最终目的；二是专利系统有益于社会，不仅仅是因为专利的披露，更主要是因为专利系统可以激发公民在此基础上继续发明，它能提高发明数量和质量。但现存客观事实表明，专利制度有时仅仅抬高产品价格并打击竞争者，它并没有激发民众继续创新，专利法奖励了发明人却没有促进改革；三是大量证据显示专利制度在某种程度上被滥用了。它导致的大量诉讼正被讨论，以向已经建立的公司索要高额许可费为目标的专利蟑螂（patent troll）已经受到全球关注。另外，专利获取成本高、侵权行为难于发现且责任难于执行。而相对于专利制度而言，商业秘密制度优点如下：一是商业秘密减少了专利申请和专利侵权责任执行的成本；二是商业秘密没有对竞争者独立发现或反向工程造成阻碍，它并没有减少竞争、信息披露和创新，而专利则对信息披露和创新激励不足。总体而言，专利权制度和包括先用权内容的商业秘密制度不应该互相排斥而是应该互相补充。

二、美国现有先用权制度的具体内容

《美国发明法案》对先用权的规定主要包括如下内容。

1. 关于先用权的获取

先用权的获取必须满足特定的主体要件、行为要件、时间要件和地点要件。主体要件涉及谁是先用权主体以及先用权主体的善意问题。关于先用权主体，《美国发明法案》第273条（e）款（1）项（A）目规定："本条中的（先用权）抗辩仅仅由以下自然人（the person）宣称：符合本条（a）款要求之商业性使用主题的人或指示（directed）他人商业使用主题的自然人，或者与上述自然人（the person）有控制或被控制关系的组织（entity），或者与上述自然人有关联关系的组织。"也就是说，不仅先用权人及其相关企业能宣称先用权抗辩，与先用权人有合同关系的订约人和供应商也能宣称先用权抗辩。关于善意，《美国发明法案》第273条（a）款（1）项规定"此人基于善意，在美国商业性使用此主题"，其第273条（e）款（2）项则规定："如果先用权抗辩所涉主题来自于专利权人或者与其有联系的人，则无权声称先用权抗辩。"

关于行为要件，《美国发明法案》第273条（a）款（1）项规定："此人在美国实施了商业性使用、销售此主题、或转让因商业使用此主题产生的最终产品（end result）等商业性行为"。同时，《美国发明法案》第273条（e）款（4）项还规定："已经放弃对主题进行符合本条规定的商业性使用的人，在放弃之日以后的诉讼中，不能依赖放弃之前的商业性使用活动主张本条所称之先用权抗辩。"考虑到一些发明在商业化之前需要进行大量投资，一些国家规定：商业开发的"实质性准备"也符合先用权的行为要件，如英国规定：先用权的行为要件为"使用"（act）或"作严肃有效的准备"（makes effective and serious preparations），日本规定：先用权的行为要件为"从事实施该发明的事业或准备从事实施该发明的事业"，德国规定：先用权的行为要件为"已经开始使用"（had already begun to use）或"已经作好必需准备"（had made the necessary arrangements）。

美国1999年专利法先用权规定最初版本——1997年议案包含"实质性准备"的具体内容。《美国发明法案》制订过程中，大学一直反对专利法将"实质性准备"作为先用权抗辩的行为要件，认为该规定难以举证，它将使专利系统带有较强主观性并削弱专利的价值。其后，美国众议院与大学的协议没有关于"实质性准备"的具体内容，在《美国发明法案》的最后决定中，美国议会代表 Lamar Smith 等建议国会应当在未来重新审视"实质性准备"这一问题。

关于先用权抗辩的时间要件，《美国发明法案》第 273 条（a）款（2）项规定："构成先用权抗辩的商业使用行为发生日期必须比以下两种日期中较早日期至少早一年：（A）发明的有效申请日期；或（B）所述发明以本法第 102（b）条规定的属于现有技术之例外的方式向公众公布的日期。"针对此规定，美国学术界存在诸多争议。如关于先用权人使用该技术的周期这一问题，议员 Blunt 认为，即使一年只使用一次，此使用仍然适用先用权抗辩；议员 Kyl 也认为，不应当要求先用权人进行持续使用。一些主题的性质注定了其使用是周期性或季节性的，在这种情况下，主题长时间不使用不构成抛弃。还有学者认为，先用权提前一年使用的要求过于严格，在科技高速发展的今天，"提前一年"在实际操作上存在困难。

关于先用权抗辩的地点要件，《美国发明法案》第 273 条（e）款（1）（C）项规定："此款中的先用权抗辩，如果因本项（B）的转让或转移（assignment or transfer）而取得，仅仅能因技术在以下地点的使用而主张抗辩：在有效申请日和整个企业或企业部分生产线转让转移（assignment or transfer）日期这两个时间的较晚日期之前，主题已经在该地点使用。"此地点可以是工厂注册地点，也可以是整个企业或企业部分生产线已经从事大量资金投入的地点，它不包括专门制造零件的厂区外的地点。地点限制能阻止因销售范围扩张而引发的先用权抗辩的扩张。如果没有这一条款，大公司能购买小公司，从而获得先用权抗辩然后扩大专利使用至更多地点。

2. 对先用权行使的限制

如前所述，先用权是对商业秘密权的后续保护，它有可能间接鼓励发明创造人选择商业秘密权而非专利权来保护其发明创造。很显然，这不利于发明创造的公开和传播。为了防止这种不利后果，专利法除了对先用权的获取进行限制外，还对先用权的行使（包括先用权的行使范围和先用权的转让或转移）进行限制。关于先用权行使的限制，《美国发明法案》第273条（e）（3）和第273条（e）（1）（B）依次规定如下：第一，此条中所称的先用权抗辩，并不是对专利权所有权利要求的总许可，而是仅仅延伸到其中的符合本条要求的特定主题。另外，先用权抗辩可延伸至此特定主题在原有数量和规模上的扩张性商业使用，先用权抗辩主体还可对原技术主题有所改进，只要该改进技术主题没有侵犯其他特定专利权；第二，除了转让给专利权人，先用权抗辩不能许可或者转让或转移（licensed or assigned or transferred）给其他人，除非同此先用权抗辩相联系的整个企业或者生产线善意转让或转移（assignment or transfer）。

3. 美国先用权制度的其他特别规定

（1）关于大学的规定。在美国，大学的专利活动非常重要，这不仅是因为它目前处于增长状态，还因为它和企业联系密切。早在20世纪80年代，美国就颁布了《拜杜法案》（The Bayh-Dole），这部法律是美国在其经济增长速度放慢而又面临日本和西欧国家经济迅速发展威胁的背景下出台的，它允许大学成为用联邦基金发展起来的研究成果的主体，并允许大学将排他权授予愿意商业化此研究成果的实体。《拜杜法案》颁布之前，大学研究成果的申请并获取专利权受到诸多限制，私人公司不愿意投资于联邦出资的研究成果的商业化。大学从事的基本研究成果常常被关在象牙塔中，在公开出版物中发表的基础研究几乎要用十五到二十年的时间才在市场中发挥作用。《拜杜法案》加强了私人公司将大学研究成果商业化的动力，它的颁布和实施在很大程度上加快了美国科研成果商业转化的速度，对提升美国企业的竞争力产生了意义深远的影响。美国大学技术管理协会（the Association of University Technology Managers，AUTM）的成员80%为学院和大学，它们建立了很多公司以促进科研成果转化。《美国发明法案》起草之时，立法机关拟将美国一直实行的先发明制改为先申请制，这将使大学技术转化事务所（Technology Transfer Offices，TTO）成员研发的基础研究的估算更为复杂。在申请前，大学需要认真考虑基础研究潜在的商业价值，在有限资金下确定开发哪一项发明并评估其商业可行性。这使大学成为反对先申请制及先用权制度的主体。为保证《美国发明法案》的顺利通过，经过一再协商，《美国发明法案》第273条（e）（5）项作出如下规定以维护大学利益："（A）原则性规定——如果抗辩指向的发明，于发明产生时，发明人有义务将其转让给高校机构（指1965年美国《高等教育法》第101（a）条所定义的'高校机构'）或转让主要目的是使技术商业化、由一个或多个高校机构组成的技术转换组织，则商业性使用上述发明的人不能宣称先用权抗辩；（B）例外——被要求付诸于商业使用的主题，如不能使用联邦政府认可的基金，则前项（A）不适用。"此规定表明：未授权的和外国大学的发明依然适用先用权抗辩规则。另外，只要在发明产生时，该发明属于大学或有义务被转让给大学，这一发明所产生之专利则免予先用权抗辩。有学者认为，现有法律没有要求大学持续享有专利权，也没针对大学将这一专利转让给谁作出限制性规定，这将削弱先用权抗辩的力量，因为从现实来看，大学经常将其大量专利转让给专利蟑螂。

（2）关于其他商业性使用（Additional commercial uses）的规定。《美国发明法案》第273条（c）（1）规定：投入市场前的调试检验期间、包括第156条（g）规定的期间的对主题的使用也属于符合本条（a）（1）的商业性使用，只要在此期间产品是安全而有效的。另外，《美国发明法案》第273条（c）（2）规定，非营利性实验研究机构、其他非营利性组织如大学或医院实施的以公众为潜在受益者的对主题的使用，应当被认为是符合本条（a）（1）的商业性使用，但实验研究机构或其他非营利性主体的使用必须是持续的非商业性使用。

（3）关于权利穷竭的规定。《美国发明法案》第273条（d）款规定，对制造方法享有先用权抗辩的主体，其对制造方法所产生之最终产品的销售或其他处理行为，如同此销售或其他处理行为由专利权人实施一样，适用专利权权利穷竭的规定。方法专利中的先用权抗辩有必要延伸至其最终产品，如果禁止制造商销售此最终产品，禁止购买者使用此最终产品，则先用权制度毫无意义。

三、美国先用权制度和专利法"现有技术"规定的衔接

依《美国发明法案》第 102 条（a）款，现有技术是指被主张权利的发明在其有效申请日之前，因他人已经获得专利、出版商的发表和以产品使用或销售等方式为公众所知的技术。此外，《美国发明法案》第 102 条（b）款规定：申请人在其申请日之前 1 年内所作的披露不属于现有技术。《美国专利法》将现有技术限制于公众可得到的技术。一旦产品被销售给公众，被具体化或内含于其中的技术则成为现有技术，不能被其他人用于申请专利。但技术的秘密使用和销售、对私人团体的示范性使用不属于现有技术。在私人业务往来中主体使用的工具和设备所涉及的技术、在加工过程中被消耗掉因而从未被公众知晓的产品中所涉及的方法和技术也不是现有技术。美国学者认为，技术的在先使用分为三种：公知性公开使用（A Public Use）、秘密使用（Secret Use）和非公知性公开使用（Non-Informing Uses），其中，秘密使用（Secret Use）和非公知性公开使用（Non-Informing Uses）是商业秘密的二种不同使用方式，其不同点在于：秘密使用（Secret Use）的技术不属于现有技术，与之相关的诉讼常常以专利权和先用权共存告终；非公知性公开使用（Non-Informing Uses）中的技术属于现有技术，在诉讼中常常引发专利无效的后果。以下本书将对公知性公开使用（A Public Use）、秘密使用（Secret Use）和非公知性公开使用（Non-Informing Uses）作具体阐述：

1. 公知性公开使用（A Public Use）

公知性公开使用是指"一个完整的、具有可操作性的发明的非秘密性使用"。公知性公开使用（A Public Use）使有机会接触此发明的主体（主要是竞争对手）能通过产品的外表等获知此发明的技术要点。必须注意的是，公知性公开使用的属性和范围并不重要，产品的单一的、小范围的使用也可以构成公知性公开使用。公知性公开使用使得该发明成为公知公用的现有技术，在此现有技术之上没有专利权或先用权抗辩存在的可能性，即便该技术的发明人，在其将技术公开

使用后，也不再享有申请专利的权利。如在 Pennock v. Dialogue 案中，申请人事先允许他人制造并销售改良产品给公众，其后对该技术申请专利。法院认为，申请人先前的使用行为使申请无效。Pennock 案建立了一个基本原则：发明人不能公开使用发明而在此之后却从公众手中收回这一发明去申请专利，公开销售和使用应视为发明人对专利申请的抛弃。

2. 秘密使用（Secret Use）

如果技术本身作为方法不为公众知晓，但最后生产出来的产品投入到商业市场，那么技术发明是否为公开使用呢？一般而言，非专利申请人的秘密使用不能使他人的专利申请无效。这主要是考虑到利益平衡原则。在迅速披露发明的发明人和不披露技术的其他发明人之间，法律倾向于让专利申请人获得专利并制止侵权人以其他发明人的秘密使用进行侵权抗辩。此时，申请专利的发明人的专利权和没有申请专利的发明人之先用权抗辩同时存在。但是，秘密使用发明的发明人，如果他秘密使用其发明并将其所制造之产品在市场销售，那么以后他不能以此发明申请专利权。在 Metallizing Gineering Co. v. Kenyon Bearing & Auto Parts Co. 案中，原告在申请专利前已经秘密使用该技术生产最终产品。法官 Hand 认为，尽管公众知之甚少，原告已经以产品的商业开发放弃了专利申请权。其理由是鼓励迅速公开发明和阻止发明人超过法律限制延伸专利垄断权。

3. 非公知性公开使用（Non-Informing Uses）

在使公众知道发明内容的公共使用和不能使公众知道发明内容的秘密使用之间，存在非公知性公开使用（Non-Informing Uses），利用技术所制造的产品在公众的视线中，但依发明的属性，公众并不能通过产品外表理解其中的技术要点。在 Dunlop Holdings Ltd. v. Ram Golf-Corp 案中，原告声称被告侵权，被告 Ram 成功地主张第三方 Wagner 已经公开使用此产品。法院认为：第三方 Wagner 是首次发明此高尔夫球并迅速将之公开的主体，虽然第三方 Wagner 并没有揭露何种物质使高尔夫球如此持久，但产品的非公知性公开使用就是一种公开，它使竞争者能通过反向工程获知技术内容，法院判决原告的专利无效。原告不服上诉，声称第三人 Wagner 的使用是一种带有隐藏（concealment）性质的使用，这种使用能阻止专利无效。上诉法院区分了秘密使用（Secret Use）和非公知性公开使用的区别，认为，秘密使用（Secret Use）构成隐瞒，因此不能使专利无效；对非公知性公开使用而言，先发明人或其他第三人的使用均导致专利申请无效。上诉法院同时认为，此案中关于使用的证据表明该使用不可能是一种秘密使用，它至多是建立主题的非公知性公开使用。法院认为第三方的非公知性公开使用能使原告的专利无效。

第三节 国际条约和其他国家关于专利先用权的规定

一、国际条约中关于专利先用权的规定

"和其他知识产权一样，专利权的效力是有地域限制的，它只能在授予这种权利的国家内存在和行使。但是人们智力创造的成果，包括技术发明成果，是无形的财产，很容易流往国外。"因此，发明创造日愈需要在外国获得保护。为此目的，各国政府经过谈判在知识产权的不同领域里订立了一系列的国际条约。就专利权来说，目前国际上最主要的两个条约是世界知识产权组织的《巴黎公约》和世界贸易组织的《与贸易有关的知识产权协定》（TRIPS）。但是，各国国内法在遵守国际条约最低保护标准原则的前提下，按照各国国内法相互独立原则保护知识产权，因为各国的经济、文化、政治、历史条件等的差异，在知识产权保护范围、权利内容、权利救济等方面有所不同。而先用权作为对专利权的一项限制，在世界各国国内法中存在诸多差异，甚至有些国家都不存在先用权制度，因此要在这一问题上达成一致非常困难，因而《巴黎公约》和 TRIPS 中都没有直接

规定先用权制度。但是 TRIPS 在第 30 条对专利权的限制问题作出了原则性的规定："所授权利之例外：各成员可以对专利所赋予的专有权规定有限的例外，只要此类例外不与专利的正常利用发生不合理的冲突，也不会损害专利所有人的正当利益，就应顾及第三方的正当利益。"

可见，考虑到先用人的"正当利益"，各国规定合理的先用权制度是符合国际条约上的相关原则的。

此外，在世界知识产权组织正在讨论的《实体专利法条约》草案中，对先用权的规定是："在一项技术成为现有技术之日与优先权日之间的时间期间中，某人出于善意为其商业目的已经使用了请求保护的发明或者已经为使用开始了有效而认真的准备工作，则该人应当有权开始或者继续为此目的而使用该发明。按照适用法律，由该人作出的、在其他情况下将构成侵权的任何行为都应当视为对请求保护的发明的使用。"

该规定对先用权的约束也是相当宽松的，在先用技术的来源和先用行为上，要求先用人"出于善意"即可；在先用行为的条件上要求其必须是"为商业目的"；在专利先用权的实施范围上，只要是"为此（商业）目的而使用该发明"即可，并没有像我国的司法实践那样把"继续实施"限定在申请日时所拥有的产量或规模内；同时，在"继续实施"的行为方式上，也没有像我国的专利法那样只规定"对专利产品的制造"和"对专利方法的使用"两种，而是包括"在其他情况下将构成侵权的任何行为"，意即还包括销售、许诺销售、进口等行为。

二、德国专利先用权的立法规定

德国作为大陆法系的代表国家，其专利法第 12 条规定："（1）任何人在专利申请时已经在国内使用了发明或者已经完成了其必要的准备的，专利权对该人不具有约束力。该人有权为满足本企业的需要，在本企业或者其他企业实施该发明。该权利只能和企业一同继承或转让。申请人或者其前权利人在申请专利前将其发明告知了他人,并且对专利授权保留了其权利的,则由此而获知发明内容的人在得知发明之日起 6 个月内,所采取的本款第一句所述的措施不产生先用权。(2) 专利权人享有优先权的,则第一款所称的申请日是指优先权日。但此规定不适用于没有互惠关系的外国人。"

由德国的规定可以看出,先用权人可以基于本企业的需要,在本企业或其他企业继续使用该发明创造。德国学者指出专利法第 12 条中的"使用"概念和第 9 条及第 10 条中的"使用"概念含义相同。而《德国专利法》第 9 条第 1 款规定"专利权人享有使用该发明之权利",至于使用的具体方式,可以由第 9 条第 2 款和第 10 条所规定的专利权人可禁止他人为特定行为的文句中反面推知,主要内容与我国专利法的规定相同,即专利权人享有制造、使用、许诺销售、销售、进口专利产品的权利。而这些行为方式也是在先使用人可用来实施发明技术并产生先用权。因此,"对专利技术方案的间接使用也会产生先用权。任何使用形式都可以导致先用权的产生"。

《德国专利法》在赋予先用权的同时,也在许多方面对先用权进行了限制:一是针对先用技术的来源,规定申请人或者其前权利人虽然在申请专利前将其发明告知了他人,但对专利技术的公开要求知悉者保密的,那么,获知发明创造内容者在获知之日起 6 个月内,及时进行了必要准备,也不能形成先用权。然而,如果申请人在申请之前,将发明创造内容告知他人,也没有要求对方保密的,那么,此时获知专利技术的人依法可以享有先用权。二是限制先用权转让,规定先用权只能随享有先用权的企业一并继承和转让。

《德国专利法》没有对先用权的范围进行限制性规定。与《日本专利法》的规定相似,先用权人可以根据其事业发展的需要扩大实施规模,而不必受原有实施规模的限制。《德国专利法》还明确规定,先用权人可以在他人的工厂或车间内实施该专利,当然这不同于许可他人实施,更不同于把先用权转让给他人。同时,对于先用权的实施范围,德国联邦最高法院法官乌尔曼博士也认为:"德国专利法对先用权的行使并没有量的限制,法律允许先用权人在申请日后扩大行使先用权的力度。"可见，作为先申请制的典型国家，德国对先用权作出了较为完备的规定。

总结德国法律的规定及德国学者和司法实践对于其规定的理解，专利先用权的设定有以下特点：第一，在该发明的来源上，只要是先用权人通过合法途径善意取得即可，并不排除先用技术来源于专利权人及其特定关系人，只是给予了6个月的期限。那么我们反推知，如果后专利权人在专利申请前将其发明告知他人，并未保留其权利，或者对专利授权保留了权利，但是超过了他人得知该发明6个月的期限，那么他人从后专利权人处获得该发明并作为先用技术使用是被法律允许的。第二，在行为上，任何人在专利申请时已经在国内使用了发明或者已经完成其必要的准备，即可以享有先用权。并且未来先用权人不但有权制造相同产品、使用相同方法，也可以对该产品或依照相同方法所获得的产品进行许诺销售、销售、进口等行为。而这些行为方式也使先用者可用来实施发明技术并产生先用权。因此，"对专利技术方案的间接使用也会产生先用权。任何使用形式都可以导致先用权的产生"。第三，在实施范围上，不受原有生产规模的限制，只要事业目的相同，就可以扩大生产规模。另外，与《日本专利法》规定相同，也允许先用权人在他人的工厂内实施该专利，也就是将先用权暂时让渡给第三人。

三、法国专利先用权的立法规定

法国于1791年颁布专利法，其专利制度已经有两百多年的历史，同时法国也是在保护工业产权方面的先行者，积极倡导国际社会保护工业产权，其立法应该对本书的研究具有较高的价值。《法国专利法》规定："在专利申请日前或优先权日前，在本法有效的领土内，任何人以善意据有作为专利对象的发明，尽管该发明已被授予专利权，仍有权实施该发明。本条所承认的权利，属于专属性权利。该权利只能随该发明所属的企业或业务部门一起转让。"

该条规定具有两大特点：一方面从来源上看，只笼统地规定了先用权人专利申请日或优先权日以善意占有专利所保护的发明，而未具体规定是如何占有的。显然，自己独立研发、合法受让取得以及通过合法方式从后专利权人处获得技术是不违背《法国专利法》规定对先有技术的占有必须是善意的要求。另一方面从效力上看，只规定了先用权人有权使用该发明而未对使用的范围作出具体的规定，因此，先前占有者可以扩大其实施的规模，也可以中断实施，然后再恢复少数。对于该规定的合理性，法国学者解释说："占有发明就是获得一项权利，因此，专利的垄断只有自申请日起生效，这种垄断不能用以反对发明的先前占有者，该占有者有权实施他合法拥有的发明。"

《法国专利法》对先有技术的据有要求必须是善意的，至于什么是善意的，法律并没有给出答案，但自己独立开发与合法受让的技术属于善意是没有争议的。《法国专利法》对先用权的转让设置了限制性规定，只能随该发明所属的企业或业务部门一起转让。该法并没有对先用权作出范围限制。

四、荷兰专利先用权的立法规定

《荷兰专利法》第32条规定："（1）任何人已经在商业中实施或者准备实施其发明创造，他人就该发明创造主题提出专利申请，在王国内或者在荷兰涉及欧洲专利的地方，自该专利申请之日起或如果该申请根据本法第7条第1款或者根据《欧洲专利公约》第87条享有优先权，自优先权日起，实施人有权继续实施本法第30条第1款的行为。该权利基于先用行为，但先用技术来源于申请人或者申请人的描述、图纸、模型的除外。（2）本条第1款适用于……（适用地域范围）（3）在本法25条第3款规定的时间内或涉及欧洲专利的，在欧洲专利公约99条第1款规定的时间内，任何人认为其基于先用行为应该享有先用权的，可以向专利局提出请求，要求颁发先用权证书以确定其可以实施的行为。享有先用权的证据提交给专利局，专利局审查确认后应当颁发先用权证书给先用权人。除非有相反的证据，先用权证书中载明的行为就是先用权人可以实施的行为。实施行为应当基于先用权证书的授权，先用权证书记载于专利局的公共注册簿中。(4) 请求颁发第 3 款的证书应当……（请求书的格式和要求）(5) 该权利只能随实施该发明的商业一起转让。"

荷兰的先用权是比较特殊的。荷兰的先用权享有必须基于先用权证书，而且该先用权证书是由认为自己享有先用权的人向专利局提供其享有先用权的证据，专利局经审查确认享有先用权的，颁发先用权证书，这是先用权的行政确权模式。先用权人可以实施的行为记载在先用权证书中。虽然属于行政确权，但从先用权自身来讲，荷兰专利法要求先用技术不能来源于申请人。这就要求先用技术是先用人自己研发的或者受让于非申请人。

荷兰专利法对其转让作了限制——只能随实施该发明的商业一并转让。构成先用权的举证责任由自认为享有先用权的人承担，没有对先用权作范围限制。

五、日本专利先用权的立法规定

（一）日本先用权的立法界定

日本国内的理论界和实务界对专利在先使用权的看法基本达成共识，即由于其国内实行先申请制度，专利在先使用权具有存在的必要性。《日本专利法》第 79 条规定了"首先使用的通常实施权"，即"不知与专利申请有关的发明内容而自行作出该发明，或者不知与专利申请有关的发明内容，而由发明人得知该发明，并在专利申请时已在日本国内经营实施该发明的事业者或者准备经营该事业者，在该实施或者准备实施发明及事业的目的范围内，就与该专利申请有关的专利权拥有普遍实施权。"

另外，《日本实用新型法》第 26 条及《日本外观设计法》第 29 条也规定了因先使用而成立的普通实施许可："不知他人就该外观设计已提出外观设计申请而独自创作出该外观设计或其类似外观设计，或不知他人就该外观设计已提出外观设计注册申请而从该外观设计或其类似外观设计的设计人那里得知该外观设计,在别人提出外观设计注册申请时根据第15条第1款准用的专利法第40条规定,或根据第17条之2第1款(含第51条第1款及第56条之2准用的情况)规定,其外观设计注册申请被视为提交手续补正书时提出的,为原外观设计注册申请时或提交手续补正时,在日本国内已实施或准备实施该外观设计或其类似外观设计的人,在其实施或准备实施的外观设计和事业目的范围内,可以取得该外观设计注册申请所取得的外观设计权的普通实施许可。"

由此可知,日本对先用权的规定在时间限定上与我国相同,均是以专利申请日为界线,如果在此之前因善意而正在实施或准备实施该专利,则在其实施或准备实施的发明及事业目的范围内,对该专利有"普遍的实施权",也就是我国专利实务界所说的不视为侵权,但不能许可他人实施,也不能随意转让的意思。

(二) 日本关于先用权的实施限制

关于实施范围,日本学者吉藤幸朔认为:只要是在其事业的范围内,实施规模不一定非要同申请时的规模一样大,可以任意扩大。日本学者纹谷畅男将先用权的实施范围解释为:先用权的效力范围应以已实施或者准备实施的范围和先用权人的实施事业的目的范围为限。他认为应以企业章程规定的目的为准,或者根据顾客是否相同来考虑,例如,烧碱生产事业的先使用权不能及于炼铁事业。只要事业相同,先用权人可以扩大设备。日本学者的上述观点与日本大审院的判决相一致。

(三) 先用权设定的特点

总结日本法律的规定及日本学者和司法实践对于其规定的理解,专利先用权的设定有以下特点:第一,在该发明的来源上,先用权人事先不知与专利申请有关的发明内容而自行作出该发明,或者不知与专利申请有关的发明内容,而从发明人处得知该发明,但此处值得注意的是先用技术不可来源于专利权人处。此条件的产生与其新颖性宽限期的规定彼此相呼应。《日本专利法》第 30 条规定的可以享受新颖性宽限期的情况除了包括《日本专利法》第 24 条规定的三种情况之外，还包括申请人在申请日之前的 6 个月之内对其完成的发明创造进行公开实验、在公开出版物上发表、在互联网上发表等行为。因为有这样的规定，日本的专利申请人在申请日之前的 6 个月之内可以更为放心地进行各种公开其发明创造的活动，不必担心对其发明创造的新颖性产生影响。但是这样一来，公众通过合法途径在申请日之前获知他人发明创造内容的人都可以享受先用权，就会对专利权人的合法利益带来不利影响。因此，日本将先用权限制在独立作出相同发明创造或者从独立作出相同发明创造的人那里获知发明创造内容的范围之内。第二，在行为上，先用权人在专利申请时已在日本国内经营实施该发明或者准备经营该发明。第三，在效力上，先用权人只能在该实施或准备实施发明及事业的目的范围内，就与该专利申请有关的发明来实施，而不能超出该范围。发明的范围意是指只可以实施原来实施过的落入到专利技术权利要求书内的部分，对于专利技术权利要求书其他的部分不可以使用，比如实施了独立权利要求，而没有实施从属权利要求的，就不可以实施从属权利要求的内容。再比如实施了产品独立权利要求，而没有实施用途独立权利要求的，就不可以实施后者。但是此种包容与被包容的关系并不包括这种情况，即采用一项或者多项权利要求中的一部分技术特征来重新定义专利权的保护范围。如果先用者只是实施了一项或者多项权利要求中的一部分技术特征，那么他并未侵犯专利权人的专利权，他可以自由地进行使用、许可和转让，更不存在援引先用权进行抗辩的问题。只有当先用产品或方法的技术特征多于或等同于专利的必要技术特征时，才存在侵权的问题。这时援引先用权抗辩成立后，先用权人对于先用技术（即专利技术）进行任何实质或非实质的改进和变化都是被允许的，否则便是限制技术创新。而对于先用者只是实施了一项或几项权利要求书中的一部分技术特征的，先用者就不能进行不为其所掌握的属于专利范围内的其他实施方式的改进。关于事业目的的范围，是指先用者在申请日前实施该项技术于某项特定产品或者某个特定领域时，在申请日后就不可改变。如本来是用于制造轮船的就不可以制造飞机。另外，关于实施人数量问题，一般来说，先用权只有先用权人才能享有，先用权人不得许可、转让该技术。但是日本却主张先用权人可以向拥有生产设备的第三人订货，让第三人为自己生产专利实施品。若专利权人提出侵权指控，第三人可援引先用权进行抗辩。

六、英国专利先用权的立法规定

从1624年英国颁布《垄断法》以来，英国的专利制度发展已经有近四百年的历史了，他们的专利相关立法对我们研究相关问题很具有借鉴意义。《英国专利法》第64条对先用权给予了规定：

（1）当一项发明获准专利时，一个人在联合王国于发明的优先权日之前，采取了一项善意行为，如当时专利已生效，将构成专利侵权行为。如此善意地作了有效而认真的准备去做此行为，那么此人就获得了下述第2款赋予的权利。

（2）任何这样的一个人有权：（a）由其本人作出继续作出此行为；（b）假如他在事业经营中作出了该行为，或为做该行为作了准备，作出行为或准备行为的权利可以授予他人，或在个人亡故时或法人解散时转授给他人。条件是这种行为或行为的准备是属于承受人接受的那部分事业，或授权给该事业中在进行该行为时合伙者作出该行为。依本款作出该行为不构成对该专利的侵害。

（3）上述第2款所提到的权利不应包括授给任何人许可证准许他做上述行为的权利。

（4）当任何人为行使上述第2款赋予的权利把一项专利产品处理给另一个人时，这另一个人或任何通过他提出要求的人应有资格与登记惟一所有权者一样处理此产品。也就是说，在专利权人的申请日之前，如有人实施了该发明或准备去实施该发明，则其有权继续实施，且可将该权利转让给他人。从上述规定来看，《英国专利法》的规定与法国法律的规定基本相同。

作为最早建立专利法的国家，英国设置先用权时考虑了诚信原则，但该诚信要求是否针对先用技术，法律没有明确。法律对先用权的转让限制较其他国家宽松，法律允许先用权人将先用权转让给合伙从事先用事业的人，也可以在先用权人死亡或解散等情形下承继该事业的人。《英国专利法》还规定了基于先用权而产生的产品流转后，其所有人或使用人的法律待遇问题，即其所有人或使用人拥有、使用先用权产品是合法的。比较特殊的是，《英国专利法》没有类似其他国家作原有范围的限制。

第四节 专利先用权在我国立法和司法上的适用

一、专利先用权在我国的法律规定

我国专利法中关于先用权制度的规定体现在第69条第1款第2项，即"在专利申请日前已经制造相同产品、使用相同方法或者已经作好制造、使用的必要准备，并且仅在原有范围内继续制造、使用的，不视为侵犯专利权。"《专利法实施细则》仅在第10条关于先用行为的时间问题给予了规定，"除专利法第28条和第42条规定的情形外，专利法所称申请日，有优先权的，指优先权日。"

最高人民法院2003年11月《最高人民法院关于审理专利侵权纠纷案件若干问题的规定（会议讨论稿）》第47条对"原有范围"又做了扩大解释，该条第2款规定，"专利法第63条第1款第（2）项所称'仅在原有范围内继续制造、使用'，是指先用权人为自身发展的需要在专利申请日以前已经实施技术或者外观设计的产业领域内自己继续实施。在专利申请日以后以合理的方式（如增加生产线、增设分厂等），扩大生产规模的，仍属于在原有范围内的实施。"

2009年12月21日最高人民法院审判委员会第1480次会议通过，《最高人民法院关于审理侵犯专利权纠纷案件应用法律若干问题的解释》，其中第15条规定："被诉侵权人以非法获得的技术或者设计主张先用权抗辩的，人民法院不予支持。有下列情形之一的，人民法院应当认定属于专利法第 69 条第（2）项规定的已经作好制造、使用的必要准备：①已经完成实施发明创造所必需的主要技术图纸或者工艺文件；②已经制造或者购买实施发明创造所必需的主要设备或者原材料。专利法第 69 条第（2）项规定的原有范围，包括专利申请日前已有的生产规模以及利用已有的生产设备或者根据已有的生产准备可以达到的生产规模。先用权人在专利申请日后将其已经实施或作好实施必要准备的技术或设计转让或者许可他人实施，被诉侵权人主张该实施行为属于在原有范围内继续实施的，人民法院不予支持，但该技术或设计与原有企业一并转让或者承继的除外。"

北京市高级人民法院审判委员会于 2001 年 9 月 24 日讨论通过了《北京市高级人民法院关于专利侵权判定若干问题的意见（试行）》，并于 9 月 29 日下发北京市第一、第二中级人民法院执行。该意见的第 96 条规定："先用权在专利申请日前已经制造相同产品、使用相同方法或者已经做好制造、使用的必要准备，并且仅在原有范围内继续制造、使用的行为，不视为侵犯专利权。……原有范围，是指专利申请日前所准备的专用生产设备的实际生产产量或者生产能力的范围。超出原有范围的制造、使用行为，构成侵犯专利权。"可见，北京市高级人民法院的解释认为，先用权人的使用只能限于原有专用生产设备的实际产量或生产能力的范围。

二、专利先用权在我国的具体法律适用

为了分析我国法律适用存在的问题，在此主要对第一个问题"具体法律规定"进行解读。

1. 先用权人制造或者使用的行为发生在专利申请日以前

先用权成立的时间条件在我国是以申请日为准的。在他人专利申请之后，即使是在申请公布前善意使用或准备使用，都不能取得先用权。应当注意，专利申请在出现专利法不丧失新颖性的三种情形时，申请日是不能追溯到宽限期初始之日的。

2. 在先使用行为必须是善意的

先用者制造相同产品、使用相同方法或者为此而进行的准备，必须是根据申请日之前自己研究开发的技术或者通过合法途径所获得的信息而进行的。它可以是先用权人自己独立完成的，也可以是通过其他合法方式取得的，但是先用权人没有从完成相同发明创造的专利申请人那里获得任何有关该发明创造的信息，也未使用贿赂、抄袭、窃取等不正当手段非法获得相关信息。对于非善意取得的发明创造，不应承认其享有先用权。

3. 先用权的实施仅限于原有范围

先用权人获得保护的范围是在原有范围内继续制造、使用。关于先用权的"原有范围"，法律并未明确规定。在他人提出专利申请前已经实施其发明创造，即制造相同产品、使用相同方法的行为或者所做的制造、使用的必要准备，必须发生在专利申请之前。专利法对于专利权人规定的实施义务是为了让其专利发明更快地转化为生产力，因此只是一种实质性的实施，先用权中的实施是为了证明未提出专利申请的发明人确实有发明创造行为并且取得了相应的发明成果，因此不仅包括实质性的实施，还包括名义上的实施。先用权中的实质性实施指在他人专利申请前已经开始制造相同的产品或者使用相同的方法，这种情况通过审查其制造或者销售相同产品的生产记录等即可确定。名义上的实施指在专利申请日前已经作好制造相同产品、使用相同方法的必要准备，包括下达技术任务书、以合同方式预约生产厂家、刊登销售广告、购买原材料及设备、建造厂房等，这些必要准备要求至少应当是已经做好，而不是准备要做。

4. 先用权实施的地域限制

专利权具有地域性特点。一般而言，先用权人的实施应该是在该国境内。如果他人在专利申请以前只在国外实施，而他人取得专利权之后，以已经实施为由主张行使在先权的，则不应予以支持，但是，该国根据本国加入国际条约认可国外在先实施发明创造的效力的情况除外。

5. 先用权适用中的其他问题

一是从专利法法条上理解，有人认为，只有专利产品的制造者才能享有先用权，销售者或者使用者不享有先用权。理由是因为一种产品如果在申请日之前已经进入销售领域或者被公开使用，那么该专利便丧失新颖性，也就无法获得专利，自然无需行使先用权。笔者在问题讨论中也会提出自己的观点。二是关于专利先用权的认定，有学者认为，享有先用权不能由行政机关确认，而应在诉讼或者调解中通过审查被控侵权人的证据才能认定。三是最先作出发明创造的人并不当然享有先用权。先用制度的目的之一是保护先前的工业生产和投资不被他人在后的专利申请行为所否定，因此已经实施或者做好实施准备是享有先用权的必要条件。如果最先作出发明创造的人在发明创造之后，自己没有实施，也未曾转让他人实施，在他人申请专利之后，便不能享有先用权。同样，购买了技术未实施的，也不能享有先用权。四是在先使用必须处于一种持续状态。如果行为人原来已经开始实施，在他人专利申请日之前又停止实施，如果停止原因不是因为不可抗力，那么在申请日之后，行为人又恢复实施，不享有先用权。如《美国专利法》第273条规定："如果先用者停止了对发明的商业性使用行为，则不能依据停止前的使用行为，对以后所进行的行为获得先用权"。

▶▶第四章

专利权穷竭制度

理论来源于实践,并对实践进行指导;实践反作用于理论,对理论是否合适进行检验;一旦理论不能适应实践的需要,就需要对理论进行创新发展。专利权穷竭制度产生之初,就是为了平衡专利权人个人利益与社会公共利益,并在一百多年的司法实践中不断地发展变化,以适应科学技术迅速发展所带来的各种新的问题。因此,本章将从分析专利权穷竭制度相关基本理论出发,结合专利权穷竭制度在美国的建立发展历程,分析个案的最新发展;具体包括专利权穷竭制度适用范围的扩张所需要的条件,专利权穷竭与默示许可的区别,售后限制条件排除专利权穷竭适用的条件及违反售后限制条件的责任承担等方面。

第一节 专利权穷竭的基础理论

专利权穷竭制度涉及专利权穷竭理论、平行进口理论和售后限制理论。

一、专利权穷竭及其法律渊源

专利权穷竭,又称专利权用尽,是对专利权效力的一种重要限制,系指专利产品经专利权人或被授权人首次销售后,产品上的专利权用尽,专利权人不得再行主张权利,而买受人得自由使用、再销售所购得产品，不受专利权人控制。该原则的核心是：专利权人依专利法所赋予之权利，自己制造、销售或许可他人制造、销售其专利产品后，已从中获取利益，若对于该专利产品再行主张专利权，将影响其自由流通与利用，因此，专利权人自己或同意他人制造、销售的专利产品第一次流入市场后，专利权人已经行使其专利权，就该专利产品的权利已经耗尽，不得再对该产品进行法律控制。美国联邦最高法院在 1852 年的 Bloomer 案中认为，一旦产品移转至买受人手上，该产品就不在专利独占范围内。当然，为保证专利权人合理的市场利益不受损害，专利权用尽仅针对由其实际售出的产品；购买者重新制造的专利产品不在侵权豁免范围之内，专利权人仍保有排除他人不经其同意而制造、使用、销售其专利产品的权利。

专利权用尽原则在专利法中是一个复杂且颇具争议的问题，它集中体现了专利权保护和专利商品自由流通原则的矛盾和冲突。各国对于该原则适用的条件至今仍未达成一致意见。因此，TRIPS 第 6 条不得不规定：各成员在解决有关知识产权的争端时，在不违反 TRIPS 其他条款规定的情况下，各国可以自由规定本国的权利穷竭制度。由此，各国不仅可以自主决定专利权是否国际穷竭，还可以规定享受该项豁免的条件。纵观各国对专利权穷竭原则的法律规定，主要分为两类：一类是在本国专利法中对专利权穷竭原则加以明确规定，如《法国知识产权法典》以权利人为中心，从正面明确规定了专利权人对其特权的控制程度在何时穷竭，而我国专利法则从不构成侵权行为的角度作出对专利权的限制规定；另一类则是将该原则建立在一系列判例所确定的具体规则中，主要有美国、英国、日本等国家。美国联邦最高法院通过对 Adams v. Burke 案的判决创建了专利权穷竭原则，认为合法售出后的专利产品的使用不受专利权人的限制；继而又通过对 Keller v. Standard Folding-Bed Co. 案的判决，认定合法售出后的专利产品的再次销售也不受专利权人的限制。至此，美国专利制度中专利权穷竭的基本规则得以确立。日本的做法基本上与美国一致，也是仅用判例的方式适用这一原则。

二、平行进口的相关理论

（一）平行进口及其特点

平行进口也称平行贸易，是与垂直贸易相对应的概念。从贸易的角度来看，垂直贸易是指按照垂直方向进行的商品经销活动，其销售方式是依次向本分支网络内下一层次的经销商供货，最后出售给消费者。而平行贸易是指产品的制造商或供应商将产品投放市场后，获得产品的经销商向不同分支网络的商家或消费者转售商品。当分支网络是以不同国家划分时，这种转售就成为平行进口。从法律的角度，平行进口是指未经知识产权权利人授权的进口商，将由权利人自己或经其同意在其他国家或地区投放市场的产品，向知识产权人或独占被许可人所在国或地区的进口。其特点如下：

1. 被进口的产品与特定专利权及其权利人相关

被进口的产品必须在进口国和出口国都取得知识产权，这样才产生知识产权人在出口国的生产销售行为是否使相关知识产权耗尽、能否凭借其在进口国取得的权利阻止相关产品进口的问题，否则只是涉及普通商品的国际贸易流转问题。同时，该产品的出口国权利人及进口国主张权利的专利权人必须为同一人或关系人，这才涉及是否因专利权人的利益已经满足而考虑是否允许平行进口的问题。若只是因专利权各国授予条件制度的不同而产生的完全无关的两个不同专利权人，则因不存在进口国知识产权人利益是否已经得到满足的问题从而不属于平行进口的讨论范围。

2. 被进口的产品为合法产品

被进口产品系由权利人或经其同意之人投放于出口国或地区的市场。即该产品是"真品"，其生产及投入市场是合法的，并经过了权利人的同意。如该产品是假冒或侵权产品，则不会存在是否合法的争论，故此该情况不在平行进口的讨论范围内。

3. 未经授权的竞争

未经权利人的授权，被进口的产品与进口国或地区市场上原有的同一产品展开竞争。如果被进口的产品的生产和销售是合法的，但其流转到进口国并未经过权利人的同意，这就与专利权人在进口国市场的利益有竞争关系。

专利产品的平行进口主要是由于同一产品在不同的国家或地区存在价格差而引起的。作为一种现象，它有其积极的一面、也有其消极的一面。从积极方面来看，它给予了消费者更多的选择，有利于商品流通，有利于促进国际市场的统一；而从消极的方面来看，它削弱了权利人对市场的区域控制，有可能因各地产品为适应当地市场而形成的风格不同以及售后服务的缺失，而损害进口国专利权人商誉和消费者利益。因此，平行进口涉及错综复杂的利益关系，既涉及专利权人、消费者和平行进口商的关系，也涉及中小企业和跨国企业之间的利益关系，甚至可能涉及发达国家与发展中国家的利益关系。因此，在实践中，各国在对待平行进口的态度和做法并不一致。在理论上，是否允许专利产品平行进口，与对专利权穷竭的空间效力理解和实践的不同有着莫大的关系。

(二) 专利穷竭理论与平行进口

专利权穷竭理论被普遍认为是否允许专利产品平行进口的理论依据。根据专利权穷竭所及区域的不同，专利权穷竭理论可分成专利权国内穷竭、专利权区域穷竭以及专利权国际穷竭三种。不同的理论认识对于是否允许平行进口的回答并不相同。

1. 专利权国内穷竭

该理论将专利权的效力限定在一个国家法域的领土范围内，其意味着一旦受专利权保护的产品由权利人投放或经其同意投放到国内市场，则任何第三方对该产品的转售不构成对权利人专利权的侵犯。作为一个原本起源于君主特权的权利，专利权的属地性较之其他民事权利无疑是更为明显的，由此也决定了专利权权利穷竭理论在传统上指的就是国内穷竭理论。该原则的理论根据就是，既然专利权仅在该法域内有效，而不及于法域外，则权利穷竭的势力范围所及也只能是在本法域内的专利权行使行为，而不应指向在法域外的行使行为。换言之，权利穷竭作为一种权利的限制，指的就是在原本所属权利的范围内使之失效。随着权利穷竭理论的发展，国内穷竭理论实际上包含两方面的意义：一方面它强调在一个国家领域内，权利穷竭原则是适用的，即在一个国家领域内，专利权人将产品投放市场后，就必然丧失对该产品继续流通的控制权。从权利穷竭理论产生的历史以及许多国家有关的现行立法规定和司法实践来看，对这一方面的观点已无异议。另一方面，则是发生于国外市场的首次销售不会导致国内专利权人相关权利的穷竭，即不能因为发生在国外市场的专利产品投入行为而认为专利权已在本国穷竭，强调的是与区域穷竭尤其是与国际穷竭相反的含义。从与平行进口的关系的角度来看，本书所说的国内穷竭是就第二个方面的意义而言的。根据该理论，由于专利权穷竭只适用于国内，而不及于国外，因此，对于平行进口的现象，专利权人可对之主张专利权，从而使平行进口行为成为侵犯专利权的非法行为。

2. 专利权区域穷竭

该理论是指一旦受专利权保护的产品由权利人投放或经其同意投放到某一特定区域的市场，则受该区域内的其他国家保护的平行的专利权人不能再对这些产品行使其专利权。专利权区域穷竭理论创立于欧洲经济共同体的发展过程中，其目的是建立统一的共同体市场。在某种程度上，该理论可谓是基于区域内的自由贸易政策而在知识产权领域进行区域性协调的结果。根据该理论，在欧共体内，受知识产权保护的产品一旦由权利人自己或经其同意在任何一个成员首次投放市场，则与该产品有关的知识产权被视为在所有的成员均告穷竭，因此，相关权利人再也不能凭借在其他国家拥有的平行的知识产权禁止该产品在共同体内流通。自《欧洲经济区条约》生效后，欧共体范围内的权利穷竭原则扩大适用到在欧洲经济区（EEA）范围内的权利穷竭。

考察欧共体的区域权利穷竭原则的演变过程及其背景，可以清楚地看到专利权区域穷竭原则是与当局的政策目标息息相关的。区域权利穷竭原则经历了欧洲法院多次的判例研究方衍生出来。欧洲法院首先把知识产权的"特定主题"和"基本功能"作为共同体内权利穷竭两个主要理论工具，并在此基础上采用了"公权利存在与权利行使相分离"原则来处理共同体内的平行进口问题，以此为过渡，最后形成了"共同体内权利穷竭"理论。该理论的形成体现了欧共体在20世纪60年代以前和70年代之后对知识产权保护和商品自由流通的关系上的认识变化。在20世纪60年代之前，欧共体知识产权法领域占主导地位的观点认为，知识产权作为一种专有权可以构成进入市场的障碍，因而可以合法地限制竞争。然而，自20世纪70年代以来，人们开始认识到，依据各成员法律取得的知识产权威胁到共同体市场的一体化，在知识产权保护和欧盟的基本目标——共同体市场内的自由贸易之间存在内在的冲突。如在1974年Cetrafarm案中，欧洲法院指出，专利权穷竭的目的就是要防止专利权人根据国内法来禁止专利产品的平行进口，即认为专利权人不能通过限制专利产品的自由流动来人为地保护国内市场并从中获益。欧洲法院强调，专利权的实质是保护专利权人在享有制止侵权行为的权利的同时还享有利用其发明来生产工业产品，并将其产品第一次投放市场的排他性权利。然而，如果专利权人所享有的权利能够延伸到禁止他投放或经其授权投放在另一成员的产品的进口，则意味着专利权人实际上享有了分割成员市场并限制成员间的贸易的权利，而这是与货物自由流动原则不相符的。此类判例表明，在维护欧共体市场的一体化与维护成员的知识产权两者之间，前者居于优先地位。当然，共同体区域内穷竭的判决原则，在极个别的情况下也有例外，这些例外情况包括：第一，平行进口的产品是经过强制许可而生产和投放市场的；第二，产品在出口国不受知识产权保护，且首次投放市场未经进口国权利人许可；第三，由于权利人将其知识产权在某一成员转让给一个独立的与权利人无丝毫经济联系的第三方，导致在不同成员存在彼此独立的知识产权人。但从总体而言，欧共体市场的一体化目标是排在首位的。服务于此政策，由欧共体实践发展出来的专利权区域穷竭理论对产生在欧洲经济区内的平行进口行为进行允许，从而促进区域内的市场竞争和商品流通，而对发生在欧洲经济区外的平行进口行为进行否定，从而减少了来自欧洲经济区外的竞争，维护了本区内专利权人的利益。

3. 专利权国际穷竭

该理论是指一旦产品被权利人投放或经其同意投放到世界上任何一个国家，存在于其他国家的平行的专利权均不能被用于禁止这些产品的进口商或购买者。也就是说，权利人在其他国家所享有的在该产品上的类似的权利也随之穷竭。根据该理论，无论专利权人在何处市场第一次投放相关产品，由于相关权利已在世界范围内耗尽，因此，它不得以进口国存在专利权为由而阻止相关专利产品从外国进口，从而对平行进口行为持允许态度。

专利权国际穷竭问题是伴随着国际经贸的发展而出现的。随着科技的流动和国际贸易的发展，不少国家发现，越来越多的专利权人在不同的国家拥有专利权，尤其对于实力强大的跨国公司而言，随着它们对于专利产品的控制的加强，其阻碍知识产权商品自由国际贸易的能力也大幅提高，甚至可能成为一种新的贸易壁垒，基于此，国际穷竭理论开始兴起。从国际穷竭理论的发展来看，其在一些欧洲国家包括欧盟成员和非欧盟成员有着长久的历史，但在欧盟成员和非欧盟成员有着不同的发展路径。就欧盟成员而言，随着欧共体统一市场步伐的发展，包括德国和奥地利在内的成员纷纷抛弃了曾长期使用的国际穷竭原则，转而接受区域穷竭原则。而就非欧盟国来看，国际穷竭原则至今仍支配着其相关司法实践。如新加坡现行专利法规定，进口、使用、销售、提供销售任何由专利权人或其被许可人制造或经其有条件或无条件的同意制造的专利产品，或由专利方法直接获得的产品，都不是侵犯专利权的行为。该条款清楚地表明：从正面来看，专利权是否穷竭主要取决于专利产品是否由专利权人或其被许可人制造或经其同意制造。权利人的有条件或无条件"同意"是认定平行进口的产品是否合法的必要充分条件。从反面来看，只要满足权利人同意这一条件，即只要相应的专利产品是"真品"和投入市场时是合法的，则无论专利权人对该产品的销售与使用范围做了何种限制，都是无效的。即使平行进口的专利产品在国外是经颁发强制许可证而制造并投放市场的，也会导致在新加坡的专利权穷竭。与此相似的，还有我国台湾地区的现行"专利法"。

4. 比较与分析

作为传统的穷竭理论，专利权国内穷竭原则充分强调了专利权的属地性质，从而坚决否定平行进口的合法性。由于该做法坚持专利权只在国内穷竭而不在国际穷竭，容易产生人为地划分市场，增强专利权对市场的把控能力，未必有利于市场竞争。特别对于本国科技相对落后、主要依靠外国专利技术满足国内相关消费需求和促进本国科技发展的发展中国家而言，该理论的实施将导致该国市场主体无法通过平行进口引入相对便宜的专利产品，从而不利于本国的广大消费者，也不利于本国企业的科研发展。当然，对于本国科技进步从而不依赖于外国专利的发达国家来说，该种政策的实施则符合该国利益。

对于专利权区域穷竭理论，应看到其具有两面性。一方面，区域穷竭理论的应用具有灵活性。该理论根据平行进口是出现在区域内还是区域外两种不同情形，得出允许或禁止两种截然不同的结论，从而使区域穷竭理论既有允许平行进口的功能，也有禁止平行进口的功能，功能可随着政策的需要而灵活转变。另一方面，也须看到，区域穷竭理论并不能彻底消除知识产权与自由贸易和市场一体化之间的矛盾，同样的理论适用于不同的区域，却得到不同的法律效果，这种首鼠两端的做法也难以从法理上得到合理解释，因此产生的法律上的矛盾和冲突说明这样的原则并不是完美的理论，也无法成为永久的政策工具。因此，相对于欧共体而言，专利权区域穷竭理论是一个有利于保护欧共体建立单一市场、摒弃外来竞争的工具和政策；但相对于国际大市场而言，专利权区域穷竭更多地是服务于欧共体统一市场的过渡性理论。可见，专利区域穷竭理论在理论上并不完美，然而在政策工具上却不能否认是一个灵活实用的策略。

与专利权区域穷竭理论相反，专利权国际穷竭原则是个理论完美而欠缺实用性的策略。理论上，专利权国际穷竭的空间效力的理想状态应该是在国际范围上的，其制度立意是世界上的每一个国家都采用这种制度设计，让经专利权人同意投放市场的专利产品的平行进口在全球范围内得以允许，从而降低知识产权作为国际贸易门槛的几率，促使国际贸易的顺利进行。但是，专利权国际穷竭理论如果仅在一个或几个国家采用，而不为其他国家所采用，那么，不仅会使其理论意义大打折扣，而且还会造成世界范围内专利权保护的不平等和国际贸易的不平衡。事实上，由于目前全球各国在权利穷竭理论上的法律规定和司法实践的不一致，专利权国际穷竭理论恰恰面临此种现实困境。因此，从理论的角度，无论采取何种专利权穷竭理论，都有其优点和缺点。而从实践的角度来看，特别是从专利制度在实践中往往作为一国推行其相关政策的工具这一事实的角度来看，采取何种专利权穷竭理论归根结底不过是服务于该国当局的政策考虑，是一个实践的问题，而并不存在理论的优劣高下问题。长期以来，传统认识对专利国内穷竭原则之外的理论发起攻击，认为其违反了专利权属地性这一基本认识。然而，人们也逐渐认识到，专利权在法域外的行使行为作为一个域外发生的法律事实，将对本法域相关事实产生何种法律影响，各国有权对此进行选择判断。因此，无论是采用何种穷竭理论均不违反专利权的属地性原则。而事实上，无论一国采取何种原则，该原则只适用于该国而不适用于其他国家，这也正是专利权属地性的表现。因此，对专利穷竭原则以及相应的平行进口问题的讨论，目前的焦点已不在于理论上是否成立，而在于实践上将产生何种法律效果、是否符合本国政策的问题。

三、专利权穷竭的售后限制

专利产品销售的特殊之处在于兼具专利权许可和产品销售两个层面的法律后果，权利人同时让渡了专利权和所有权。两项独占性权利均可以对产品的使用和流转进行法律控制。专利权穷竭的售后限制主要发生于专利产品首次销售时，专利权人或者其被许可人采用设定限制性条件的方式对合法售出后的专利产品继续加以控制，从而达到限制或排除专利权穷竭适用的目的。之所以会出现此种限制方式，在于

第四章 专利权穷竭制度

专利权人欲扩展专利独占权的使用范围，从干预购买人的使用中进一步获取售后利益。通常情形下，专利产品一经首次合法销售后，专利权人对专利产品的独占性权利已被穷竭，不得继续干涉专利产品的使用和再次流转。然而，专利权人的售后限制行为是否能限制或排除该原则的适用？该种限制将产生怎样的法律效果？对该限制性条件的违反将会导致侵犯专利权的侵权责任或仅是合同法上的违约责任，还是两种责任的竞合？对此争议不断。

专利权穷竭原则售后限制的法律效果争议主要表现在专利产品首次销售时，所附限制性条件能否限制或排除专利权穷竭的适用，对此主要存在绝对穷竭和相对穷竭两种不同模式。绝对穷竭模式认为，专利权穷竭原则不受该条件的限制，专利权人对专利产品的独占性权利因产品的首次合法销售而耗尽，此时不会发生侵犯专利权的问题，仅可能产生合同违约责任。大陆法系国家主要采用此种模式。而相对穷竭模式则认为，若不违反专利权滥用或反垄断法等法律的规定，专利权穷竭原则将受到限制，若有违反，将会产生专利侵权的法律后果。持此种模式的国家主要是美国，但美国国内不同法院、甚至是同一法院，在不同时期的判决也存在差别，而美国联邦最高法院的观点也不清晰，使得其他法院适用时缺乏明确的标准。

第二节 TRIPS 关于专利权穷竭制度的规定

TRIPS 将一个知识产权保护制度的重大问题排除在争端解决机制的适用范围之外，这就是知识产权的权利穷竭问题。以"穷竭"为题的 TRIPS 第 6 条明确规定：就本协定项下解决争端而言，在遵循协定第 3 条、第 4 条的前提下，本协定任何条款不应用于处理知识产权穷竭的问题。也就是说，在 TRIPS 成员就知识产权的权利穷竭问题所采取的任何措施面前，除了涉及与该协议第 2 条所列其他公约和最惠国待遇问题之外，TRIPS 的实施无法利用争端解决方面拥有的"牙齿"。TRIPS 在知识产权的权利穷竭方面采取的这种独特处理方式，凸显了这个问题的特殊性。

一、专利权穷竭的基本含义

TRIPS 第 28 条规定了专利应赋予其所有人的专有权,在专利主题系产品时,包括禁止第三方未经所有人同意而从事制造、使用、许诺销售、销售或为这些目的而进口该产品的权利;而在专利主题为方法时,则包括禁止第三方未经所有人同意而使用该方法,或从事使用、许诺销售、销售,或为这些目的而进口至少是直接以该方法而获得之产品的权利。根据本条规定,专利权人在 TRIPS 之下享有进口权。

在 TRIPS 谈判之时,大多数参加谈判的国家的专利法尚未将对专利产配的进口权纳入专利排他权的范围之内。而保护专利权人的进口权构成 TRIPS 对成员保护知识产权最低要求的组成部分。在 TRIPS 中这项权利仅被赋予专利权人,而在商标和版权部分中并没有相应规定。专利权的排他性确保了专利权人能够在专利的有效期内获得应得的报酬,从实现专利授权的基本目的之一。

二、TRIPS 关于进口权的规定

TRIPS 明确规定了专利权人享有进口权,这使得专利权人获得了针对侵权产品的有效救济手段,然而专利权人的进口权是否能够覆盖平行进口产品呢?有观点认为规定专利的进口权就意味着采取国内穷竭原则,意味着权利人可以排除平行进口。然而 TRIPS 第 28 条明确否定了这个逻辑。针对该条款规定的进口权,TRIPS 第 28 条专门添加了一脚注规定:此权利与根据本协议授予的关于使用、销售、进口或分销货物的权利一样,应遵守第 6 条的规定。协定第 28 条在脚注中援引第 6 条这一事实表明虽然成员有义务赋予专利权人以进口权,但成员是否同时将权利穷竭原则适用于进口权,留待各成员自己决定,在不违反国民待遇和最惠国待遇的前提下,TRIPS 没有设定强制性的义务。也就是说，虽然 TRIPS 引入了进口权，但是同时规定这项权利对权利穷竭问题并无影响。

2001 年 WTO 第四次部长会议通过的《TRIPS 与公共健康宣言》进一步明确表示："每一个成员都自由地确立其自己的知识产权权利穷尽的制度，并不因此在 WTO 争端解决机制下受到挑战"。这被大多数学者认为是进一步确认了成员采取国际穷竭原则，允许平行进口或者是采取国内穷竭原则，禁止平行进口的权利。显然，这也意味着将第 28 条规定的进口权解释为要求成员采取国内穷竭原则，允许专利权人排除平行进口是不能成立的。

三、进口权与权利穷竭的关系问题

TRIPS 某成员内的知识产权人是否可以援引其享有的进口权以阻止平行进口，在根本上取决于该国专利法的权利穷竭原则是否适用于进口权。根据 TRIPS 第 6 条和第 28 条的规定，成员不仅有权决定采取国际穷竭原则或国内穷竭原则，而且有权决定权利穷竭原则是否适用于进口权。

如果一个 TRIPS 成员的专利法规定，权利穷竭原则不适用于进口权，那么无论专利产品的首次销售发生在成员内抑或国外，专利权人将总是能行使进口权以阻止平行进口，这意味着该成员事实上只可能承认专利权的国内穷竭原则，而如果该成员一方面承认权利穷竭原则适用于进口权，另一方面又只规定了专利权的国内穷竭原则，那么该国专利权人可以用进口权来阻止首次销售发生在该国境外的产品的平行进口，但是无法以进口权阻止首次销售发生在国内的专利产品被出口至国外以后的返销现象。最后，如果该成员承认权利穷竭原则适用于进口权，而且又规定了专利权的国际穷竭原则，那么该国专利权人将无法使用进口权阻止由他自己或经他同意在世界任何市场上销售的产品的平行进口。

第三节 美欧专利权穷竭

一、美国专利权穷竭的规定和适用

(一) 美国专利法中权利穷竭制度的建立与演变以及理论基础

1. 制度建立

就理论渊源而言,"权利穷竭"这个法律概念诞生于德国,但在美国专利法的发展过程中,美国联邦最高法院早在19世纪中叶就已在审判实践中提出了类似于权利穷竭理论的"首次销售原则"。在1852年的"布卢默诉麦克尤恩"案中,美国联邦最高法院需要解决这样一个问题:当一项专利的有效期依据国会在1845年制定的特别法令而得以延长时,在原专利有效期内购买受该项专利保护的产品的人是否有权在专利的延长期内继续使用。对这一问题的分析成为美国联邦最高法院提出首次销售原则的理论起点。

由于美国专利权穷竭制度不是由成文法具体规定,而是通过司法实践逐步建立起来的,所以需要寻找相应的判例来确定美国确立专利权穷竭制度的时间。对于起源案例,学者有不同的观点,有的认为是1852年的Bloomer案,有的认为是1873年的Adams案。笔者赞同起源案件是Bloomer案的观点。因为在Bloomer案的判决中,已经开始涉及对专利权在已售专利产品上的限制。在该案判决中,联邦最高法院Taney法官认为:"购买设备进行使用与购买、制造、销售专利产品的权利有不同的基础,后者获得的部分专利权能受专利权期限的限制,若专利权期限获得续展,而购买人没有支付对价则不能继续享有专利权能。而一旦购买人购买专利设备后,其上的使用权就不再处于专利垄断权的控制之下,也不再处于专利法的保护之下……专利设备成为购买人的私人财产……该专利设备的使用期限不再受专利权期限的限制。"在Adams案中联邦最高法院引用该案判决,正式确认"当专利权人或其他权利人出售了其唯一价值在于使用的机器或器械时，他就获得了该使用权的对价并放弃了对该产品进行限制的权利。即专利权人或被许可人通过该销售行为获得了对该特定机器或器械发明的使用权的报酬或者使用费，购买者将来对该产品的使用不受专利权的限制。"在1895年Keller案中，联邦最高法院确认专利产品首次销售后的转售同使用一样，也不受专利权的限制。

上述两个案例确立了美国的专利权穷竭制度，其基本内容是"专利产品由专利权人或被许可人首次销售后，该产品的使用、转售不再受专利权的限制"。美国专利权穷竭制度的这一内容直到1942年才出现新的变化。

2. 制度演变

（1）19世纪的绝对穷竭：以Adams v. Burke案为主。

专利权穷竭原则最早追溯到1853年的Bloomer v. McQuewan案，美国联邦最高法院在判决中提出，专利权期限的延长不影响专利产品购买者对已经获得的专利产品的权利。

联邦最高法院于1873年判决的Adams v. Burke案提出在专利产品上使用权的地域穷竭问题。该案中，某公司经专利权人许可在波斯顿市内销售专利产品———一种棺材盖。被告从波斯顿市内购得这种棺材盖后，违反售后限制条款而在波斯顿市外的某个地区使用；而专利权人把在该地区内的专利权转让给了原告，因此原告起诉被告侵权。联邦最高法院判决原告败诉，认为"按照事物的基本性质，当专利权人销售一种其唯一的价值体现在对它的使用上的机器或器械时，他获得相应的报酬，也就放弃了限制使用所售机器的权利。该货物在不受专利权限制的情况下流通"。

联邦最高法院于1895年在Keeler v. Standard Folding案中，把专利权地域穷竭的范围从使用权扩大到销售权。可见，美国在19世纪的专利权穷竭原则是绝对穷竭，解决的主要问题是不同地域之间的商品自由流通，所谓专利权"穷竭"主要是美国范围内的"地域穷竭"。

(2) 绝对穷竭与相对穷竭的交锋：Dick 案和 Motion Picture 案。

联邦最高法院分别在 1912 年的 Dick 案与 1917 年的 Motion Picture 案的判决中，对搭售的售后限制条款如何适用专利权穷竭原则的问题，作出完全相反的回答。概括地说，前一判决赞成相对穷竭，后一判决赞成绝对穷竭，后者明确地推翻了前者。

Dick 案原告专利权人 Dick 公司制造、销售一种蜡纸油印机，并在机器上附着一份许可限制："本机器由 A. B. Dick 销售并有如下许可限制，即此机器只能与由美国芝加哥 A. B. Dick 公司制造的蜡纸、墨水及其他供给品一起使用。"被告 Henry 为墨水销售商，他把墨水销售给某人来使用该油印机。Dick 诉 Henry 构成间接侵权。联邦最高法院认为，机器购买者虽然获得了油印机的所有权，但对于专利权而言，它只是通过该许可限制合同而获得使用权，成为受许可合同限制的被许可人，因此使用 Henry 提供的墨水就构成对专利权的侵犯，Henry 则构成间接侵权。

墨水就构成对专利权的侵犯，Henry 则构成间接侵权。Motion Picture 案与 Dick 案极为相似。原告 Motion Picture 公司拥有对一种放映设备的专利权，在其放映设备上注明"许可告示"：放映设备必须与从其所规定的渠道购得的胶卷一起使用，而且放映设备的用户必须遵守 Motion Picture 随后设定的其他使用条件，只要 Motion Picture 仍然是专利权人；如果用户移去或毁损此告示牌的，其使用权即告终止。胶卷原本是 Motion Picture 的专利产品，但专利期限已届满。Motion Picture 起诉被告销售胶卷构成间接侵权。联邦最高法院认为，专利权人通过"许可告示"而自行创设的权利是合同权利，它不应当受专利法调整，而专利权本身已经穷竭了，因此用户使用被告胶卷的行为不构成专利侵权，被告提供胶卷的行为也就不构成间接侵权。

关于绝对穷竭与相对穷竭的对立，霍姆斯法官对相对穷竭提供了解释，而瑞奇（Giles S. Rich）则对绝对穷竭进行了深入的理论阐述。霍姆斯在 Motion Picture 案判决的不同意见中提出："专利权人有权使其机器闲置不用。如果这是无可争议的，我不明白为什么他就不能使他闲置，除非被许可人或购买人把它与其他非专利产品一起使用"。

霍姆斯的观点可以归结为"举重明轻"：既然专利权人有权让专利机器闲置不用，就应当允许专利权人按照售后限制条款来控制专利机器的使用。

瑞奇则认为，专利权是一种消极的排他权。专利产品授权售出后，购买人获得了专利权人"不向购买人提起专利侵权诉讼的保证"，专利权人放弃了针对该售出产品的排他权，专利权人针对该产品的专利权是绝对地穷竭了。

(3) 绝对穷竭的扩张：Univis 案。

1942年，美国联邦最高法院在 Univis 案中，把专利权穷竭的前提从"专利产品"的首次销售，扩张到"未完成产品"的首次销售。Univis 案是一起反托拉斯案。被告 Univis 镜片公司拥有一种多焦点眼镜片的专利。Univis 许可一家制造商制造镜片毛坯，并把所造毛坯以约定好的价格卖给 Univis 授予许可的批发商。这些批发商获得把镜片毛坯打磨后成为专利镜片的专利许可，并把专利镜片以固定的价格再销售给 Univis 授予许可的零售商。零售商最终以固定的价格销售给消费者。美国联邦政府起诉 Univis 违反谢尔曼法，Univis 辩称是正当行使专利垄断权，但联邦最高法院判决认为，镜片毛坯的首次授权销售导致该专利权的穷竭，因为镜片毛坯虽然没有完成对专利的实施，尚不构成专利产品，但它"已体现了专利发明的本质特征，并且除了将来被用于完成该专利外没有其他实际用途"。

联邦最高法院作出 Univis 案的判决时，正值反专利的意识形态在美国甚嚣尘上。在 20 世纪 30 年代的经济大萧条之后美国政府实行新政，加强了反托拉斯法对市场的规制，专利权被认为导致市场垄断而受到广泛的限制。在 Univis 案判决的同一年，美国联邦最高法院对 Morton 案的判决创设了专利权滥用原则，因此 Univis 案判决的出现不足为怪。

(4) 美国联邦巡回上诉法院的相对穷竭：Mallinchrodt v. Medipart 案。

专利权穷竭不是一个孤立的问题，与专利权滥用、对专利权的反托拉斯法规制等有着密切的联系。进入 20 世纪 80 年代，自由市场经济哲学再次主导美国，政府放松了反托拉斯管制，专利权滥用原则受到限制。联邦最高法院于1980年在Dawson案判决中认为，专利权人有权拒绝许可，拒绝许可并不构成专利权滥用。1988年美国国会把这一判决转化为立法，增加《美国专利法》第271条（d）款（4）项，规定"拒绝许可或使用任何专利权利"不构成专利权滥用，这成为美国联邦巡回上诉法院把专利权绝对穷竭转化为相对穷竭的理论基础：正如霍姆斯倡导的"举重明轻"论所言，如果专利权人有权拒绝许可，自然有权利施加售后限制条件；既然售后限制条款是正当的，专利权的相对穷竭就是正当的。

1992年，美国联邦巡回上诉法院在Mallinchrodt v. Medipart案中明确提出了专利权的相对穷竭。原告Mallinchrodt拥有一种诊治肺病的医疗仪器专利，在出售给医院时在该专利产品上注明"仅供一次性使用"。医院违反该告示，把用过的仪器交由被告Medipart处理后再次使用。原告以引诱侵权起诉被告。被告以专利权穷竭作为抗辩，地区法院同意了被告的观点，认为对"仅供一次性使用"标识的违反不构成专利侵权。但美国联邦巡回上诉法院否决了地区法院的判决，认为如果该专利仪器的限制条件按照有关销售和许可的法律是有效的，而且对重新使用的限制属于专利的效力范围之内或者基于其他理由具有正当性，则对该限制的违反可以通过专利侵权诉讼获得救济。美国联邦巡回上诉法院表示："专利权穷竭原则不能使附条件销售转变为无条件销售"。可见，美国联邦巡回上诉法院持相对穷竭的观点，只要售后限制条件是合法的，专利权就不穷竭，并可按专利侵权起诉，在没有售后限制条件时方执行专利权穷竭这一"缺省规则"。虽然Mallinchrodt v. Medipart案只是美国联邦巡回上诉法院的判决，但鉴于联邦巡回上诉法院的特殊地位，没有人怀疑它的效力，专利权相对穷竭在20世纪晚期和21世纪初期成为人们深信不移的原则。甚至有学者在20世纪初认为，"Univis案要放在今天判决，结果可能就不一样了"。但当时人们难以想到的是，联邦最高法院不久之后在2008年的Quanta案中重提Univis案，并比Univis案走得更远。

（二）美国专利穷竭制度的适用范围及理论基础

1. 适用范围的扩张

在 1863 年"布卢默诉米林格"案中，美国联邦最高法院再次处理了一个类似问题，并作出了与"布卢默诉麦克尤恩"案相一致的判决。联邦最高法院在该案中进一步指出，"专利权人对一件专利机器仅有权获得一份专利特许使用费，因此当一个专利权人自己制造机器并销售，或授权另一个人制造并销售该机器，或授权另一个人制造并使用、操作该机器，而且他已经就这样的授权而获得了报酬的情况下，则在那个范围内他已失去了他的垄断权，并在被他销售的或由他授权制造和使用的机器中不再有任何利益了。"

通过这些判例，美国联邦最高法院创造了在美国专利制度中具有重要影响的"首次销售原则"。在这项原则被建立之初，其适用范围仅限于专利产品购买者的使用权。美国联邦最高法院在 1895 年的一起案件中对首次销售原则予以了进一步澄清，并扩展了其适用范围。该案涉及一项由莱曼·韦尔奇持有的关于衣柜床架的专利。该案的被告基勒公司是一家位于波士顿的合伙企业，该企业向专利权人在密执根州范围内的授权被许可人购买了一批这种衣柜床架，并将其运至波士顿销售。该案的原告标准折叠床公司是专利权人在马萨诸塞州的被许可人，其针对被告在波顿的销售行为向法院起诉并获得法院的禁令，案件随后被上诉至联邦最高法院。针对当时美国专利权人经常将美因领土划分为多个"指定区域"并分别授权区域内的被许可人的情况，美最高法院在该案中重申如果一个人从被授权制造或销售者手中购买了这样的产品，那么他就拥有了对这样的产品的绝对财产权，并不受时间或地域限制。而且，联邦最高法院认为"一件专利机器的购买者不仅有权在该机器存在的期间内持续使用它的权利，而且还可以销售该机器"。因此，联邦最高法院推翻了下级法院的禁令，判决上诉人有权销售其购得的专利产品。该案判例将首次销售原则的适用范围予以拓展销售权也成为了这一原则的适用对象，专利权人不能阻止其产品的购买者转售购得的产品。

· 159 ·

2. 理论基础

从首次销售原则创立早期的这几个案件中不难看出，美国联邦最高法院创立该原则的目的是要在两种权利之间达成某种平衡，即专利权人的专利权，以及受专利权保护的产品的购买者对该产品的所有权。根据"布卢默诉麦克尤恩"以及"布卢默诉米林格"两案中最高法院的意见，在专利产品被专利权人售出之后，对于该产品的购买者而言，这样的产品应该与货物买卖合同中其他种类的标的物没有区别。在物的所有权与专利权人的垄断权之间，美国联邦最高法院更倾向于保护前者。但是，首次销售原则的理论与政策渊源并不限于物权与专利权的协调，而是植根于美国专利制度最基本的政策目标。

美国联邦最高法院直到1942年"合众国诉马索尼特公司"案才清晰地阐述了首次销售原则的理论基础。联邦最高法院在该案中需要解决的主要问题是被告马索尼特公司等几家从事建筑材料制造和销售的企业之间签订的一系列"代理协议"是否以违反《谢尔曼法》第1节和第2节的方式限制了贸易或商业。这些代理协议都是被告利用其拥有的关于硬质纤维板的专利，迫使产业内的其他一些企业与之订立的。根据这些代理协议，缔约方企业可以向被告订购产品并转售给自己的客户，但是销售的价格和条件却必须由被告确定。联邦最高法院认为这种固定价格的行为违反了《谢尔曼法》。针对下级法院基于被告所持有的专利而认为《谢尔曼法》不能在该案适用的观点，联邦最高法院指出，从该案中被告与签署代理协议的缔约企业之间的商业运作模式看，缔约企业从被告获得产品时，这些产品就已经脱离了被告的垄断权的范围，因此被告固定价格的行为受到一般法即《谢尔曼法》的调整。联邦最高法院强调"对一件专利产品的某种特定处置行为是否使专利垄断权遭到穷竭的问题作出的判断，并不取决于交易的形式，而是取决于是否已经发生了这样的一种处置行为，可以公正地说，专利权人已经就该产品的使用获得了他的报酬"。至于如何作出这种判断，联邦最高法院认为"在作出这样的判断时，必须关注专利系统的首要关切，那就是，促进科学和实用技艺的进步，对发明人的报酬是第二位的，并且仅仅是实现目的的一种手段而已。"另外，就首次销售原则所涉及的社会公众利益与专利权人利益之间的关系而言，联邦最高法院认为"虽然对天赋和有用的独创性的酬劳是公众义不容辞的责任，但是公众的权利和福利必须被公平地对待，并有效地保护"。

美国联邦最高法院在该案中明确地以"专利权人是否已经获得报酬"作为适用首次销售原则的基础。这种理论的政策基础，在《美国宪法》第1章第8节中有清楚的论述："通过赋护作者和发明者就其各自的著作和发现以有限时间内的排他性权利，以促进科学和实用技艺的进步"。即美国专利法赋予专利权人的排他权只是在服务于促进科学和实用技艺的进步这个目的范围内才具有合法性，专利权人如果超出这个范围行使权利，就丧失了合法性基础。专利权人被授予的排他权是作为其披露发明内容、从而促进科学和实用技艺进步的报酬而存在的。而在美国联邦最高法院看来，这种报酬不是无限制的，而是"对一件专利机器仅有权获得一份专利特许使用费"。因此，在专利权人就特定的专利产品已经获得一次报酬之后，这样的专利产品也就脱离了专利权人的排他权范围，专利权人不得就一件专利产品重复获利。至于如何判断专利权人已经从交易中获得了报酬，联邦最高法院强调，专利权人获取报酬的需要必须服从于促进科学和实用技艺进步的目标，对个人的报酬不能损害社会的权利和福利。这深刻反映了联邦最高法院对专利制度所坚持的实用主义态度，专利制度只是实现一定政策目标的工具，当专利权的扩张导致可能对政策目标的实现产生威胁时，就毫不犹豫地对专利权予以限制。首次销售原则就是实施这种限制的有力武器，它反映了美国专利制度的一个重要原则，即为了使社会大众从这一制度中获得最大化的收益，"知识产权法的恰当目标是在符合鼓励创新需要的前提下对知识产权权利人提供尽可能少的保护"。当专利权人的利益与社会公众的利益发生冲突时，公众的利益必须得到有效保护。这样，美国专利法之下的首次销售原则最终得以确立，成为美国专利制度中具有重要影响的一部分。

（三）关塔计算机公司诉电器公司案中美国联邦最高法院对专利权利穷竭原则的最新发展

2008年的"关塔计算机公司诉LG电器公司案"是过去半个世纪中关于美国专利法下权利穷竭原则的最为重要的判例。美国联邦最高法院在该案中对权利穷竭原则的适用范围作出了重要解释。在该案中，被上诉人LG电器公司（以下简称"LGE"）是一系列计算机技术专利的持有人。该公司与英特尔公司达成了一项专利许可协议，许可英特尔公司"制造、使用、直接或间接销售、允诺销售、进口或以其他方式处置其实施LGE专利的产品。"但是LGE意图对这项许可协议的许可范围作出一定的限制，其在英特尔签署的另一项独立的协议中，规定对英特尔的授权许可"并不延伸至，无论明示或默示，任何通过将一个英特尔产品与任何非英特尔产品相组合而制造的产品"，并要求英特尔对其自身的产品客户就此发出书面通知，包括关塔计算机在内的该案上诉人是一些购买、使用英特尔公司产品的计算机制造商，他们从英特尔公司购得微处理器和芯片集时收到了英特尔发出的关于许可范围限制的通知，但是却仍然以实施LGE专利的方式将英特尔的产品组装进了自己生产的计算机产品中，LGE据此认为，这些计算机厂商的行为构成了对LGE专利的侵权，并将其诉至法院。LGE主张，被告的行为侵犯了LGE的三项专利，这些专利都包含了组合权利要求和方法权利要求。英特尔制造的产品本身并未侵犯这些专利，但是当被告将这些产品安装到自己生产的电脑中时，专利侵权就发生了。

在经过美国加利福尼亚州北区地区法院的一审程序和联邦巡回上诉法院的二审程序后，该案被上诉至联邦最高法院。美国联邦最高法院认为在该案中必须解决关于专利穷竭原则的以下三个问题：第一，方法专利是否会因为一件体现该方法的产品的销售而被穷竭；第二，一个实质性地体现了一件专利但是没有包含这项专利的所有要素的产品部件的销售是否使该专利穷竭；第三，专利持有人通过合同限制的方式为产品的销售设定条件，这种限制是否能够阻碍产品的销售引发专利穷竭的结果。

关于第一个问题，该案一审地方法院根据联邦巡回上诉法院的先例，认为专利穷竭原则不适用于方法专利，联邦巡回上诉法院在二审中支持了这个结论。美国联邦最高法院认为，方法专利应该被体现了该方法的一个产品的销售而穷竭，因为"取消对方法专利的穷竭将会严重地削弱穷竭理论。寻求规避专利穷竭的专利权人仅仅需要将其专利权利要求起草为描述一种方法而不是一项设备就可以了。"

关于第二个问题，美国联邦最高法院认为，如果一件产品已经体现了一项专利的基本特征，则对该产品的销售就可以引发权利穷竭。美国联邦最高法院援引了尤尼维斯案来说明这一问题，在该案中，美国联邦最高法院认为对部分实施一项关于眼睛的光学透镜专利的光学透镜毛坯的销售就穷竭了那项方法专利，"因为它们仅有的合理的和意图中的使用方式就是实施专利，也因为它们体现了受专利保护的发明的实质特征。"美国联邦最高法院认为，该案中英特尔公司按照许可而制造的产品也符合这两项条件。因此英特尔产品的销售已经足以触发对LGE专利的穷竭。

关于第三个问题，美国联邦最高法院强调，专利的权利穷竭仅仅是被专利持有人授权的销售触发的。在该案中，虽然LGE意图对英特尔向第三方销售其产品以便第三方将这些产品与其他非英特尔产品相组合的行为予以限制，但这些限制却被规定在了一个单独的协议中，而许可协议本身则授权英特尔"制造、使用、直接或间接销售、允诺销售、进口或以其他方式处置其实施LGE专利的产品"。因此，这项限制无法对英特尔销售产品的权限产生影响。

美国联邦最高法院对本案的最终结论是，对英特尔产品的销售是LGE授权之下的销售，并且这些产品实质性地体现了LGE专利。因此，LGE所持有的该案系争专利已经被穷竭。美国联邦最高法院在该案中肯定了专利权利穷竭原则对方法专利的可适用性，从而推翻了联邦巡回上诉法院关于专利穷竭原则不适用于方法专利的权利要求的判例，美国联邦最高法院还判定，即使销售的产品属于零部件，只要零部件的合理地及意图地使用是为了实施该专利，而且该零部件体现了发明专利的实质特征，就可以认定这样的销售可以引起专利权的穷竭。因此，该案对美国专利法中权利穷竭原则的发展具有重要意义。

(四) 美国专利权穷竭的效力范围

触发专利权穷竭的首次销售是可以发生在美国境外，还是只能发生在美国境内，对这个问题的回答决定了美国专利法采取国内穷竭原则还是国际穷竭原则。在这个问题上，美国联邦最高法院一以贯之地支持专利权的国内穷竭原则。

在1890年的"伯施诉格雷夫"案中，美国联邦最高法院需要解决一家美国公司是否有权进口并在美国销售从德国购得的某种炉具的问题，这种炉具在美国和德国均受专利法保护。德国卖家并不是德国专利的所有人或被许可人，而只是因为德国的在先使用权的法规而免于被诉侵权。美国联邦最高法院认为："当一件在某外国受专利保护的发明也在美国获得专利时，包含这件发明的产品不能从这个国家进口至美国并在未经美国专利所有人许可或同意的情况下销售，即使这样的产品在国外是从被授权销售的人那里购得。"根据这种观点，在一件发明分别在美国和另一个国家获得所谓平行专利的情况下，发生在另一个国家的专利产品的销售不会对美国专利权人就这件产品所拥有的权利产生任何影响。美国专利权人可以行使其专利权，禁止他人向美国出口和销售在外国经过了首次授权销售的产品。这意味着美国联邦最高法院对专利权的权利穷竭采取了非常明确的立场，即支持专利权的国内穷竭原则。在1923年的"夜巴黎公司诉卡茨"案中，虽然针对的是商标产品的平行进口问题，但美国联邦最高法院再次清楚地表示其反对专利权国际穷竭原则及专利产品平行进口的立场。

美国联邦巡回上诉法院（CAFC）在成立以后也坚持专利权的国内权利穷竭。在"爵士相片公司诉国际贸易委员会"案中，联邦巡回上诉法院判决认为外国专利下的销售不会引起权利穷竭。"要援引首次销售原则的保护，授权的首次销售就必须发生在美国专利之下。"

美国联邦最高法院在2007年的一起案件中，再次表态支持专利权的地域性原则，并将地域性原则和互惠原则作为专利权国内穷竭原则的基础:"我们的专利系统没有对域外效力提出任何要求:国会的这次立法没有、也无意在美国境外运行,而我们相应地也拒绝其他国家对我国市场施加此种控制的主张。"

在"关塔计算机公司"案中,联邦最高法院没有明确谈及权利穷竭的空间效力问题。然而该案的判决在美国被一些人理解为表明联邦最高法院支持国际权利穷竭:在该案判决的脚注6中,联邦最高法院称英特尔的产品"即使在美国境外……也仍然在实施 LGE 的专利,哪怕没有侵犯它。"在联邦巡回上诉法院2010年审理的一起案件中,被告主张联邦最高法院的这一表述意味着权利穷竭原则中的地域要求被消除了,关塔案确立了"严格的权利穷竭"原则。但联邦巡回上诉法院驳回了对联邦最高法院的判决这种解读方式,指出美国联邦最高法院的意见是区分了"实施专利"和"专利侵权"两种情况,前者可以发生在美国境外,但后者只能发生在美国境内,这恰恰说明美国联邦最高法院坚持专利权的地域性。因此,时至今日,美国联邦最高法院支持专利权国内穷竭原则的立场并无变化。

二、欧盟对专利权穷竭的规定

与欧盟的商标法不同的是,欧盟迄今为止尚未通过立法的方式协调成员的专利制度,统一的欧洲专利制度尚未出现。由于成员之间语言的差异以及由此带来的成本问题,导致统一的欧盟专利权尚未成为现实。但至少在专利法的一个领域,欧洲法院(ECJ)已经通过一系列案例实现了各国法律制度的协调,那就是权利穷竭和平行进口。在欧盟成员之间,受专利保护的产品的平行进口,特别是药品的平行进口一直非常显著。这是因为所有的欧盟成员政府都通过各种方式控制药品的价格,如立法强制规定药品的最高售价,或与知识产权人谈判等,导致的结果则是成员之间的药品价格水平参差不齐。这种情况为从事平行进口的贸易商提供了活动空间,也导致了大量相关诉讼的发生。

1974年"森恩策法姆诉斯特林"案就是这个领域的典型案例,

并由此建立起了欧盟内部的权利穷竭原则。在该案中，一家荷兰制药公司在荷兰和英国都拥有对某种药品的专利，并在两国市场上分别销售这种药品。由于英国政府对药品价格的严格管制，导致荷兰市场上该药品的售价远高于英国市场。某贸易商遂将从英国市场获得的药品进口至荷兰销售。荷兰制药公司认为这种行为侵犯了其专利权。欧洲法院认为专利权人如果试图行使他在一个成员中根据该国专利法享有的禁止他人销售专利产品的权利，禁止专利权人自己或经他同意已经在另一个成员投放市场的产品在该国销售，则这种权利行使方式是与《欧洲经济共同体条约》（EEC Treaty，以下简称《欧共体条约》）中关于共同一市场内部货物自由流动的规则不符的。基于这个理由，欧洲法院明确表示，由于出口国政府控制药品价格的行政措施而导致的出口国与进口国之间药品价格的差异对法院的判决没有任何影响。

欧洲法院的一系列后继案例都与该案所阐明的关于专利权的欧盟区域权利穷竭原则保持一致。欧洲法院还在后继案例中进一步指出，专利权的内容就是给予权利人首次将专利保护下的产品投入流通的权利，这包括专利权人自己或他的被许可人在那些对所涉及的产品或方法不给予专利保护或保护力度很弱的欧盟成员销售产品的情形。不过欧洲法院也指出，如果一个在某个欧盟成员中受专利保护的产品被专利权人和被许可人以外的第三人在另一个不保护该产品所涉及的专利或就该专利颁发强制许可的国家制造，那么专利权人可以行使其专利权阻止第三人制造的产品在未经他同意的情况下平行进口至对该产品提供专利保护的欧盟成员。

需要特别说明的是，在欧洲法院通过一系列判例，以及最终欧盟商标法以立法方式建立起统一的欧盟区域穷竭制度之前，在欧盟内部关于知识产权人对产品首次销售后的控制权问题存在两种截然不同的制度，以德国为代表的"权利穷竭"制度和以英国为代表的"默示许可"制度。欧洲法院从一开始就选择了权利穷竭制度，而没有采用默示许可。有学者指出，这是因为权利穷竭制度本身就体现了对知识产权的工具主义态度，即将知识产权视为实现政策目标的工具，因而更符合欧盟的需要。由于欧盟的知识产权制度需要服务于建立单一市场的政策目标，权利穷竭制度自然比默示许可制度更适合于实现货物的自由流动。

三、部分国家或地区法律对专利权穷竭的规定及相关案例

基于TRIPS第6条关于成员可以就权利穷竭问题自行其是的规定，许多WTO成员已经在国内法中对专利权的穷竭问题作出了规定，一些成员还对相关的专利产品平行进口问题采取了明确立场。在此基础上，相关的司法实践逐渐增多。这些已有的立法和司法实践因各国贸易政策不同而存在很大差异。对这些不同的规则予以有重点地比较、分析，具有重要的实证研究价值。因篇幅有限，本书以地区为划分标准，对美国和欧盟以外的其他国家或地区对专利权穷竭的规定及相关案例略作研究，但我国的情况则留待下节具体分析。

1. 亚洲和大洋洲国家

在亚洲和大洋洲国家中，受历史传统等因素的影响，很多国家和地区以默示许可方式对专利产品平行进口进行规范。在东亚地区，根据日本最高法院在1997年BBS案中的判决，日本采取了类似于英国普通法之下的默示许可理论的权利穷竭原则，平行进口在原则上不被允许，除非专利权人通过合同和产品上的明确标识阻止这种结果发生。在1996年一起案件中，日本大阪地方法院曾以专利独立性和地域性为由创立了日本专利法的国内穷竭原则。30余年后，日本最高法院却原则上允许平行进行，这种巨大转变背后的原因是日本的消费产品价格显著高于所有发展中国家乃至大部分发达国家。这导致日本消费者欢迎平行进口，也影响了日本最高法院的立场。

我国台湾地区的"专利法"规定了专利权穷竭原则，而且允许专利权人通过合同方式避免产品销售发生"国际"穷竭的效果。而我国香港特区的《香港专利法令》受到英国的影响，因此普通法下的"默示许可"原则也被香港特区专利法所继承，专利权人必须以明示方式对产品后续流通施加限制，方可阻止平行进口。在大洋洲，澳大利亚和新西兰也都采用了英国普通法中的"默示许可"原则。

2. 东南亚国家

东南亚国家大部分都明确采取专利权的国际穷竭原则。新加坡专利法明确规定了国际穷竭原则，而且专利权人不能通过在合同中附加条件而规避这一原则的适用。马来西亚现行专利法规定了与新加坡专利法非常相似的国际穷竭原则，即专利权人以合同条款对产品的后继流通施加限制对于权利穷竭原则不产生影响。马来西亚采取这一原则的基础是该国对抗艾滋病药品的需求。泰国现行专利法也同样规定了专利的国际穷竭原则。专利权的国际穷竭原则也被主要的南亚国家所采取。印度专利法在 2002 年修订中明确规定了国际穷竭原则。巴基斯坦专利法令不仅规定了权利穷竭原则，而且将强制许可投放市场也作为权利穷竭的发生原因，这充分表明巴基斯坦对平行进口作为满足国内市场需求的产品来源的高度重视。

3. 中亚国家

中亚国家中的乌兹别克斯坦、塔吉克斯坦以及吉尔吉斯斯坦虽然在专利法中对权利穷竭问题作出了规定，但是却没有对采取国际穷竭还是国内穷竭原则予以明确。这些国家的专利法均规定了专利权人的进口权，同时也规定了权利穷竭原则，但对两者之间的关系却没有予以协调。这显然给这些国家的专利产品进出口带来了规则的不确定性。

4. 其他国家或地区

在亚太国家之外，还有其他一些国家和地区对权利穷竭问题作出了规定。在欧盟以外的欧洲国家中，俄罗斯和瑞士均采取了专利权的国内穷竭原则。俄罗斯专利法明确规定首次销售必须发生在俄罗斯境内方可引起权利穷竭，而瑞士则由其联邦最高法院在 1999 年的一起案件中确立了国内穷竭原则。在南美洲，巴西专利法也采取了国内穷竭原则。而墨西哥虽然在工业产权法中明确规定专利权穷竭原则，但对采取国内穷竭原则还是国际穷竭原则没有明确，而且墨西哥法院也尚未对此作出任何判决。在非洲国家中，摩洛哥与南非都采取了专利权的国际穷竭原则。摩洛哥工业产权法对此作出了明确规定，而南非则由最高法院通过判例采取了这一原则。

第四节　欧美专利产品平行进口规则

一、美国专利产品平行进口规则

美国制定法并未对专利产品平行进口规则作出明确规定。因此，必须通过梳理美国的有关判例，才能发现其专利产品平行进口规则。美国法院在处理专利产品平行进口案件时，主要有两条路径：一是所谓的"修正的国际用尽原则"，即对经权利人许可的在国外投放市场的专利产品原则上可以自由进口到美国销售，但是权利人可以通过合同对专利产品在美国的使用或销售进行禁止或限制；二是国内用尽原则，即认为将在国外合法投入市场的专利产品进口到美国使用或销售，不论何种情况，只要在进口时未经美国专利权人许可，都构成对美国专利权的侵犯。通过对美国判例的研究可以看出，修正的国际用尽原则是主流，而坚持绝对的国内用尽原则的判例则极少。美国在专利产品平行进口问题上的有关规则及其演变，反映了美国创新能力逐渐增强的现实与需求，我国在构建和完善专利领域平行进口规则时，应该积极借鉴美国的相关做法，切实维护我国的市场利益。

（一）专利产品在国外未附限制条件的销售

1885 年，纽约南区联邦地方法院的 Wallace 法官首先在 Holiday v. Mattheson 案中适用国际用尽原则支持了平行进口商。在该案中原告 Holiday 对同样的发明在美国和英国分别拥有专利权。被告 Mattheson 在英国从原告的授权人处购得专利产品，并且在购买时权利人或其授权的人没有附加任何明示的限制性条件。被告随后将该专利产品进口到美国用于销售和使用，原告即起诉被告侵犯其专利权。Wallace 法官根据商品销售的普通原则驳回了原告的请求，并指出，当一件产品被权利人不附任何保留条件地售出后，购买者即获得了出售者对该产品所享有的包括对该产品进行使用、修理或转售的所有权利。后续购买者也将获得同样的对该产品进行处分的权利。在该产品的销售过程中，当事人的正常预期是出卖人意图销售产品中的所有权利，而购买者也将获得这些权利。如果允许出卖人对购买者处分其购得产品的权利进行限制，尤其是限制产品的使用方式、产品转售的地域或时间，那么就会有违当时的正常预期。上述观点与所销售的产品是不是专利产品没有实质关系，也与出卖人是不是专利权人没有实质关系，除非在销售时专利权人附加了双方经过讨价还价的限制条件。

（二）对专利产品在美国销售的明确限制

美国专利产品平行进口法律规则与商标产品平行进口法律规则相比，显著差异就是如果在购买国外专利产品时附有明确的禁止进口条件，并且该限制条件为平行进口商所知晓，那么美国权利人就有权禁止该专利产品的进口；但是对商标产品而言，只要国内商标权人与国外权利人存在共同控制关系，那么即使存在明确的禁止进口条件并为被告知晓，国内商标权人也不能禁止该商标产品的进口。美国法院之所以承认权利人对专利产品销售限制条件的有效性，主要基于两个理论：一是专利权的财产理论；二是合同理论。

1. 专利权的财产理论

在 Dickerson v. Tinling 案中，美国第八巡回上诉法院运用专利权的财产理论明确了禁止进口条件对专利产品平行进口法律地位的影响。在该案中，Bayer 公司在美国拥有一种药品专利并将该专利转让给原告 Dickerson 公司。Bayer 未在德国对该药品申请专利，但在德国制造并销售该药品，同时还在其出售的药品上贴附了禁止将其进口到美国销售的声明。被告 Tinling 从德国购买该药品后进口到美国销售，原告即起诉被告专利侵权。被告抗辩称原告在实际上只是 Bayer 公司的代理人，应将原告与 Bayer 公司视为同一人，这样根据既往判例，被告在海外从美国专利权人处购得专利产品进口到美国销售并不构成侵权。法院认为，即使被告的产品可以视为购于美国专利权人，但如果专利权人已经在其海外销售的每件产品上标有禁止进口到美国销售的声明，那么海外产品的购买者就应受到该禁止性条件的约束，被告的进口及销售即可构成侵权。在论述其判决理由时，上诉法院认为：未附限制条件的海外专利产品购买人之所以有权在美国使用或销售该产品，是因为美国专利权人在海外销售该产品时，已经将其对该产品的专有权利完全转让给了购买人；同样，专利权人在海外销售专利产品时，亦有权设定该产品的销售条件，禁止他人将该产品进口到美国销售。Bayer 公司在美国拥有制造、使用或销售该专利产品的专有权，而他人将该产品进口到美国销售则可能减损其专有权。如果 Bayer 公司在销售专利产品时附了上述限制条件，那么对该专利权而言，购买者，无论是第一购买人还是后续购买人，只要知晓该限制条件，则与除专利权人之外的第三人处于同样的法律地位，附有限制条件的国外产品购买人如果在美国使用或销售该专利产品，则应与普通侵权者一样负有相同的侵权责任。

2. 合同理论

第二巡回上诉法院则在 Dickerson v. Matheson 案中，运用合同理论承认了权利人在海外销售专利产品上附带进口限制条件的有效性。在该案中，Bayer 公司亦在德国和美国就某药品分别拥有专利权。被告在德国从 Bayer 公司的一个被许可人处购买专利药品进口到美国销售。有证据表明被告在购买专利产品时知晓 Bayer 公司禁止该在德国销售的产品进口到美国，因此被告即通过多个代理人分多次向德国被许可人购买该专利产品，以规避这种限制。但是，法院则认定销售者已成功地对产品的销售附加了限制条件。理由是销售发票上写有明确地反对向美国进口的限制条件，同时产品上也贴有"禁止向美国进口"的标签，因此应该认定被告知晓发票上的内容。法院认为，发票不仅仅是一个声明或收据，同时，根据商业的性质，它还应被视为包含销售合同条款的文件，而接受发票则意味着被告同意了该销售所附的限制条件。由于权利人已成功地设定了销售条件，因此被告后续的向美国的进口和销售就构成对合同限制性条件的违反。

显然，无论根据财产理论还是合同理论，美国法院通过承认权利人在国外首次销售专利产品时附加的限制条件的效力，使国际用尽原则的适用范围受到了很大的制约。这样，专利权人如果不希望平行进口的专利产品与国内的授权产品竞争，那么他就可以根据自己的意愿将国外产品排除在美国之外。但是值得注意的是，被告只有在获得充分通知的情况下，一个禁止在美国销售的限制条件才能对被告有效。

二、欧盟专利产品平行进口规则

在专利领域，欧盟把平行进口分为两类：一是共同体内成员国间的平行进口；二是自共同体外向共同体内的平行进口。为了确保商品在共同体内的自由流动和市场的正常竞争，对成员国间专利产品的平行进口，欧盟所坚持的态度是允许和促进平行进口。但是，对共同体外的专利产品的平行进口，由于共同体尚未存在协调成员国间专利立法的条约，因此，共同体外专利产品的平行进口规则通常取决于成员国的法律或判例，共同体本身并没有有关这一问题的统一规则。

（一）欧盟内部产品与欧盟外部产品的划分

在专利产品平行进口问题上，欧盟专利领域虽然与商标领域一样，坚持区域用尽原则，但二者在具体内容上却有很大差异。在商标领域，根据欧洲法院的判例和《欧洲共同体商标指令》，对经商标权人许可首次投放于某一成员国的产品，商标权人即无权再根据其他成员国的商标权禁止该商标产品的进口；但是对权利人投放于共同体之外的商标产品，商标权人即有权根据其在共同体内享有的商标权阻止该共同体外的商标产品的进口。在专利领域，亦可以把平行进口分为两类：一是共同体内成员国间的平行进口；二是自共同体外向共同体内的平行进口。对成员国间专利产品的平行进口，欧洲法院及欧洲委员会为了确保商品在共同体内的自由流动和市场的正常竞争，其所坚持的是允许和促进平行进口的规则，即无论专利权人在出口国是否享有专利权，只要他已经同意在出口国制造或销售其专利产品，那么就无权再行使进口国的专利权阻止平行进口。但是，对共同体外的专利产品的平行进口，由于共同体尚未存在类似《欧洲共同体商标指令》

那样协调成员国间专利立法的条约，因此，共同体外专利产品的平行进口规则通常取决于成员国的法律或判例，共同体本身并没有有关这一问题的统一规则。这一点也是与商标领域区域用尽规则的最大不同。因此，分析欧盟专利领域的平行进口规则，必须首先区分该专利产品是来源于欧盟之内，还是来源于欧盟之外。

(二) 欧盟内部产品的平行进口

为了建立共同市场，欧盟的一个重要政策就是确保商品在成员国间自由流动。但是，由于欧盟尚未对成员国的专利法进行有效地协调和统一，如果专利权人可以利用其在成员国享有的专利权禁止其他成员国产品的进口，那么显然会对共同体内商品自由流动的目标构成巨大损害。因此，包括欧洲委员会和欧洲法院在内的共同体机构在处理成员国间专利产品平行进口的问题上，一致地建立和适用了所谓的"区域用尽"原则。即对专利权人已经同意在共同体内投放的专利产品，那么将其进口到其他成员国销售或使用原则上就不应构成专利侵权。具体而言，欧盟成员国之间专利产品的平行进口可以分为以下几种类型。

1. 进口的专利产品是专利权人自愿在出口国制造、销售的

进口的专利产品为专利权人自愿在出口国制造或使用，这是最常见的平行进口情形。欧洲法院为了论证允许这类平行进口的合理性，在 Centrafarm BV et Adriaan de Peijper v. Sterling Drug Inc. 案中专门对专利权的特殊主题进行了界定，并指出如果专利权人行使成员国的专利权属于专利权特殊主题的范围，那么这种权利的行使就具有合法性；否则，为了确保共同市场政策的实现，就应禁止国内专利权的行使。欧洲法院在该案中指出，《欧共体条约》为了保护工业产权，对商品在这一共同市场自由流动的基本原则规定了例外，但是该例外必须是为了实现工业产权的特殊主题的保护才被允许。对专利权来说，其特殊主题是确保专利权人就其发明创造获得回报，使其拥有使用该发明，直接或间接地制造专利产品并将其首次投入市场的专有权利。如果进口国的法律规定，专利产品在其他成员国被合法销售后，对该

专利产品而言，权利人在进口国的专利权仍不用尽，那么权利人就可以阻止该专利产品的进口。而这样的法律显然就会阻碍商品的自由流动。如果进口的专利产品在出口国不受专利保护并且是未经权利人许可而制造的，或者在进口国与出口国都存在专利权但两国的权利人没有任何法律或经济关联的情况下，那么为了保护工业产权，对这个商品自由流动设置障碍就是合法的。但是，如果专利权人已经亲自或经其许可在其他成员国将专利产品投放市场，那么该市场障碍就会违反《欧共体条约》中有关商品自由流动的原则。另外，更严重的是，如果专利权人有权禁止其在其他成员国投入市场的专利产品的进口，那么他就具有了分割共同市场、限制成员国之间贸易的能力，而这样的能力显然不是保护专利权所必需的。

2. 进口的专利产品是在受出口国管制的情形下制造、销售的

欧洲法院在 Centrafarm BV et Adriaan de Peijper v. Sterling Drug Inc. 案中还讨论了进口产品受到出口国价格管制的问题。成员国政府为了一定的政策目的，如为了防止药品价格虚高、确保国民的医疗服务水平，有时会对一些专利产品进行价格控制。在这种情况下，如果专利权人在出口国销售该专利产品，而第三人将该产品进口到进口国销售，显然有可能会损害权利人的利益。这是因为：专利权人在出口国销售的专利产品的价格并非完全是由权利人决定的，如果根据市场规律他可能可以以更高的价格销售，只不过由于出口国的价格管制措施，他只能以较低的价格销售；而如果进口国不对该专利产品进行价格管制，那么权利人就可以在进口国将该产品的价格恢复到市场价格销售。但是，由于第三人将出口国受价格管制的产品进口到进口国销售，那么权利人恢复市场价格的努力就不能得到实现，从而会损害其利益。但是，欧洲法院在该案中并没有考虑权利人因出口国价格管制而受到利润损失的问题。法院认为，虽然共同体的一个重要目标是，通过行使在竞争领域的权力，协调成员国有关价格管制的制度，禁止成员国与共同市场目的相背离的政府补贴措施，尽量消除有可能损害成员国间竞争的因素，但是一个成员国的价格管制制度或政府补贴措施并不能成为其他成员国实施工业产权保护制度、违反自由流动原则

的法律措施的合法理由。因此，即使进口的专利产品是受出口国价格管制的产品，进口国的专利权人也不得行使其专利权禁止该产品的进口。

3. 进口的专利产品是经出口国强制许可而制造、销售的

如果出口国的制造商不是根据与专利权人自愿协商达成的专利许可协议，而是根据出口国当局颁发的强制许可，在出口国制造并销售专利产品，那么由于这类产品的制造和销售不能被视为经过了专利权人的同意，因此，专利权人可以依照进口国的专利权禁止这类产品的进口。在 Pharmon BV v. Hoechst AG 案中，Hoechst 公司是一家德国企业，分别在荷兰、英国和德国对一种制造利尿磺胺药品的方法拥有专利。Ddsa Pharmaceuticals 公司是一家英国企业，该公司根据英国当时的专利法从英国专利局获得了一个利用 Hoechst 公司方法专利制造该药品的强制许可。Ddsa 公司所获得的是一个非独占并不可转让的强制许可，同时该强制许可还规定被许可人不得将其制造的产品用于出口。但是，Ddsa 公司违反了该出口限制，将其制造的专利产品销售给了位于荷兰的 Pharmon 公司，而后者则意图在荷兰销售该产品。

欧洲法院对该案的判决从四个方面支持了专利权人 Hoechst 公司的主张：第一，强制许可不同于自愿许可协议。在强制许可中，被许可人与专利权人之间没有真正的协商和谈判，被许可人和专利权人也都没有在有关文件上签字。而这些都是自愿许可协议所必需的，缺少上述因素，被许可人与专利权人之间不能形成普通许可协议关系。第二，强制许可与自愿许可协议的目的不同。欧洲法院在先前的判例中已经界定了专利权的特殊主题，而自愿许可协议则是权利人实现该特殊主题的手段。而强制许可实质上是为了实现成员国的特殊的政策目标。因此，如果允许某一成员国内强制许可的被许可人可以在其他成员国销售其制造的专利产品，不仅不公平，而且相当危险。第三，在强制许可中，不存在专利权人对实施其专利的直接或间接同意。欧洲法院的判例表明，只有在专利权人自愿地由其自己或由经其许可的第三人将专利产品投入市场，其对该专利产品的控制权才用尽。第四，成员国的公共管理机关的行为具有地域性，因此英国专利局颁发的强

制许可不能赋予被许可人在其他成员国的权利。由于强制许可是一种例外措施,在本质上是对专利权的一种限制,因此,对强制许可必须严格进行适用,并且不得逾越其内在的目的,也就是说不得超出保护公共健康、确保国内市场供应这一范围。

(三) 欧盟外部专利产品的平行进口

由于共同体并未对专利领域的成员国立法进行协调或统一,而旨在建立共同体专利的《共同体专利公约》自 1976 年公布以来一直未得到成员国的批准,因此,统一或协调成员国专利权保护的立法尚任重道远。在这种情况下,由于共同体内成员国间的平行进口问题可能会阻碍商品的自由流动或损害共同的竞争政策,因此欧洲法院就有权、也有义务对共同体内的平行进口问题进行规范。但是,对共同体之外专利产品的平行进口问题,由于基本不触及共同体内的商品自由流动原则或竞争政策,因此,到目前为止,欧洲法院尚未对这一问题作出过裁决。所以,共同体之外专利产品的平行进口规则一般由各个成员国的国内法或法院的判例来决定。目前,成员国对共同体外专利产品平行进口问题的解决思路主要有两个:一是英国的默示许可规则;二是大陆法国家所主张的权利用尽规则。

1. 英国的默示许可规则

根据英国普通法传统,对专利产品的平行进口应适用默示许可规则。根据这一规则,如果专利权人分别在英国和其他国家拥有专利权,并在国外将专利产品投放市场之后,那么就认为专利权人在国外售出产品的同时,也转让给了购买人一个在英国使用或销售该专利产品的许可。但是,在下列情况下,不适用默示许可规则:①专利权人在销售时明确地告知购买人禁止其将该产品进口到英国销售或使用;②专利权人在英国或国外的专利权之中有一个专利权已经转让给第三人,从而导致英国和出口国的专利权不属于同一人;③进口的专利产品来自于国外专利权的被许可人。

另外,值得注意的是,根据英国判例,如果进口商将国外的被许可人所制造或销售的产品进口到英国销售或使用亦有可能构成专利侵权。在 Tilgham 案中，被告 Tilgham 对一种削割研磨技术分别在英国和比利时拥有专利权，原告 Manufactures de Glaces 则是 Tilgham 在比利时的被许可人。根据原告与被告之间达成的许可协议，被告允许原告在专利存续期间在其比利时的厂房内完全而自由地实施该专利。原告使用该专利技术生产了大量产品，并将该产品在比利时和英国销售。而被告则向英国购买人发送声明，威胁将对其购买比利时产品的行为提起侵犯英国专利权之诉。原告因此将该案提交法院裁判，并要求被告停止散发侵权威胁的声明。

法院审理后认定的事实是：该许可协议仅仅是有关比利时专利权的许可协议，该协议未赋予原告任何有关英国专利的权利。在这种情况下，原告为了胜诉就必须主张其根据比利时专利权而获得的专利许可亦默示地存在一个有关在英国销售其产品的许可。但是，审理此案的 Cotton 和 Lindley 两位法官均拒绝了原告的主张。Cotton 法官认为，该许可协议仅授予了原告在比利时实施该专利的权利，如果该协议不存在，那么原告在比利时制造和销售该专利产品就会构成侵权。但是，该协议并未授予原告在英国销售其产品的权利。如果在该许可协议中没有明确规定原告具有在英国销售其产品的权利，那么仅仅根据被告（许可人）在英国拥有专利权这一事实，尚不能就此认为该协议可以赋予原告一种能够损害英国专利权的权利。Lindley 法官认为，被告在英国和比利时拥有两个专利权，其中一个许可给了原告，而另一个则由被告保留。如果许可协议规定被许可人可以在英国销售其产品，那么显然可以支持原告的诉讼请求，但是，许可协议没有这样的条款，那么原告就无权在英国销售其产品。

由此可见，英国法院在处理专利产品平行进口问题时，关键是看国外产品的销售人是否亦有权在英国销售该专利产品。如果回答是否定的，那么将该产品进口到英国销售或使用，就会构成专利侵权。如果回答是肯定的，那么在权利人未明确告知购买人不得将该产品进口到英国的情况下，将该产品进口到英国的行为就不会构成专利侵权；反之，如果权利人明确地告知了购买人不得将该产品进口到英国，那么平行进口行为仍会构成侵权。

2. 大陆法系国家的权利用尽规则

与英国不同，大陆法国家在确定专利产品购买人的权利时，采用的不是默示许可理论，而是权利用尽规则。大陆法国家在理论上并不承认专利权人对其销售的产品所设定的限制条件的有效性，相反，他们更依靠法律来设定专利权的绝对边界。就欧洲各个大陆法国家的立法与实践来说，其对欧盟之外的专利产品基本上坚持的是国内用尽原则。根据《法国知识产权法典》L613-6 条的规定，专利权的用尽以在法国国内将产品投放市场为前提。因此，对共同体之外的专利产品，权利人有权行使其在法国的专利权阻止该产品的进口。《意大利专利法》第 1 条亦明确规定，专利产品在专利权人或经其同意在意大利境内投放市场之后，其专利权才用尽。《德国专利法》第 9 条规定，未经专利权人许可，任何人不得进口其专利产品或依其专利方法直接获得的产品。该条虽然没有提到权利用尽问题，但是根据德国先前的判例，德国法院适用的依然是国内用尽原则。在 Centrafarm v. Eli Lilly 案中，专利权人在德国和美国拥有专利并分别在这两个国家制造和销售其专利产品，平行进口商将权利人在美国销售的产品进口到德国销售，德国法院则根据权利人的请求对进口商下达了禁止平行进口的禁令。由此可见，欧洲大陆法系国家通常依据国内用尽原则，禁止欧盟之外专利产品的平行进口。

第五节 专利权用尽的售后限制

专利权用尽原则是对专利权排他性的一种重要限制。专利权用尽的售后限制的法律效果争议主要表现为，专利产品销售时所附限制性条件能否阻却专利权用尽，对由此存在专利权的绝对用尽和相对用尽两种不同模式，应当借鉴合同法上的所有权保留制度，建立专利用尽框架下的"专利权保留"规则。基于专利权用尽的售后限制的理论，内在限制论排除了"专利权保留"，而默示许可论则允许，并更为符合专利权用尽中的当事人意思自治。根据限制形式和内容的不同，专利权用尽的售后限制和专利权的保留具有不同的表现。应当承认专利权用尽的售后限制在专利法上的效力，违背该限制条件将构成专利侵权与违约责任的竞合，从而强化对专利权人的保护。

一、专利权用尽的售后限制的理论发展——专利权"保留"的取舍之间

美国联邦最高法院法官 Story 在一个案件中这样说到，"促进科学和有用艺术的发展是专利制度的主要目的，而给专利权人提供回报是次要的目的，它只是实现上述主要目的的一种手段。换言之，在这一主要目的和次要目的中存在专利权人的私益与商品自由流通、促进科学发展的公益之间的冲突，而默示许可论和内在限制论正是这种冲突的集中表现。究其实质，"默示许可论"更加注重专利权人的利益，而"内在限制论"更为侧重对使用人和社会公共利益的保护。基于自身利益的考量和不同的价值取向，不同国家采用了不同模式的专利权用尽原则。总体而言，允许专利权人在专利产品销售过程中对专利权予以"保留"，其目标在于使得交易条件能够灵活化，并以此促进专利产品的交易和专利价值的实现。

（一）内在限制论——专利权保留的排除

内在限制论是从专利权本身的权利属性出发，认为是对专利权用尽原则的一种内在的本质性自我限定，而不是权利之外对权利的限制，无论在专利产品销售时是否有限制性条件，这种限定都是存在的。基于此，不允许权利人在产品销售时对专利权予以"保留"，不能通过合同条款排除或限制专利权用尽原则，因此对专利权独占性的限制更为严厉。德国为防止权利人以附加限制性条件的方式来排除默示许可的适用，阻碍商品的自由流通，遂改变以往采用默示许可理论解决售后限制问题，转而寻求一种对专利本身进行自我限制的方式。19 世纪的德国面临国家统一的任务，加之当时德国正处于所有权社会化思潮中，为追求贸易自由和市场统一化，德国关于这一问题的态度已经发生转变。Josef Kohler 在其 1990 年出版的《专利法》一书中提

出，货物的自由流通需要专利法上绝对的、内在的限制，即只有专利法上规定绝对的限制才能保障货物的自由流通。德国法院在 1902 年 Guajokol Karbonat 案的判决中采用了 Josef Kohler 的观点，正式确立了区别于默示许可理论的专利权用尽原则。至此，在德国，专利权用尽原则被认为系专利权效力的内在限制，不论专利权人在售出其专利产品时是否提出了限制条件，都不影响该原则的适用。受德国的影响，专利权用尽原则的内在限制性也逐渐为欧盟国家所接受。在 1975 年《欧共体专利公约》第 28 条和 2013 年《欧洲统一专利法院协定》第 29 条中，也认同德国的专利权穷竭理论，规定除非是欧共体的法律另有规定或者专利权人有其他合法理由，专利权的效力不能延及该专利产品有关的任何行为。不仅如此，就连美国联邦最高法院在 Bauer & Cie v. O'Donnell 案中也一反常态，认为通过向批发商销售专利产品，专利权人不得限制专利产品的使用，原因在于专利权人排除他人销售的权利已在首次销售后耗尽，该产品已不在专利法的独占范围内，买受人因而不受专利权人施加之限制控制，进而判决专利权人对转售价格的限制行为无效。我国专利法自始便采用德国模式的专利权绝对用尽原则，即只要专利权人或者其被许可人售出其专利产品，则无论专利权人是否对售出产品的使用提出限制性条件，涉及该产品本身的专利权已经用尽。因此，从我国对专利权用尽原则的立法规定来看，是以内在限制论作为理论支撑的。

考虑到内在限制论对于专利权用尽的解释过于机械化，当事人在专利产品销售过程中能够自主约定交易条件的意思自治空间相对减少。从专利权人角度来说，由于无法约束买受人的使用或转售行为，为了防止利润较高部分的市场份额受到侵蚀，将不得不收取较高的对价，事实上阻碍了部分交易的达成。如果允许买受人支付部分对价的情况下购得专利产品，将使得其购买力得到提高，从而刺激其消费行为。这也是所有权保留制度在非专利产品交易过程中所体现的经济价值。因此，为了充分体现当事人的意思自治，应当摒弃传统的内在限制理论，转而寻求默示许可论作为理论基础。

(二) 默示许可论——专利权保留的允许

根据默示许可论，由专利权人及经其许可首次合法售出专利产品时，可以对买受人使用和再次处置产品的行为作出限制。如果权利人未明确提出限制性条件，则默认买受人获得了任意处置该专利产品的"许可"；如果明确提出了限制性条件，则买受人须在所限定条件范围内使用，否则将会构成专利侵权，因而属于对专利权的"保留"。此时，专利权属于相对用尽，即在限制条件范围之内用尽，在限制条件范围之外并不用尽。《英国专利法》是默示许可论的典型代表，认为专利权人对一件专利产品拥有的独占权并不仅仅局限于对该专利产品的制造和首次销售，还可能扩展至该专利产品首次售出后的流通领域。因此，英国是允许对专利产品售出后的使用和转售提出限制性条件的，如果买受人明知有限制性条件而违反的，将构成侵犯专利权，但该限制性条件不得违反有关法律的规定。19 世纪的德国也曾通过默示许可理论解决专利权用尽的售后限制问题，认为若专利权人在首次销售专利产品时没有以明示方式附加售后限制性条件，即推定买受人获得了任意处置其所购专利产品的默示许可。美国在 1872 年 Mitchell v. Hawley 案的判决中认为，既然专利权人已经明确表示许可购买者只能在初始期内使用专利产品，若购买者想在延长期内使用该专利产品，则要受到专利权人的继续控制。换言之，专利权人可以限制购买者在初始期外的使用行为。此判决被认为是美国联邦最高法院首次明确售后限制性条件限制专利用尽的先例。1992 年美国联邦巡回上诉法院在 Mallinckrodt, Inc. v. Medipart, Inc. 案中更是明确表示，专利产品购买者违反销售合同中的限制性销售使得专利权在产品使用、销售等情形中并未用尽，从而认定侵犯专利权成立。不仅如此，美国联邦巡回上诉法院还在孟山都公司系列案件中（包括 Monsanto Co. v. McFarling 案、Monsanto Co. v. Scruggs 案和 Bowman v. Monsanto 案等）中对这一观点予以重申。

默示许可论允许对专利权予以"保留"，能为专利权用尽的售后限制提供理论依据，也更为符合专利权用尽制度的立法意图。在我国，有学者从体系解释的角度分析道：在内在限制论的理论下，专利权人的专利权完全用尽，这一方面不符合专利权用尽原则产生于无条件销售的基本原理，另一方面会导致《专利法》第 11 条和第 69 条第（1）项规定之间的冲突，导致法律体系的不协调；而在默示许可论的理论下，不仅不会导致法条之间的冲突，而且也能够协调专利法与合同法的关系。本书认为，以扩张当事人意思自治范围为目标，采用默示许可论更为合理。在上述论者的体系解释外，合同法中的理性人标准认为，购买者明知销售者附加限制性条件仍购买，此时购买者已经对购买产品所能获得的权利予以考虑，是基于自身意思自治的购买行为，理应得到认可。

此外，内在限制论表面上对专利权限制更为严格，但是所用尽的专利权范围较窄，通常只限于产品专利本身和不可替代的少量用途专利。例如，产品专利耗尽并不意味着使用产品的方法专利也耗尽了。Bandag Inc. v. Al Bolse's Tire Stores, Inc. 案中，美国联邦巡回上诉法院认为，首次销售原则不适用于方法权利要求，因为在专利产品中不能体现方法权利要求的技术方案。而默示许可可以延及其他与产品具有合理联系的专利权，可以为购买者提供更为广泛的侵权豁免。例如，美国联邦最高法院在 Dawson Chemical Co. v. Rohm & haas Co. 案中，是针对在专利方法中使用的非专利设备基于权利耗尽而给予默示许可，而美国联邦巡回上诉法院在 Anton/Bauer Inc. v. Pag Ltd. 案中，则对于专利组合设备中的非专利部件也给予默示许可。而 1942 年 United States v. Univis Lens Co. 案对于权利用尽的范围也进行了拓展：专利权人销售的产品只能用于专利权的实施，否则该产品不具备独立的功能和性能，不论其销售的产品是否受专利保护，均认为其拥有的专利权已经耗尽。联邦最高法院在此案中认为，"销售镜片行为本身就同时构成对镜片财产权的转移，以及许可买受人完成磨制镜片的最后步骤。"因此，在存在专利产品销售行为的情况下，默示许可可以对买受人提供更为有力的侵权豁免保护。

二、专利权用尽的售后限制的行为模式——专利权保留的外观表现

根据所有权保留理论，允许出卖人作出保留的情形应当符合买受人的期待利益，并且为价款的支付或者其他条件的成就提供担保。因此，在"专利权保留"规则中，权利人进行售后限制意思表示的外观方式显得尤为重要，要足以排除默示许可所产生的法律效力。

（一）按限制形式分类

1. 通知保留

通知保留是指专利权人或经其许可的被许可人，在销售专利产品时以单方面作出的声明或在专利产品上单方面附加标贴等方式产生的对专利产品的售后限制。对于这种单方面的告知能否限制专利权用尽原则的适用范围也是存在争议的。美国的一些法院认为，对专利产品单方面的限制性告知是无效的，除非专利权人与买受人达成不违反法律相关规定的书面协议。本书认为，借助民法上单方法律行为的基本原理，以单方面形式作出的限制性告知理应是专利许可的一种形式，与书面协议产生的法律效果应当是相同的，都能够限制专利权用尽原则的适用范围。

2. 协议保留

协议保留是指专利权人或经其许可的被许可人与专利产品的买受人通过书面协议的方式所达成的售后限制。在协议限制的情形下，买受人能够获得与专利权人充分协商的机会，可以更为细致地考虑专利产品价格与所获权利之间的关系。此时，销售者与买受人最终所达成的交易价格不仅体现了专利权人所享有的"占有权"，同时也体现了买受人对专利产品所获权利的对应价格。当然，协议限制应具有合同约定的性质，并不得违反法律的相关规定。

(二) 按限制内容分类

1. 直接保留

直接保留主要发生于专利权人与买受人之间，售后限制条件直接在双方间设定。这种直接设定于专利权人与买受人间的限制也可称为垂直限制（vertical restriction），包括品牌内限制（intra-brand restraints）及品牌间限制（inter-brand restraints），前者限制出卖人所销售产品之流通以及使用方式，如转售价格维持、转售区域限制、商业使用与非商业使用等用途限制；后者则限制买受人在使用所购得物品时所需搭配之物品供应来源或是限制买受人销售的其他供应来源，如搭售以及独家交易。搭售安排通常要求买受人在使用搭售品时需搭配使用出卖人的被搭售品，例如在 Henry v. A. B. Dick 案中，要求买受人使用油印机时需搭配使用专利权人生产的印刷模板、油墨等；而独家交易则禁止买受人在处理出卖人产品时同时经营与之相竞争的产品，如加油站不得销售其他品牌的汽油。典型的直接保留案例是 Bowman v. Monsanto 案，Monsanto 公司通过许可协议的方式，允许农民 Bowman 种植专利种子，但对许可协议进行了售后限制，法院最终判决支持了这一直接售后限制。

2. 间接保留

间接保留主要发生在专利权人、被许可人与买受人三方之间，售后限制条件是由专利权人通过被许可人与买受人设定。相较直接保留而言，间接保留的情况更为复杂。间接保留其实是把对被许可人的授权限制与买受人的后续利用行为相连接。此时专利权人得要求被授权人遵守特定的授权限制，如区域限制、最低销售价格限制及使用范围限制，前提是该限制系合法且经缔约当事人同意，若违反限制，专利权人得对被授权人及知情该限制之买受人提起专利侵权诉讼。值得注意的是，在间接保留中，因为被许可人已经分担一部分注意义务，故买受人的注意义务较低。在 Quanta Computer. Inc. v. LG Electronics. Inc. 案中，在 LG 公司与 Intel 公司的主协议中约定该许可"并不明示或默示地扩张至客户把一个 Intel 产品与非 Intel 产品组合所制成的任何产品"，

LG公司正是通过这一约定对被许可人Intel公司设定了对购买者的限制，起到了间接限制的作用。

三、专利权用尽的售后限制的效力——"专利权保留"法律后果的多重性

（一）效力辨析

通过售后限制条款实施"专利权保留"能够产生相应的法律效力。违反售后限制性条件应当承担侵犯专利权的责任，而不仅是违约责任。在Gerenal Taking Pictures Co. v. Western Elec. Co.案中，法院判决买受人在明知有售后限制性条件的情况下，而仍予以违反，侵犯了原告的专利权。在Mallinckrodt, Inc. v. Medipart, Inc.案中，美国联邦巡回上诉法院归纳出附条件销售理论，认为只要所施加之限制，属于专利权范围内且未违反其他法律或政策，当事人保有缔结附条件买卖的自由，条件是所施加的使用限制为专利法可以实施执行即可，并认为专利权用尽原则不适用于附条件销售。同时，在附条件销售中，一般理性人应该可以合理推知，由当事人协商而决定的专利产品价格，仅适当反映出专利权人给予买受人专利产品使用权的价值。因此，应该允许专利权人在销售或授权时明示附加使用限制。此后，美国联邦巡回上诉法院在B. Braun Medical, Inc. v. Abbott Laboratories案中沿用了Mallinckrodt案中采用的原则，认为违反专利权对专利产品使用次数和使用范围的限制属于对专利权的侵权行为。明示的专利产品适用限制条件能够对专利权耗尽产生限制作用，即超出限制范围的使用行为不能享受专利权耗尽的豁免。法院认为，可以合理推断，由于专利权人在销售产品时收取的专利使用费仅是针对限制范围内所产生的经济价值，专利权人可能转移了全部专利使用权，也可能只是转移了部分使用权，而专利产品使用者有义务注意和遵守专利权人的提示与限制。至此，该案确立了专利权用尽的售后限制的效力规则，专利权人不仅有权获得合同救济，还可主张侵权救济，此时发生侵权与违约的责任竞合，但根据合同法关于责任竞合的规定，专利权人只能择一主张，避免双重获利。

(二) 专利法上的效力

在有售后限制的情形下，销售者和买受人最终所达成的交易价格仅体现了专利的部分价值，基于"专利权保留"规则，专利权人因没有收取全额对价因而得以保留部分权利。所保留的部分权利仍然受专利权人的控制，并未因产品的销售而用尽，也未违背专利权用尽这一基本原则，因此，专利权人的权利并未因此而扩大，只是权利的部分用尽与部分保留，违反售后限制条件应当承担侵犯专利权的责任。然而，在我国司法实践中，关于援引专利权用尽原则的案例少之又少，对于售后限制的效力更是坚持绝对用尽的观点。而相比较美国，对于专利权用尽的售后限制问题则不时会出现激烈的交锋。但遗憾的是，近期美国法院似乎在回避这一问题。

在 Quanta Computer, Inc. v. LG Electronics, Inc. 案中，LG 公司许可 Intel 公司使用一个专利组合，许可协议允许 Intel 公司生产和销售使用 LG 公司专利的微处理器和芯片。LG 公司试图避免第三人因默示授权将自 Intel 公司处购得的微处理器及晶片组与其他零组件结合使用，并实施系争专利发明完成专利电脑系统，在许可协议中设定了一些限制性条件，明确表示并未给予第三人得结合 Intel 公司产品及其他非 Intel 公司产品的许可，但同时表明该许可不改变专利权用尽原则的适用。此外，在另一份 LG 公司与 Intel 公司的主协议中，Intel 公司同意为自身的用户提供书面告示以通知他们。这份主协议还规定：对该协议的违反对许可协议不应产生影响，也不应成为终止许可协议的依据。Quanta 公司从 Intel 那购买了微处理器和芯片组，并收到了根据主协议所写的通知。然而，Quanta 公司通过将 Intel 公司产品与非 Intel 公司的内存和总线以实施 LG 公司专利的方式相结合而制造电脑。因此，LG 公司对 Quanta 公司提起侵权诉讼，诉称其将 Intel 公司产品与非 Intel 公司的内存和总线相组合，侵犯了 LG 公司的专利。

在地区法院的简易裁判中，认为从专利权用尽原则的目的出发，LG 公司许可 Intel 公司的协议中避免了任何针对 Intel 产品的合法购买者所引发的潜在侵权诉讼风险，尽管 Intel 公司的产品没有完全实施任何系争的专利，但也没有合理的非侵权用途，LG 公司的授权销售已经使专利权用尽了。因此判定专利权已经用尽，被告不侵权。此外，地区法院认为，该案被告的购买并非以不将 Intel 微处理器及晶片与其他非 Intel 产品结合作为附条件销售中的条件，特别是单纯由 Intel 公司依主合约约定寄发书面通知给客户，不足以使未附条件的销售微处理器及晶片转变成附条件销售。在该地区法院随后的一个限制简易裁判适用范围的命令中，认为专利权用尽原则仅适用于装置或材料组成的专利，并不适用于制程专利或方法专利，判决 LG 公司方法专利未被用尽。之后，美国联邦巡回上诉法院在其判决中对地区法院的判决予以部分支持、部分驳回，也认为专利用尽原则不适用于方法权利要求，即使专利用尽适用于方法专利，在该案中用尽原则仍然不能适用，因为 LG 公司没有许可 Intel 向 Quanta 公司销售 Intel 产品以便后者将这些产品与非 Intel 产品组装。美国联邦巡回上诉法院还明确表示，其不同意地方法院认定的未附条件，认为 LG 公司与 Intel 公司间的授权固然允许 Intel 自由销售微处理器及晶片组，但附有条件，即 Intel 公司的客户明确被禁止与非 Intel 公司产品结合，以侵害 LG 公司的专利。换言之，Intel 公司依主合约寄发给客户的书面通知足以成为该销售的条件，此时 Intel 公司客户附有义务不将 Intel 公司微处理器及晶片与其他非 Intel 公司产品结合，从而成为有效的附条件销售。在美国联邦最高法院的判决中，其推翻了美国联邦巡回上诉法院的判决，认为专利权用尽原则适用于方法专利，由于许可协议授权销售那些实质含有涉诉专利的部件，而这些销售已使专利用尽了，并且许可协议中没有任何条款限制 Intel 公司销售其实施 LG 公司专利的产品，因而该案不存在排除专利权用尽的限制性销售。

美国联邦最高法院推翻美国联邦巡回上诉法院的判决，认为在该案中，专利权用尽是由零部件的授权销售范围引起的，只有该零部件的合理和有意使用是为了实施该专利，而该部件实质上通过包含专利的关键要素而包含了专利发明。在 LG 公司与 Intel 公司签订的许可协议中，并未限制 Intel 公司销售自家处理器及晶片组给打算将之与其他非 Intel 公司零组件结合使用的买受人。Intel 公司与 LG 公司的许可协议已授权 Intel 公司销售实施有 LG 公司专利的产品，且并未限制 Intel 公司销售实质体现 LG 公司专利产品的权利。Intel 公司对 Quanta 公司的授权销售使得其产品在专利垄断范围之外，因而，LG 公司不能针对 Quanta 公司进一步主张专利权，即 LG 公司授权 Intel 公司销售专利产品后，其专利权随之用尽。但是，对于销售产品时所附加的限制性条件是否能够限制或排除专利权用尽的问题，美国联邦最高法院并没有作出明确回答，而是对 LG 公司与 Intel 公司之间的许可合同进行解释，认为该案中不存在限制销售。

（三）合同法上的效力

在专利权人与购买者的交易中，双方可以在销售产品时约定具体的限制性条件，只要该限制性条件不违反专利权滥用或反垄断法等法律的规定，限制性条件就应当是有效的，同时这也是合同自由的应有之义。当然，要使限制性条件产生合同法上的效力，其本身也应满足一定的条件。美国联邦巡回上诉法院的判例给出了如下规则：限制性销售条件必须明示；不得晚于销售专利产品时提出；需发生合同约束力的效果。在 Hewlett-Packard Company v. Repeat-O-Type Stencil 案中，原告在其售出的碳粉墨水匣子上有多项专利，并在墨水匣包装内的使用说明书上印有"请立刻丢弃旧的墨水匣"字样，被告取得原告用过的墨水匣并填充墨水再次出售，法院认为，原告并未在销售墨水匣时有任何限制，该用语仅具建议性质，并未产生订立合同的意图，不具有合同上的约束力，仅是出卖者的希望或期望，而非有效力的限制。我国学者对要使限制性条件有效所应具备的条件与美国联邦巡回上诉法院的判例规则大体一致。需要强调的是，因这种限制性条件通常是专利权人基于意思表示所发出的赋予购买者一定义务的要约，因此，购买者需对此限制性条件无异议并且受领。

（四）反垄断法限制

通常认为，知识产权保护独占使用，是一种"合法垄断"，其

"存在"本身即反垄断法的除外领域。但实质上，知识产权，尤其是专利本身，只是对技术的"合法垄断"，反垄断法所规制的不是具有"合法垄断"属性的知识产权本身，而是规制滥用知识产权并在某一特定市场形成支配地位从而限制竞争的使用行为。我国反垄断法对知识产权领域权利滥用问题的规定只是原则性的，对垄断行为也缺乏具体说明。在对专利权滥用的规制中，专利权用尽原则是对专利权的内部限制，是专利法自身规范的限制；而反垄断法框架内的规制则是外部限制。在被视为美国对专利权进行反垄断规制的 Motion Picture Patents Co. v. Universal Film Mfg. Co. 案中，美国联邦最高法院认为，专利权人指定使用特定胶片的搭售行为超出了专利权的保护范围，属于专利权的滥用，因此该限制无效。专利权用尽的售后限制实乃对专利权本身的一种反限制，此时的反限制与限制一样，均需受到反垄断法的审查。我国在 2015 年 4 月 1 日公布的第四次《专利法修改草案（征求意见稿）》中，新增第 14 条限制专利权滥用的一般规定，作为规制专利权具体滥用情形的原则性条款，这一修改将为专利权用尽的售后限制条款的反垄断审查提供强有力的支撑。

第六节 我国专利权穷竭制度

一、我国专利法的相关规定

与美国专利法中未规定专利权穷竭制度不同，我国专利法以文字的形式明确将专利权穷竭制度规定在法律条文之中。我国现行《专利法》制定于 1984 年，其后分别在 1992 年、2000 年和 2008 年进行了三次修正。1984 年《专利法》首次将专利权穷竭制度明确规定在法律条文中，2000 年和 2008 年的专利法修正则对专利权穷竭制度进行了不同程度的扩充。1984 年《专利法》第 62 条明确规定："专利权人制造或者经专利权人许可制造的专利产品售出后，使用或者销售该产品的行为不视为侵犯专利权。"2000 年专利法修正案对专利权穷竭制度进行了第一次扩充，在修正后的《专利法》第63条中明确规定："专利权人制造、进口或者经专利权人许可而制造、进口的专利产品或者依照专利方法直接获得的产品售出后，使用、许诺销售或者销售该产品的行为不视为侵犯专利权。"2008年专利法修正案则对专利权穷竭制度进行了第二次扩充，在《专利法》第69条第（1）项明确规定："专利产品或者依照专利方法直接获得的产品，由专利权人或者经其许可的单位、个人售出后，使用、许诺销售、销售、进口该产品的行为不视为侵犯专利权。"我国专利权穷竭制度经过两次修正，其适用范围从"经许可制造的专利产品售出后的使用或者销售行为"扩大到"经许可制造、进口的专利产品或者依照专利方法直接获得的产品售出后，使用、许诺销售、销售、进口该产品的行为"。

二、专利权穷竭制度在我国的适用要件

我国《专利法》第69条规定："专利产品或者依照专利方法直接获得的产品，由专利权人或者经其许可的单位、个人售出后，使用、许诺销售、销售、进口该产品的行为不视为侵犯专利权"。据此，专利权穷竭制度的适用需要满足以下要件：

1. 经专利权人或其被许可人的"许可"

（1）未经许可制造或进口的产品或产品部件侵犯了专利权利人的权利，不具有合法性这样的产品首次售出后不能适用专利权穷竭。如在2009年张某光诉光芒公司、常州苏宁电器有限公司侵犯实用新型专利权纠纷案中，张某光拥有专利号为AL99228900.9的"风压开关"实用新型专利权，光芒公司在其生产的热水器中安装了从华地公司购买的风压开关，而华地公司生产的风压开关是未经张某光许可的侵权产品。光芒公司于2007年9月30日收到张某光发送的律师函后仍生产、销售带有侵权风压开关的热水器。故张某光向法院提起诉讼，要求光芒公司停止侵权、赔偿损失。光芒公司提出专利权穷竭的抗辩。对此，一审法院认为，光芒公司提供的证据不足以证明张某光许可华地公司实施其涉案专利，因此光芒公司从华地公司购买的风压开关是

未经许可生产的专利产品，不能适用专利权穷竭，光芒公司关于张某光在该案中已构成专利权用尽的抗辩不能成立。因此，法院判定光芒公司应该就2007年9月30日收到张某光的律师函之后的侵权使用行为向张某光承担赔偿责任。

（2）关于"许可"是否包括强制许可，我国尚未有规定或判决对此加以解释。所谓强制许可是指"在法定的特殊条件下，未经专利权人同意，受让人可在履行完毕法定手续后取得实施专利的许可，但仍应向专利权人缴纳专利实施许可费。"对于强制许可生产的产品是否属于经许可生产或进口的专利产品，各国态度也不一致。欧洲法院认为："专利权穷竭适用的范围也只限于经专利权人或其被许可人同意投入市场的产品，不适用于强制许可产生的产品，这是因为强制许可产生的产品投入市场并不是专利权人真正的意愿。"但强制许可是为了促进知识传播、技术的推广应用以及国家和社会公共利益的情况下颁发的，经强制许可生产的产品同样是专利产品。如果专利权人对售出后的强制许可产品仍然享有限制的权利，那国家规定强制许可就丧失了意义。在我国专利法中没有规定通过强制许可生产的产品不能适用专利权穷竭，因此推定专利权穷竭是适用于强制许可生产的产品的。

2. 专利产品"售出后"

我国专利法规定专利权产品"售出后"将导致专利权穷竭，所谓"售出"，是指将专利产品或者部件的所有权从专利权或其被许可人转移到购买者手中，购买者支付相应对价给专利权人或其被许可人。但是，有时产品或者部件不是合法售出，而是由专利权利人免费提供的，该产品或部件的转让同样会导致专利权穷竭的适用。我国有的法院在司法实践中就对"售出"进行了扩大解释，认为只要产品或者部件经合法"转让"就能导致专利权穷竭。在2005年龙年公司诉科龙公司侵犯专利权纠纷案中，法院就曾认定"赠送"的专利产品也可以导致专利权穷竭。在该案中，科龙公司于2003年6月和8月从龙年公司购买了包含龙年公司实用新型专利的冰箱样机，龙年公司又免费向科龙公司提供了一台冰箱样机。2003年10月，龙年公司通知科龙公司返还该台样机,但科龙公司已经将这台样机赠送给客户使用。龙年公司又发现科龙公司的宣传册上印有被控冰箱图片,故向法院起诉科龙公司生产、销售侵犯其专利权的冰箱,科龙公司在答辩中否认其生产、销售侵权冰箱,指出涉案4台冰箱是从龙年公司购买及龙年公司免费提供的,科龙公司将这些冰箱提供给客户使用,以及宣传册上印有涉案冰箱的行为属于专利法相关规定的,不视为侵权的行为,依据2000年《专利法》,一审法院认为因产品是龙年公司生产并销售、转让给科龙公司的,科龙公司不存在生产销售侵权产品的行为,而科龙公司将少量样品提供给客户使用及将产品资料印刷在宣传册上的行为属于许诺销售。根据2000年《专利法》第63条规定,"许诺销售"专利产品的行为不视为侵犯专利权,故判决科龙公司不构成侵权。虽然二审的时候因龙年公司的专利无效导致案件直接被判决驳回上诉,但一审法院适用专利权穷竭进行了判决仍值得我们探讨。

　　一审判决所针对的产品不仅仅是科龙公司从龙年公司购买的冰箱,还有龙年公司无偿提供给科龙公司的一台冰箱,为什么法院会如此判决呢?判决书中没有具体分析,笔者认为有如下几个原因:①冰箱是由专利权人龙年公司自己生产的。②冰箱是经专利权人同意免费提供给科龙公司的,龙年公司是自动放弃了其获得回报的权利,这种放弃,仍然应当视为专利权人的利益已经获得了回报。③从所有权的角度看,冰箱的所有权已经由龙年公司转让给科龙公司。这样,科龙公司获赠的那台样机也符合了专利权穷竭的适用要求。因此,笔者认为,如果经许可生产的专利产品是由专利权人或经其许可的个人赠送给他人的,那么对于该赠品依然适用专利权穷竭,受赠人对专利产品的处置不受专利权的限制。除了赠送的专利产品,专利权穷竭同样也应当适用于免费发放的专利产品。所以,《专利法》规定的"售出后"这一要件范围较窄,未能将赠送、免费发放等行为纳入。笔者认为,使用"经转让"作为专利权穷竭的要件之一,可以将售出、赠送、免费发放等行为纳入进来,可以适当地扩大专利权穷竭制度的适用范围。

3. 专利产品或者依照专利方法直接获得的产品

这是专利权穷竭的适用对象要件。专利产品是指依照专利权利要求书中所描述的技术特征所生产出来的产品。而所谓"依照专利方法直接获得的产品",我国 2009 年 12 月颁布的《最高人民法院关于审理侵犯专利权纠纷案件应用法律若干问题的解释》第 13 条规定:"对于使用专利方法获得的原始产品,人民法院应当认定为专利法第 11 条规定的依照专利方法直接获得的产品。对于将上述原始产品进一步加工、处理而获得后续产品的行为,人民法院应当认定属于专利法第 11 条规定的使用依照该专利方法直接获得的产品。"因此,"依照专利方法直接获得的产品"是指"采用制造方法专利权利要求的全部技术特征而获得的原始产品"。"专利产品部件"是指未能覆盖全部专利技术特征而为了制造最终专利产品的零部件,系专利产品的组成部分。按照专利法的规定,专利产品部件既然没有覆盖专利全部权利要求,就不符合专利法的字面规定。但已有法院对此要件进行了扩张解释,提出"专利产品部件"的销售也可以产生专利权穷竭。2001 年颁布的《北京市高级人民法院关于专利侵权判定若干问题的意见(试行)》第 95 条规定:"专利权人制造或者经专利权人许可制造的专利产品售出后,使用或者再销售该产品的行为,不视为侵犯专利权。包括:(1) 专利权人制造或者经专利权人许可制造的专利产品部件售出后,使用并销售该部件的行为,应当认为是得到了专利权人的默许……"并且该司法解释的规定也已经为司法界接受。在 2006 年长沙中院对陈某江诉金信公司、兰空公司、华西公司专利侵权纠纷案所做的判决中,就曾认定"专利权人制造或者经专利权人许可制造的专利产品部件售出后,使用并销售该部件的行为导致专利权穷竭。"

在该案中,原告陈某江系西安交通大学退休教授,其发明的压缩机的改造技术被授予国家专利。1991 年西安交通大学项目负责人陈某江分别与被告华西公司、兰空公司签订合同,许可华西公司和兰空公司使用西安交通大学的专利技术改造大型 H22Ⅲ—165/320 型氮氢气压缩机。两公司有单独与用户签订加工改造合同的权利,其与用户签订合同的原件寄给西安交通大学并告知原告合同的总费用中有部分是

· 193 ·

用户付给西安交通大学的专利费用。被告金信公司分别与华西公司、兰空公司签订了《技术服务合同书》，约定由华西公司、兰空公司经西安交通大学陈某江教授许可，获得 H22Ⅲ机技术改造专利许可，为金信公司提供两台机的技术改造服务，每台改造费用为一万元，其中包括向原告支付专利许可费。2001 年 5 月 15 日金信公司与被告兰空公司签订了《工矿产品订货合同》，由被告兰空公司提供图纸并改造两台压缩机。2004 年 5 月 14 日被告金信公司与被告华西公司签订一份"工矿产品订货合同"，由被告华西公司提供图纸负责加工改造一台压缩机。原告认为，"被告金信公司采取肢解原告专利的方式，只订购原告专利技术中的四个关键部件，用原告的技术改造二台压缩机，以回避合法使用原告专利时必须缴纳的专利使用费的行为构成侵权"。法院经审理认为："被告金信公司与被告华西公司、兰空公司分别签订产品订购合同，购买的产品部件为原告专利技术产品部件，被告兰空公司、华西公司对原告的专利产品除享有使用、加工、改造权利外，在告知原告的前提下，还有单独与用户签订合同销售的权利。被告金信公司作为需求方与被告兰空公司、华西公司签订了购销合同，被告兰空公司、华西公司又是合法生产销售二级气缸组件、四级汽缸组件等部件，故被告金信公司的改造压缩机行为并不构成对原告的专利权侵权，因为原告陈某江的专利权已经用尽"。

　　我国法院的这种扩大解释与美国法院的判例较为类似。值得注意的是，美国法院在扩张解释时对专利产品部件进行了限定，强调一定是"无侵权用途的包含专利实质性技术特征的部件"，而我国法院司法实践及北京市高级人民法院的指导意见并无此类要求，这就有可能导致专利权利穷竭的滥用。另外，《北京市高级人民法院关于专利侵权判定若干问题的意见（试行）》还将专利权穷竭的适用对象要件扩张到方法专利，规定"制造方法专利的专利权人制造或者允许他人制造了专门用于实施专利方法的设备售出后，使用该设备实施该制造方法专利的行为"，笔者尚未搜集到相关的案例，但这样的设备除了用于实施专利方法没有其他的用途，而且专利方法也实质上体现在设备的使用步骤之中，如果仍需获得相关方法专利权人的许可才能使用设备的话，有失公平。

4."使用、许诺销售、销售、进口该产品的行为"

这是规定权利权穷竭适用的行为要件。按照《专利法》的规定，专利实施行为包括"制造、使用、许诺销售、销售及进口专利产品或依照专利方法直接获得的产品"，根据 2008 年《专利法》第 69 条的规定，目前我国专利权穷竭制度所穷竭的不是专利权人的所有专利权能，所穷竭的只是就该专利产品除"制造"以外的"使用、许诺销售、销售及进口"权能。与修改前相比增加了"进口"，表明我国正式确立允许专利产品的平行进口。

关于"使用"的认定，根据《最高人民法院关于审理侵犯专利权纠纷案件应用法律若干问题的解释》第 12 条，对原始产品"进一步加工、处理，使之发生物理、化学变化"进而获得后续产品的行为，不再属于依照专利方法生产产品的行为，而是使用"依照专利方法直接获得的产品"的行为，仍然可以适用专利权穷竭。

三、我国专利权穷竭制度存在的问题

2004 年中国企业与 DVD 3C 联盟和 6C 联盟的专利费纠纷引起轰动。在该专利纠纷中，"6C 联盟称其在全球拥有 DVD 核心技术的专利所有权，世界上所有从事生产 DVD 专利产品的厂商，必须向 6C 购买专利许可才能从事生产，且允许生产厂家一次性取得 6C 专利许可证书。联盟向中国 DVD 生产企业发难，不论中国的 DVD 产品是'出口'还是'内销'，都要为所谓的 2000 余项专利缴纳专利费。最后中国电子音像业协会代表中国一百多家 DVD 生产企业与 6C、3C 联盟达成协议，中国企业每生产一台 DVD 就要向联盟支付数美元的许可费。"这使得中国企业生产 DVD 销售的利润降到最低，很多企业因此而倒闭或者转型。抛开这些专利是否在中国有效及专利的地域性不说，即使 2000 余项专利均为中国有效专利，也并非每台 DVD 都会使用到实际上在 DVD 产品中，专利技术主要集中于该产品的核心部件，包括光学头、IC、机芯等，这些部件主要是由国外公司主要是知识产

· 195 ·

权人的下属关联公司生产和销售，如果这些部件体现了除了为构成 DVD 整机、并且没有其他非侵权用途，按照美国案例的判决，专利权人相关的权利就已经穷竭了。而联盟要求中国企业为已经穷竭的专利支付专利费就构成双重收费或者专利权滥用。

  DVD 案涉及的法律问题主要有专利权的地域性、专利权穷竭与平行进口以及在先使用权等。当时，为应对 3C 和 6C 联盟，很多学者提出了不少建设性的意见，比如检查 3C 和 6C 联盟专利池中的专利是否存在垃圾专利、失效专利，3C 和 6C 是否已向相关部件的上游生产商收取了专利费进而构成重复收费等。也有不少学者提出，根据专利权国际穷竭，我国企业购买了 DVD 核心部件之后，相关的专利权在全球范围内就穷竭了，我国企业组装 DVD 出口或者内销的行为都不应当受到限制。笔者以为，扩大专利权的适用范围也可以解决 DVD 案的部分问题。因为根据扩大适用范围的专利权穷竭制度，在我国国内销售的组装 DVD 就会因为核心部件包含了专利的实质性技术特征而穷竭了相关专利权，这样即使仍有部分专利权没有穷竭，3C 和 6C 也不能提出如此高昂的专利费。所以，如果当时我国专利权穷竭的适用范围能够适当扩大，也许我国 DVD 企业就不会遭受重创了。

  实际上，如今的产品往往都包含了几十甚至上百个专利，特别是药品和电子信息技术领域，专利丛林问题相当严重。中国的制造企业经常遭遇外国公司提起的专利侵权诉讼，在对抗上述类似专利侵权诉讼时，专利权穷竭制度作为专利侵权抗辩事由可以起到很大的作用。

  对比美国专利权穷竭制度，我国专利权穷竭制度适用范围较窄，不利于对专利权形成有效的限制，而《北京市高级人民法院关于专利侵权判定若干问题的意见（试行）》虽然扩大了专利权穷竭制度的适用范围，但适用条件又规定得太过宽泛，如果其规定得到广泛采纳，则容易导致对专利权的过分限制。

1. 专利法规定的适用范围较窄

  我国现行专利法关于专利权穷竭问题的规定，只针对合法"售出"的"产品"适用专利权穷竭，没有涉及"合法转让"的"产品部件及方法专利"的穷竭，而《北京市高级人民法院关于专利侵权判定若干问题的意见（试行）》第 95 条虽然规定了"经许可销售的专利产品部件"和"实施专利方法的专用设备"的售出可以导致专利权穷竭，但毕竟只是地方法院的司法解释，不具有在全国普遍适用的效力。所以，当在实际生活中遇到如下几种情形时，适用我国现行专利法的有关规定就可能产生法律冲突或者不合理的现象发生：（1）专利权人同时拥有一项方法专利权和专门用于实施该方法专利的设备专利权，购买专利设备并进行使用；（2）专利权人拥有一项制造方法专利，实施该专利需要专用设备，但该设备本身未申请专利或者未获得专利批准，不受专利保护，仅购买该设备并进行使用；（3）专门用于制造专利产品的部件经过首次销售，使用该部件组装专利产品或者再销售该部件给他人用来组装专利产品。

在第（1）种情形下，如果只购买了该专用设备，按照我国专利法的规定，该方法专利权和设备专利权是各自独立的两个专利权，设备专利权的穷竭不代表方法专利权穷竭，购买者需要获得相关许可才可以实施该方法专利。但由于设备上的专利权已经穷竭，购买人使用专利设备不应受到专利权的限制而该设备又只能实施方法专利，购买人并未购买方法专利的使用权，这就导致了法律规定上的冲突。在第（2）种情形下，按照我国专利法的规定，设备的销售并不能穷竭方法专利权。在第（3）种情形下，按现行专利法的规定，购买专利产品部件进行组装的行为属于制造专利产品，若未经许可实施上述行为，构成专利侵权。但由于该部件专门用于制造专利产品，专利权人应当知道购买人购买部件就是为了制造专利产品或者更换旧的零部件，如果购买人还需要获得专利权人的许可才能实施上述行为，那对购买人来说似乎有失公平。

2. 北京市高级人民法院的指导意见不够严谨

2001 年《北京市高级人民法院关于专利侵权判定若干问题的意见（试行）》第 95 条规定："专利权人制造或者经专利权人许可制造的专利产品售出后，使用或者再销售该产品的行为，不视为侵犯专利权。包括：（1）专利权人制造或者经专利权人许可制造的专利产品部件售出后，使用并销售该部件的行为，应当认为是得到了专利权人的默许;(2)制造方法专利的专利权人制造或者允许他人制造了专门用于实施其专利方法的设备售出后,使用该设备实施该制造方法专利的行为。"但考察美国司法实践,如前文所述,美国专利权穷竭制度适用范围并非扩张到所有的产品部件的销售,而是必须满足两个重要要件即——已售产品或部件包含了专利"实质性技术特征"和不具有其他合理的"非侵权用途",只有满足这两个条件并经许可销售专利产品或部件才能穷竭相关专利,否则如果他人购买了一些不包含专利实质性技术特征的部件或者具有其他用途的部件,也适用专利权穷竭的话,将会构成对专利权的过分限制,甚至从根本上损害了专利权。所以,由于《北京市高级人民法院侵权判定若干问题的意见(试行)》没有规定专利产品或部件本身应当包含"实质性技术特征"和不具有其他"非侵权用途"两个要件,导致这样的规定太过宽泛,不够严谨。

▶▶第五章

专利权滥用的限制制度

由于专利法的内部自我约束和民法基本原则的填补性限制都是在民商法框架内解决专利权的滥用问题,故必然受到民商法自身性质和手段的限制,即对于专利权的滥用只能进行消极地否定,而不是积极地出击。如此一来,被滥用行为所侵害的相对人或社会公众在多数情况下无法主动地采取积极的措施加以抵制。因此,对于在行使专利权过程中不正当地限制竞争的行为,若能由具有社会本位性和保护自由竞争特点的竞争法来进行规制,在主管机关的主动介入之下,将能达到更好的效果。这是由不同的法律各自特有的调整角度及其相应的基本功能所决定的。随着全球经济贸易一体化进程的加快,技术贸易愈发达,专利权持有者尤其是掌握众多核心技术的跨国公司作为谈判对手的强大优势愈明显,如何运用法律控制专利权的滥用,如何使竞争法与专利法相互作用、共同促进市场创新与竞争,维护公平有序的市场秩序,是当前专利法与竞争法所要共同面对的一个热点问题。

第一节 专利权滥用限制及其必要性

近年来,专利权滥用问题得到学界和社会的日渐关注。重视之原由,有知识产权学科研究逐步深入所带来的必然性,有美国法中"专利权滥用"(patent misuse)抗辩原则的影响,但更根本的原因是社会现实问题对法律制度提出了更切实的诉求。专利权的设置本来是期望通过对专利权人的激励来促进技术的创新和应用。一些专利权人却凭借对专利的垄断牟取暴利，限制市场竞争，既妨碍了技术的应用，又损害了消费者利益。这种现象在各国均不鲜见。在许多产品、特别是信息技术产品中往往包含多项专利。微处理器、手机或存储设备等现代产品常常涵盖几十项甚至上百项不同专利，其中任何一项专利的所有者，即使其专利只在产品中占很小一部分，也有权利拒绝许可而使得该产品的制造和销售构成侵权行为。他们在许可协议谈判中处于显著的优势地位。

在全球化的今天，我国许多企业的技术创新和专利意识都相对较弱，专利积累少，对日益增高的专利门槛只能望而兴叹，产品出口时也受到越来越多的技术壁垒限制。2006 年有研究报告显示，在高新技术产业领域，外国企业占据主导地位，它们在我国获得的通信、半导体类专利申请数量约占当时我国同类授权专利的 90% 以上，医药和计算机行业占 70% 以上，给我国的高新技术企业造成极大的生存压力。例如，在数码相机领域，某国外企业就曾对我国企业提出以产品售价的 20% 作为专利许可费，而当时至少有 9 家数码相机厂商在我国申请或拥有数码相机相关专利。再如，我国 DVD 行业与 6C、3C 签订许可协议后就因高额专利费的重负而减产，甚至担负巨额专利费债务。

面对社会涌现的此类问题，禁止专利权滥用原则可能成为维护专利权设置目的、保障社会公共利益的一项法律依据，成为帮助专利权人明确自身权利范围、树立正确法律观念的指导。但这一原则本身也易被滥用，对该原则的制度化是发挥禁止专利权滥用原则积极作用的重要途径。

一、专利权滥用的含义

（一）"专利权滥用"概念的界定

在我国法律制度中，禁止专利权滥用实质上是民法和法理上禁止权利滥用原则在专利法中的自然延伸。

民法中关于权利滥用的概念有如下几种不同的界定：

(1) 主观恶意行使说：行使权利的结果，虽然不免有时会导致他人利益受损，但如果专以损害他人为目的，即为权利滥用。

(2) 违反权利本旨（目的）说：权利滥用指行使权利违反了法律设置权利的目的。

(3) 超越界限说：权利滥用指行使权利超过了正当的界限。

(4) 违反目的或越界说：权利滥用指行使权利超越了权利的、社会的、经济的目的或社会所不容的界限。相应地，对于专利权滥用概念也有上述不同界定。

在上述学说中，"主观恶意行使说"从主观要件的角度进行定义。我国也有法院在判决中提出，在判断专利权滥用时应严格区分"主观认识错误与主观损害他人的恶意"，反映了对主观恶意说的肯定。该说虽然为人们广泛接受，但涵盖范围相对狭窄。特别是许多被认为属于专利权滥用的行为发生在专利许可环节，多数具有明显的利己效果，并非专以损害他人为目的，对此，该学说难以涵盖。相比主观恶意行使说，"违反权利本旨说"角度更为客观，可以对"禁止权利滥用"原则的必要性及正当性给出明晰解释。我国一些学者支持此学说，认为专利权滥用是指专利权人行使专利权违背了专利权设置目的的行为。"所有权绝对"之观念在今日法律中已不复存在。专利权更是明确承载着促进科技发展的立法目的。一切权利的设置均有其社会目的，承载着法律对社会关系的考察和价值判断，权利范围也自然取决于法律之价值判断。然而在一些情况下，权利人行使权利却可能带来与立法目的相悖的结果。首先，法律的目的只是一种抽象的概念，与具体的利益分配和行为规范之间往往存在层层推理和判断，法律中对权利的定义正是在法律目的之导向下经过分析判断而得到的人为构建，在能够实现目的的同时，需要明晰确定，以便于理解和适用。尽管构建权利设置的过程必须严肃审慎，在多种约束下仍不免难以设计周全，以致一些行为虽然看似符合法律所设权利的文本描述，却与设置该权利的目的相悖。其次，法律只能对已经预见到的社会关系进行规范，而对未预见的利益冲突有时不免有所疏漏。由此观之，禁止权利滥用是为了弥补权利设置的不足，使法律对权利行使的合法范围的约束与法律内在的价值体系保持一致。

"超越界限说"对"界限"的定义仍显模糊。如果参照"违反权利本旨说"的观点，此说中的"界限"似可理解为由设置权利之目的所决定的界限，在这种解释下两种说法就达成了一致。"违反目的或越界说"包含"违反权利本旨说"，同时又列出了社会目的、经济目的、社会不容的界限等边界，可见该学说认为权利的目的此一项不足以勾勒出完整的行使权利不可跨越之界限。对这一观点，本书认为可以从权利目的之含义来进行分析。从狭义上理解，大部分权利均在各个部门法之中进行设置，每个部门法有其要调节的社会关系领域，因而权利设置的目的也主要在于对该领域的社会关系调节和利益分配，反映着相应的部门法鲜明的立法目的和具体的价值追求。而从广义上理解，整个法律制度的目标和价值取向是一个完整和谐的体系，权利之目的不仅仅是部门法所主要着眼的立法目的，更承载着整个法律制度的目标和价值体系，因此权利设置之目的亦应与完整的法律制度所追求的社会目标及相应的价值体系保持和谐一致，价值取向的和谐也是体系强制的要求。因此有必要从狭义和广义的两个角度来理解权利设置的目的：面对某个具体领域的权利设置，对权利设置的目的作狭义理解，有助于对权利行使是否构成滥用之判断的集中聚焦；同时也需要从法律整体价值体系来对权利设置的目的进行观照，以获得更加完整、正确的理解。至于"违反目的或越界说"所列举的社会目的、经济目的、社会不容的界限，同样需要从法律层面所确认的各项具体目的或界限与法律制度的整体目的之一致性来考量。由此观之，从广义上理解的"违反权利本旨说"与"违反目的或越界说"基本相同，"违反权利本旨论"更加清晰简洁，揭示了禁止权利滥用的主要功能，即弥补权利设置的外在形式与内在价值追求的差异，且涵盖了"违反目的或越界说"所未能列举的法律目的。

基于上述分析，本书对权利滥用概念采用广义的"违反权利本旨说"，认为专利权滥用即对专利权的行使违反了权利设置的目的。

(二) 对权利滥用概念否定说的质疑

一些学者对权利滥用这一概念持否定态度。如法国学者普兰利

第五章　专利权滥用的限制制度

（Planiol，又译为"普拉尼奥尔"）认为："权利滥用的用语，其自身即属矛盾，因为我们行使我们的权利，则我们的行为不能不说是适法，假若认为违法时，则必然是逾越了权利的范围，而属于无权利的行为。权利滥用伊始，即同时失去其权利的性质。"从"违反权利本旨说"的角度来看，支持"违反权利本旨说"的观点之中包含两类具有细微差别的对权利滥用概念的界定：一是强调区分"权利的外在客观要件"与"隐含于权利之中的立法目的"，本书将其称为"外在要件对比内在目的说"；二是强调区分"权利范围"与"行使权利的合法范围"，本书将其称为"权利范围对比合法行使范围说"。此二种观点及其差异可以在它们各自对否定权利滥用概念者的回应中得到更清晰的阐释。

（1）以"违反权利本旨说"中的"外在要件对比内在目的说"观之，权利滥用这一用语存在悖论的这种观点忽视了在"权利滥用"讨论中对权利的外在形式与内在本旨的区分。利益法学的奠基者海克（Heck）将法律体系划分为外在体系与内在体系。外在体系是法律概念综合的结果，其真正目的只在于概观、整理与描述。内在体系则是一个价值判断以及价值理念的有机组合体。在其法学方法论中，法律的构建先有对社会关系之考察，再有对具体矛盾冲突的价值判断，最后才是法律概念及规范的整理与描述。法律的目的决定了价值判断的准则，应是在完成价值判断之前即明确的。在明确立法目的到法律概念规范的确定之间，跨越多个过程，加之立法技术的局限性，二者不能全然等价在所难免。在法规语义含糊之处应遵循立法目的进行解释，在法规语义看似清楚地授予了权利、实则与法律目的相悖之时亦应遵循立法目的加以限制，后者即禁止权利滥用原则可以适用之处。可以说，在"违反权利本旨说"下，禁止权利滥用原则是弥补、连接外在描述体系与内在价值体系的一条途径，弥补了权利设置技术带来的不足，使法律外部概念规范体系能够与法律内在的价值体系保持一致。权利滥用中行使的"权利"只是表面上符合外在描述中的权利定义——一个未必能够准确等价于立法者立法目的的权利界定，而逾越的是内在价值体系中设置"权利"的目的所划定的权利范围。因此这

· 203 ·

一用语并无矛盾，所带来的误解只是缘于在追求对这一原则进行精简有力的表述时受到语言表达的局限罢了。在法律中明确规定禁止权利滥用原则，可以看作在法律外在体系中对权利范围进行的抽象规范，也可以在一定程度上反映在立法中对于采用利益法学或评价法学的方法所给予的一种肯定，是对法官进行法律解释和具体裁判时所循方法的指导和制约。

（2）"违反权利本旨说"中的"权利范围对比合法行使范围说"则从"权利的范围与权利行使的合法范围不同"这一角度，反驳了对权利滥用概念的否定。该观点认为，禁止权利滥用是对权利行使的一种限制。权利之行使，指权利之主体或有行使权者，就权利之客体，实现其内容之正当行为也。在该观点下，权利的笼统规范与法律上规定的权利限制共同确定了一种静态的权利范围，构成权利的边界；而权利行使的合法范围是对权利人权利行使上的限制，是动态地确定权利人在权利范围内行使权利的行为是否合法，即是否违反法律的目的。这一观点对权利滥用这一概念进行了较为直观的解释（权利滥用之"用"即为行使之意），但该说仍需回答在法理意义上权利范围与行使权利的合法范围究竟有何不同，才能进一步完善相应理论构建。对权利的性质与特征在法理上一直存在一定争议，这突出表现为权利概念（定义）的多样性上，诸如资格说、自由说、主张说、意思说、利益说、法力说、可能说、规范说、选择说等。目前民法界较多学者认同权利是由"特定利益"与"法律之力"两种因素的结合的观点。也有学者将三者融合，如"民事权利是指民法规范赋予民事主体为实现受法律保护的利益为一定行为，或者请求民事义务主体为一定行为或者不为一定行为的可能性或者说意思自由"。无论如何界定其本质，究其特征，民事权利可体现为民事主体一定范围内的行为自由，包括是否行使权利的自由、选择权利行使方式的自由等。因此，对权利行使的限制实质上即对权利本身的限制，即权利行使的合法边界就是权利的边界。同时，提及静态和动态，本书认为可以从另一个角度来思考。法律规范的表述在一定时间段内是静态的，但从长远来看则可能是一个动态的过程。法律规范表述中的权利范围以及权利限制本身实际上也是如此。法律的基本价值取向虽然也是动态过程，但要比法律规范稳定得多。根据法律的价值取向，对法律规范未言及的、新总结出的权利滥用行为进行总结和类型化概括，并整理到法律之中，可以成为法律规范中明确的权利限制；即该说中对权利行使的限制可以转换为对权利的限制。从这个角度来解释也可以说明，权利范围与权利行使的合法范围并无本质差异，权利的限制与对权利滥用的禁止也没有实际意义上的差异，其差异仅在于法律希望对某种行为的限制是否已经在法律条文中进行了明确的外在表述。

综上所述，本书认为，上述两类观点都对"违反权利本旨说"作了解释，其差异主要源自对"权利范围"概念界定的差异。法律概念之内涵中更为重要的是其所承载的法律目的和功能。上述两类观点的目的和功能都是为了使权利的实际行使能够符合法律设置权利的目的，更好地实现法律追求的社会理想，并没有实质的矛盾性。不同的概念界定将带来形式不同的法律制度构建，不同的制度构建也可能实现同样的目的和功能，以法律实施的效果观之，其中的矛盾则更大程度上地将只是一种假象。根据上文的分析，笔者认为"外在要件对比内在目的说"无须再进一步定义"权利范围"与"行使权利的合法范围"，更符合目前对权利范围的理解，且有更清晰的法学方法论作为支撑。

二、专利权滥用限制的必要性

限制专利权滥用原则旨在弥补成文法的不足，具有使权利范围的外在表述与内在价值体系相一致的"兜底"作用。相比于物权，专利权范围界定的难度、专利发明较低的可替代性以及专利权同公共利益的紧密关系，使得专利权的行使更容易偏离立法目的，因此限制专利权滥用原则有着重要的功能价值。但如我国台湾地区学者林诚二所述：（限制权利滥用）此一法理，如同诚信原则之法理以及一般法律条款，易被滥用，且具有侵害法安定性之危险。对限制专利权滥用原则的不当适用，可能过度缩限专利权的合法范围，进而影响专利制度发挥促进科技进步的作用。

美国法中"专利权滥用"抗辩原则有近百年的发展历程，其间经历了专利权滥用范围界定的扩张和缩限，这说明"专利权滥用"原则虽然重要，但易被滥用，有必要进行更加清晰的限制。美国法中专利权滥用抗辩规则起源于20世纪初美国联邦最高法院对专利权人过度扩展其权利范围的担心和应对。当时越来越多的专利权人在许可条款上加入搭售等条件，如油印机的专利权人可以要求购买其油印机的人必须使用其纸和墨等。1912年美国联邦最高法院在Henry v. A. B. Dick Company案中论述道：既然专利权人可以完全地禁止他人对其专利的使用，他也有权规定专利技术只可以在一些情况下使用，而在其他情况下不能使用。如果所许可的"使用权被特定限制所约束，则没有被允许的使用需要保留给专利权人。如果对机器使用的保留控制被违背了，专利权就因此被侵犯了。"这种理念可谓在这一时期发展到顶峰。然而任何权利都有其边界，扩张至极则弊端渐显。在仅仅五年后，该结论就被美国联邦最高法院自己推翻。

1917年，美国联邦最高法院在Motion Picture Patent Company v. Universal Film Mnufacturing Company et al. 案[1]判决中，否定了之前关于专利许可合同中搭售条款合法的观点，确立了滥用专利权抗辩原则。法院认为："通过限制在操作机器中使用的材料来进行控制的任何权利，必须通过一般法律由该机器的财产所有权派生，不能源自专利法，也不能受到专利法的保护。专利法只允许授予对其作出的新颖且有用的发现进行排他性使用的权利，仅限于此而无更多。"有必要

---

[1] Motion Picture Patent Company v. Universal Film Mnufacturing Company et al. 243 U. S. 502（1917）. 该案中，原告即专利权人拥有一项对电影放映机的改进专利，该专利涵盖用于将胶片规律地、统一地并且精确地导入放映机的部件的一部分，以免使胶片过度拉紧或磨损。原告在一份属于"许可协议"性质的文件中，授权精确机器公司（the Precision Machine Company）制造和销售包含该专利和其他一些专利技术的机器。该协议中包含约定：被授权方所销售的每一件机器，都只能用于放映包含另一项重新颁发专利（专利号12192）的技术的胶片，并在除出口外的机器上标识该机器的销售与购买仅有权将该机器用于放映包含12192号专利技术的胶片。12192号专利亦为原告所有。协议对机器销售价格的下限也进行了规定。

"在专利权人的垄断权上再加上一个界限，来防止其垄断非专利标的的物品的市场"。在随后的几十年间，专利权滥用抗辩原则得到了普遍适用和发展。美国联邦最高法院在 Carbice Corp. of America v. American Patents Dev. Corp.❶ 等案件中明确，专利权人通过许可协议的搭售条款将自己的专利权扩展到不包含专利的产品上，构成专利权滥用；被许可人违反搭售条款不构成侵权，非专利产品的供应商不构成帮助侵权。1942 年，美国联邦最高法院在 Morton Salt Co. v. G. S. Suppiger Co. 案中进一步明确，"法院，尤其是衡平法院，在原告使用其所宣称的权利违背公众利益时，可以拒绝给予救济，这是普遍适用的一个原则"；滥用专利权者在消除滥用行为之前，不能向任何人主张其专利权，包括专利权滥用行为的实际受害者及其他任何被控侵权人。由"洁净之手"原则演化而来的这种制裁方式，被一些学者诟病为相当于创建了一种无须许可费的强制许可机制，成为未受滥用损害的无关者、特别是专利侵权者的意外收获。而在 1944 年 Mercoid 案❷之后，专利权滥用抗辩原则被进一步扩张，一些下级法院甚至认为提起帮助侵权诉讼这一行为就构成专利权滥用。美国专利法中的帮助侵权原则源于 Wallace v. Holmes 油灯案等判例，旨在更加有效地制止直接侵权行为，并非为专利权人谋取额外的利益。但专利权滥用原则的扩张使得帮助侵权制度在当时几乎无法发挥任何实际作用。

面对专利权滥用原则的不当扩张所带来的弊端，美国国会在 1952 年的专利法修改中对帮助侵权进行了明确界定，并引入对"专利权滥用"的一些限制，规定下述行为不属于专利权滥用或非法扩展其专利权：（1）从某些行为中获得收入，而该行为如果由他人在未经其同意的情况下进行将构成对专利权的帮助侵权；（2）许可或授权他人进行某些行为，该行为如由他人在未经其同意的情况下进行将构成对专利权的帮助侵权；（3）寻求强制执行其专利权，以对抗侵权或帮助侵

---

❶ Carbice Corp. of America v. American Patents Dev. Corp., 283 U. S. 27（1931）.
❷ Mercoid Corp. v. Mid-Continent Inv. Co., 320 U. S. 661（1944）.

权。1988 年，美国国会通过《专利权滥用改革法》（Patent Misuse Reform Act，PMCA），对专利权滥用进行了更进一步的限制，补充了(4)、(5) 两项不构成专利权滥用的行为：(4) 拒绝许可或使用专利权；(5) 在对专利权许可或专利产品销售中附加条件，要求获得另一项专利授权或购买一件单独的商品，除非专利权人在附加条件进行许可或销售的该专利或专利产品的相关领域拥有市场权力。

近年来，在我国专利相关诉讼案件中也开始不断出现指控专利权人滥用专利权的实例。有案件中原告指控专利权人散布侵权言论属于滥用专利权。但专利权滥用的前提是该行为属于行使专利权的行为，到处宣称竞争对手侵权并非行使专利权，应属于商业诋毁和不正当竞争，而非滥用专利权。一些被控侵权方指控专利权人将公知技术申请专利、或认为其明知被控侵权方不侵权仍起诉其侵犯专利权，构成专利权滥用。也有人指控专利权人提供的许可协议及许可费证据的真实性值得怀疑，专利权人以此索取高额侵权赔偿费用有滥用专利权之嫌，等等。目前在大部分此类案件中，我国法院对专利权人滥用专利权的指控没有予以肯定。也有的专利侵权诉讼案件中，法院援引《民法通则》第 7 条（禁止权利滥用条款），但被上级法院否定。例如，2011 年"邱某有与上海灵拓建材有限公司等侵害发明专利权纠纷上诉案"中，上海市高级人民法院认为上海市第一中级人民法院"在没有明确认定邱某有的行为属于专利权滥用行为、属于恶意诉讼的情况下，援引《民法通则》第 7 条（禁止权利滥用条款）不妥，予以纠正"。

综上所述，由美国法中专利权滥用原则确立、扩张和缩限的变化历程可见，禁止专利权滥用原则虽然有其极强的必要性，但该原则本身同样容易被不当使用，可能对专利权进行过度限制，从而违背法律通过赋予专利权人一定垄断权而促进创新、推动科技发展的目的。在我国，禁止专利权滥用的法律观念已经初步形成，误解和不当适用之情况同样存在，应当以之为鉴。因此，对于已经出现的有关专利权滥用的争议进行细致考究和评价，并在此基础上将限制专利权滥用这一法律原则进一步制度化，以使其更好地实现功能价值，很有必要。

第二节　专利权滥用限制制度的比较考察

在本节，主要探讨几个典型国家和地区通过竞争法对专利权滥用行为进行规制的相关立法与政策，从中窥探竞争法对于专利的限制作用。竞争法意义上的滥用专利权，是指专利权人由于专利权的存在而取得市场支配地位，并且利用这种市场支配地位谋取不正当利益或非法排除竞争。从理论上说，法律授予专利权的"合法垄断"实际上是法律拟制的对于创造发明的排他性权利，它不会直接导致对于市场的支配地位。行使专利权能否形成支配地位，关键取决于这种专利产品或方法在市场上的需求情况以及相关竞争情况。而专利权人基于市场支配地位，行使专利权行为超越了法律所允许的范围或正当的界限，导致对该权利的不正当利用，损害他人利益和社会公共利益的情形，就属于竞争法的规管对象。

一、国际条约的限制

在国际公约中，最先对专利权进行规制的是《巴黎公约》所规定的强制许可制度。《巴黎公约》第 5 条（a）款规定："本联盟各成员都有权采取立法措施规定授予强制许可，以防止由于行使专利所赋予的专有权而可能产生的滥用，例如：不实施。"也正是由于以上的规定，大多数国家或地区专利法中都明文规定了专利强制许可制度，并且各个国家的强制许可制度虽然在具体制度设计上存在差异，但是强制许可的含义都是基本相同的。而《巴黎公约》中的规定也是起源于英国专利法。

WTO 框架下 TRIPS 是关税与贸易总协定（GATT）乌拉圭回合谈判的结果，它是当今世界知识产权国际保护的最重要的依据。防止知识产权滥用是实现 TRIPS 总目标的一个必要措施，TRIPS 虽然强调的是对知识产权的保护，但同时也在多个条款中体现了对知识产权滥用的防范。TRIPS 第一部分为"一般条文和基本原则",在第 8 条第 2 款规定:"可能需要采取与本协议的规定相一致的适当的措施,以防止知识产权所有者滥用知识产权或借以对贸易进行不合理限制或实行对国际间的技术转让产生不利影响的做法。"防止知识产权滥用是 TRIPS 规定的一个基本原则,在这个原则规定下,该协议在第二部分第 8 节(第 40 条)关于许可合同中限制竞争行为的控制、第三部分中关于滥用知识产权执法程序的救济、第五部分第 63 条规定的透明度、第六部分第 67 条规定的"技术合作"中都进一步明确了在防止知识产权滥用方面的具体措施。

二、英国专利法的规定

现代意义上的专利法是资本主义生产方式确立以后最终形成的,1623 年英国颁布的《垄断法》被认为是资本主义国家专利法的鼻祖,也是世界上第一部正式而完整的专利法,该法确立了现代专利制度的一些基本原则,标志着现代专利制度的开端,而滥用专利权的理念也最早源起于这部《垄断法》。英国建立专利制度的根本目的是提升本国的工业水平,而专利垄断权的滥用则违背了公共利益,因此虽然英国早期的专利法并没有"滥用垄断权"这一术语,但对于滥用专利行为的控制一直存在于英国专利制度之中。《垄断法》规定,如果一个专利不利于贸易或者总体上不适当会被废除。而 1883 年的《英国专利法》第 22 条就直接规定了专利强制许可制度。"滥用垄断权"这一术语的正式出现是在英国 1919 年修订的 1907 年《英国专利法》中,该法设有专门的"强制许可和取消"一节。直至英国现行专利法,"滥用专利权"的术语早已随着专利法的数次修改而不知所踪,但是作为规制"滥用垄断权"的强制许可制度确一直保留了下来,并且几经修改和完善。

针对专利权人经常会在销售、租赁或者许可使用专利产品的合同中附加搭售条款,1907 年的《英国专利法》则宣布此种行为非法,并且被告可以以此作为专利侵权诉讼的抗辩理由,直至 1977 年《英国专利法》依然继承了这一规定。虽然自 2003 年 3 月 1 日起，1998 年《英国竞争法案》生效并废除了此规定，但是合同中有关的限制性条款依然受到竞争法的规制。专利权人有时会通过在许可协议中规定在专利到期后仍然应当支付专利使用费来延长其专利的垄断时间，对此，1907 年《英国专利法》也对其进行了限制，其规定在"销售、租赁或者许可合同订立时仍然受保护的专利，在该专利不再受保护之后，合同的任何一方都可以给另一方发出 3 个月的通知以终止该合同"。针对专利权人滥用诉权的行为，1883 年《英国专利法》第 32 条以及 1907 年《英国专利法》第 36 条规定了一种"制止威胁的诉讼"，即任何人如果因无根据的侵权诉讼的威胁而受到损害，不管这种威胁是否具有诚信，都有提起诉讼的法定权利。

三、美国滥用专利权原则

滥用专利原则是美国专利侵权诉讼中一个重要的抗辩理由，与英国滥用专利垄断权的概念与制度是规定在成文的专利法中不同，美国的专利滥用原则完全是通过司法判例产生的。

1942 年"Morton Salt Co. v. G. S. Suppiger Co."案的判例确认了专利侵权诉讼中的专利滥用原则。在该案中，原告对一种在食品罐头中放置盐粒的机器享有专利权，原告在把这种机器出租给罐头商的时候，要求承租人只能从原告的附属企业中购买盐粒。该案的被告也是个制造并出租加盐机的公司，原告诉称被告侵犯了自己的专利权。美国联邦最高法院认为，原告虽然是专利权人，却利用专利权限制了一种并不受专利保护的产品的竞争，这种行为对公共利益造成危害。这一判决树立了美国专利滥用原则的雏形，即专利权人将专利垄断延伸到了不受专利保护的产品之上，这种行为超出了专利权的行使范围，是不符合公共利益的，这种对专利权的滥用行为可以作为专利侵权诉讼的抗辩理由。专利权滥用原则在此后的适用过程中不断得到发展和完善，并且构成专利权滥用的行为也不再仅仅局限于搭售行为。

四、欧盟专利权滥用行为的规制

在欧盟竞争法中，对于专利权滥用行为的规范主要可分成两个层次：一是《欧洲联盟条约》第 81 条（前第 85 条）和第 82 条（前第 86 条），这两条是欧盟竞争法规范专利权行使的集中表现，也是专利权行使的基本原则。二是欧盟委员会制定的竞争规则、指令和决定等，主要包括欧盟委员会 1996 年制定的《技术转让协议集体适用欧共体条约第 81 条第 3 款的第 240/96 号条例》和 2004 年 4 月 7 日新发布的《关于对若干技术转让协议集体适用欧共体条约第 81 条第 3 款的第 772/2004 号条例》（以下简称《772/2004 号条例》）和《欧共体条约第 82 条适用于技术转让协议的指南》。从以上规范来看，值得关注的主要有三个地方：

（1）对于专利权的滥用判断标准，并不是僵硬、绝对的，而是灵活的、充满弹性的。例如《欧洲联盟条约》第 81 条，该条主要涉及两个独立企业之间的协议、决定或协同行为，包括横向协议和纵向协议，其目的是防止通过订立协议不合理地限制共同市场内的竞争。其中该条第 1 款确立了协议限制竞争的一般性禁止性规定，而第 3 款则规定了限制竞争协议可以得到欧共体委员会"豁免"的条件，即能使消费者适当地分享因此产生的利润，能改善商品的生产或销售，促进技术或经济进步并且为实现上述目的的限制竞争是绝对必要的或者限制竞争不得大到足以排除市场竞争的程度。这就使这些例外充满弹性。而根据第 3 款规定的《772/2004 号条例》来看，其对于限制性协议是否能够豁免，不是像过去那样简单地规定这些协议是否属于禁止的范围，而是考虑多种因素，来综合平衡考虑。

（2）区分专利权存在和专利权行使的二分法。这主要涉及《欧洲联盟条约》第 82 条的适用。该条主要涉及但不限于单个企业的市场行为，目的在防止其滥用支配地位，不合理地限制共同市场内的竞争。应注意的是，该条在欧洲法院对专利权行使行为进行适用的演绎过程中，确立了专利权存在和专利权行使的二分法原则，该原则认为垄断地位本身并非没有可取之处，它对于促进效率、技术进步具有明显的重要性，有些领域，甚至需要通过立法来维持某种垄断，需要禁止的是对这种地位加以滥用的行为。故而支配地位的存在并不适用第 82 条，只有当专利权人滥用因其拥有专利所得到的支配地位时，才适用第 82 条。

（3）限制条款的规定形式越发简练化。针对原条例中规定的"三色清单"，即可获得豁免的限制竞争条款白色条款、不能获得豁免的限制竞争条款黑色条款以及可能获得豁免的限制竞争条款灰色条款过于僵化和复杂的缺点，《772/2004 号条例》不再采用详尽的"三色清单"的模式来规定有关限制条款是否能够适用集体豁免，只是规定了可以豁免的"安全港川"和不可以豁免的严重限制竞争的条款，而不再列举可以豁免的"白色清单"以及可能豁免的"灰色清单"等繁杂而又模糊的条文，使得该豁免条例较原先的条例更为简练和明确。而对于该条例没有涉及的许可协议中的众多限制如许可费义务、独占和独家协议、销售限制、产量限制、使用领域限制、控制使用限制、搭售和捆绑、不竞争的义务等，则在《欧共体条约第 81 条适用于技术转让协议的指南》中仍然进行了详细的分析。这种详略得当、粗细分明的豁免安排，为更广范围的技术许可协议提供更大的法律确定性，给予知识产权人更大的缔约自由，促使企业能把注意力集中于避免那些不可以豁免的严重的限制条款，而无须过多担心那些可能违法的条款，从而增加企业对技术转让的积极性，也增强了审查机关法律适用的便捷性。

五、我国台湾地区对专利权滥用行为的规制

我国台湾地区对于专利权滥用行为并无直接的法律规制。我国台湾地区"公平交易法"第 45 条是对专利权正当行使行为适用的排除，实际上可被认为是从反面将专利权滥用行为纳入其专门规定的管辖范围之内，予以间接规制。

"公平交易法"将垄断行为分为事业独占行为、结合行为及联合行为。对于专利权滥用行为，主要可从独占地位的滥用加以考察。关

于独占,"公平交易法"并不认为属于当然违"法",而是对滥用独占地位的行为予以禁止。而所谓"滥用",根据"公平贸易法"第10条,是指"一、以不公平之方法,直接或间接阻碍他事业参与竞争;二、对商品价格或服务报酬,为不当之决定、维持或变更;三、无正当理由,使交易相对人给予特别优惠;四、其他滥用市场地位之行为"。与此相应,专利权的独占地位滥用行为也应有上列几种表现形式。事实上,我国台湾地区"专利法"也对此作出了类似规定。该"法"第46条规定:"专利权之让与或出租,其契约如附有左列情形之一者,不生效力:一、禁止或限制受让人使用某项物品,或非出让人、出租人所供给之方法;二、要求受让人向出让人购买未受专利保障之产品或原料;三、所定让与费或租用费过高,致实施人实施时,不能得相当之利润者。"但仅对限制或禁止所使用的原料、搭售、过高定费这三种类型的限制行为给予规制显然是不够的,"公平交易当局"还需对专利权人利用其独占地位所为的不正当拒绝许可、价格歧视、差别待遇等限制竞争的行为给以"反垄断法"上的判明和规制。此外,对于形式上虽为依照"专利法"等行使权利的正当行为,实质上却是逾越专利权等正当权利的行使范围,违反"专利法"等保障发明创造的立法意旨时,也依"公平交易法"处理。

然而,"公平交易法"毕竟是以一般反竞争行为为规制对象的规定,对于专利权滥用行为缺乏针对性。随着近年来,台湾地区因专利权滥用导致的垄断行为现象日益增多,急需一部专门的"法律"规定对其予以规制。由此,我国台湾地区"公平交易委员会"结合相关案例经验及该地区产业发展现状,并参考美国、日本及欧盟有关技术许可的相关规定,于2001年1月18日出台"审理技术许可协议案件处理原则",作为日后各方处理有关技术许可协议案件的参考基准。该原则阐明了"公平交易委员会"审理技术许可协议案件的适用范围、基本原则、审查分析步骤及审酌事项,并将技术许可协议内容常见的行为类型区分为不违反"公平交易法"、违反"公平交易法"及可能有违反"公平交易法"之三种,以例示方式,加以规范。

六、相关国家和地区规制的异同比较与分析

由上可见，以上几个典型国家和地区对于专利权滥用行为的反垄断法规制是各具特色的。《美国知识产权许可的反托拉斯指南》及两个报告集中反映了美国反托拉斯执法机关对知识产权的一般态度，并对知识产权和反托拉斯执法之间的关系从不同的角度作出了比较深入科学的分析，同时其对许可行为所采取的分析方法和评估原则也有很多可取之处。欧共体竞争法通过确定对专利权行使适用竞争法的一般性禁止规定和例外情况，可以针对不同情况灵活采取不同认定标准，提高了对现实生活的适应性，通过区分专利权存在和专利权行使，有效划分竞争法与专利法各自的适用范围。通过对豁免清单的简化改造，不仅增强了竞争法的可操作性，而且便于当事人依法行使权利，促进了专利权利的转让流动。《日本垄断禁止法》第21条和我国台湾地区的"公平交易法"第45条，阐明了其对知识产权行使行为的基本态度，即对正当行使行为的豁免和对滥用行为的规管。除此之外，在对专利权垄断行为的预防措施上，各个国家和地区也表现出不同之处。美国采取的是事后制裁，即一般没有预先设置一个提示性程序，一旦发现可能违反反托拉斯法的行为，即诉诸法院或由执法机构采取相应的规制措施。欧盟、日本和我国台湾地区则更注重事前防范，例如欧盟通知异议程序的安排、日本事前咨询制度的规定、我国台湾地区"事前公告"制度的设置，都是意图将专利权行使行为控制在反垄断法容许的范围之内，未雨绸缪，以避免市场和法律资源的浪费。

尽管存在这些差异，但各国在对于专利权滥用的规制问题上，彼此之间还是存在许多相似之处。主要表现在以下方面：

（1）在立法目的和宗旨上，均既要保证对创新的激励，又要考虑对竞争的维护。在考察专利权滥用行为的反垄断法规制时，对这二者的兼顾始终是分析和评判专利权滥用行为的基础。

（2）在对待相关专利权行使行为的处理方法上，"类选法"受到青睐。欧盟、日本和我国台湾地区都是采取"类选法"，将专利权行

使行为分类，分别适用不同的法律原则和认定方式，以节约执法成本、提高执法效率。

（3）在反垄断法上的审查步骤上，基本可分如下三步：第一步是分析该行为是否属于专利权正当行使行为，若是，就排除反垄断法的适用，若不是，就要进入第二步，即运用一般的反垄断法分析方法分析该行为是否限制或很可能限制竞争，当该行为明显限制竞争时，可以适用本身违法规则直接进行反垄断法上的规制，但是这类行为较少，对于一般的限制竞争行为，还需要进行第三步考察，即将限制竞争造成的损害与鼓励创新带来的收益进行权衡，只有当损害大于收益时才给予反垄断法上的规制。

（4）在对知识产权的反垄断法审查判断上，由严格趋于放松。无论是美国、欧盟还是日本，其相关指南和条例中再三强调，仅凭知识产权的存在，不足以推断出权利人具有市场支配力，即使因知识产权而具有市场支配力，这一事实在通常情况下也不足以作出滥用的判断，仍需要结合案情作出多方面的分析。这种趋同现象的出现，应给予足够的重视。总体而言，各国立法趋同的原因，主要可归纳为以下三点：①从本身性质来看，专利制度与反垄断法都是属于技术型立法，存在被移植、模仿的可操作性。作为制度设计的产物，专利制度和反垄断法实质上都源于对经济效益的考虑，并不涉及伦理道德问题，与传统文化、社会风俗的联系不大，因此，无论在哪个国家或地区，都有适用的空间，也有移用的适应性。出于对立法技巧的吸收和借鉴，一般不会受到抗拒和反对。②从时代要求来看，在知识产权经济时代，专利在经济领域中的优势越发突出，其制度的建设和完善得到了各国的重视。目前，按照世界产业利润评估，约80%的工业利润集中在以知识产权为核心的商标、专利许可上。知识产权、规模、收益已经成为高技术企业生存的三大要件。法律作为社会关系的调整器，不可能对这一重要现实视而不见。各国在制定自己的制度规范时，不仅要立足本土国情，还要积极借鉴和引进他国已经成熟的法律制度和立法经验。欧盟在制定其对专利权滥用行为的反垄断规范时，必然要对美国相关法规加以参考，日本的相关规定很明显带有对美国和欧盟竞争法进行借鉴的痕迹，我国台湾地区的反垄断制度也是在对其他各国立法规定的取舍下建立起来的。因此，这些国家和地区在某些法律规定上不可避免会有类似之处。③从国际合作的需要来看，在经济全球化背景下，专利权制度和反垄断法建设的国际合作的加强，必然要求各国相关制度相互趋同、相互融合。而从专利权和反垄断法本身来看，二者也都存在予以一致规范的基础。当然，各个国家和地区基于经济发展水平的不同、社会发展策略不同，在具体制度设计上会有不同的倾向，但是，大体上的规制方式和原则还是基本相同的。对于鼓励创新和规制权利行使中出现的限制竞争现象，既是发达国家重视的事情，也是发展中国家应予关注的事情。如何利用相关制度来激发本国经济发展，适应本国的经济政策，防止相关权利滥用所带来的恶果，是各国均需思考的问题。

七、我国对专利权滥用的规制

目前世界上，对于专利权滥用的规制主要是专利法与垄断法配合，以专利法确定权利界限，以反垄断法规制过界行为。而在知识经济条件下，如何控制本领域内的垄断问题并没有解决，仍需要大量的研究与实践。即使比我国早很多就开始研究知识产权垄断问题的发达国家，它们设计的规则也都处于不断改进修订之中。而且，由于发达国家的专利持有量大，且核心技术多，它们对待此问题的态度比较宽松，像美国、日本出台的一系列指南都属于指导性较强而强制力很弱的文件。发展中国家在核心技术上往往缺乏优势，需要大量使用他国核心专利技术，因而强制力较高的法律文件更能保护身处劣势的发展中国家市场主体。

目前我国的法律体系中，并没有专门的完整体系去规范专利权的滥用，而是分布于各个法律，主要是《反不正当竞争法》（1993年颁布）、《合同法》（1999年颁布）、《反垄断法》（2007年修订）、《专利法》（2008年修订）等。《合同法》第7条、第52条规定了协议合法的边界，也是处理专利权滥用限制市场竞争或损害社会公共利益的指导原则。而该法第 329 条、第 343 条的规定明确了技术合同的无效情况以及技术转让行为的范围。这样的具体规定比只有原则性规定的《反垄断法》等相关法律，更有实践性，在法律上提供了处理相关案件的直接而具体的依据。

《反不正当竞争法》第 11 条、第 12 条、第 15 条对于不公平竞争的方式作了规定，而其中搭售、联合限制等行为也是专利权滥用的常见行为方式。但《反不正当竞争法》的出发点是一般性的商品，而非知识产权，因而目前的《反不正当竞争法》并不能适应知识产权领域的复杂性，无法满足对其进行规制的需要。

在《专利法》中，第 48~50 条规定了专利强制许可的机制，但实际操作中，仍有不足。比如强制许可需要国务院专利行政部门的审批，而该部门行使审批权力时，又有许多限制，增加了强制许可行为的难度。而第 48 条虽然规定了被认定为垄断行为的专利权使用行为应当强制许可，但在该法中未对垄断行为进行认定，因而还要依靠反垄断法进行相应的补充。而在前文中分析过的《反垄断法》第 55 条，仅仅是原则性规定，缺乏可操作性。从以上对我国现行法律法规的分析可以看出：尽管我国有多部法律涉及规制专利权的内容，但这些规定都存在这样那样的缺陷。从立法上看，原则性法律规范较多，缺乏具体规范，无操作性。而且在这些法律中，几乎没有专门的针对本领域垄断问题的规定，而更多地是对于专利权人和社会公众的关系调和。从内容上说，目前的法律规范涉及的本领域内的垄断行为很少，与当前专利权滥用的新特点不能相适应。目前在国际市场的竞争中，许多专利滥用行为损害了我国企业的利益，但在国内的法律体系内得不到很好的解决。尤其目前多是发达国家向我国进行技术输出，而我国没有严格的规制专利滥用的完整体系，缺乏对企业在国际标准化中挑战的激励与引导，这是十分不利于我国企业在国际市场上的技术竞争的。对于这种状况，有些学者认为需要反垄断法来规制，有些学者则认为依靠私法领域的专利法本身或者民法、合同法等进行规制。

中国加入 WTO 之后，在专利权领域的纠纷层出不穷，特别是 DVD 专利费实践、思科诉华为案件、微软知识产权索赔纠纷等，引起国内学者高度关注。各领域的学者从经济、法律、知识产权等不同视角进行分析，广泛讨论了发达国家的知识产权战略对中国的影响、大型跨国公司在专利权滥用而阻碍中国在国际市场的竞争、损害社会公共利益等行为并且已有许多的共识。目前普遍认为，专利权的保护与专利权滥用的规制不可偏废其一，既要加强专利权保护，也要规制专利权的滥用行为。而对于专利权的限制方式，目前多数认为要从内部与外部两方面全面加以限制。内部限制是从专利法律本身例如专利保护的时间、地域等方式加以限制，而外部限制是依靠公法干涉，主要是反垄断法领域对专利权滥用造成市场恶性竞争的限制。对于在我国的跨国公司影响市场竞争的问题，则普遍认为不仅需要私法对其合法适用范围进行划界，还要依靠具有公法性质的反垄断法对专利权使用出界的行为加以规制。这样的理论与前文中美国、欧盟等发达国家和地区的理论是一致的。面对国际市场上发达国家的强势地位，也需要不断完善技术标准化战略予以应对。

第三节　日本对专利权滥用的法律限制

一、主要依据

日本限制专利权滥用的依据主要有两个：一是作为公法的《反垄断法》和《不正当竞争防止法》；二是与作为私法的《民法》的一般原则和《专利法》。在日本如果专利权的行使阻碍了有效的竞争，或不正当地损害了其竞争者的合法权益，这些行为就要受到《反垄断法》和《不正当竞争防止法》的规制。《日本反垄断法》原则上不适用于知识产权法所规定的权利行为，其第21条规定："反垄断法不适用于正当行使著作权法、专利法、实用新型法、外观设计法、商标法所规定权利的行为。"但是，如果权利人行使其权利的方式超出了正当的范围，违反了权利设置的目的，即被认定为不属于上述第21条所规定的"正当行使著作权法、专利法等所规定权利的行为"，就要受到《反垄断法》的制约。2007年作为专门负责施行《反垄断法》的政府机关——日本公正交易委员会，颁布了《专利和技术秘密许可协议中不公正交易行为的管制指南》。这项指南规定了专利和技术秘密许可协议中哪些行为应该受到《反垄断法》的规制。这样，《日本不正当竞争防止法》也具有与专利权滥用行为有关的规定。《日本不正当竞争防止法》第2条第1款第14项规定：如果有人进行"陈述虚假事实妨害有竞争关系的他人在营业上的信用，或者散布这种虚假事实的行为"，利益上可能受到损害的人可以请求制止这种行为。近几年日本的专利侵权诉讼中，涉嫌侵权行为人使用这条规定主张权利的频率较高。但是，由于《不正当竞争防止法》的这条规定只是针对"陈述虚假事实"，所以专利侵权诉讼中适用于这条规定的实际上并不多。

《日本民法》第1条第3款规定："不得滥用权利"。相对于《反垄断法》和《不正当竞争防止法》，《民法》的这一一般原则有较宽的适用范围，它要求当事人在行使民事权利时应当尊重他人利益和社会公共利益，不得滥用权利。作为一般原则，这项"不得滥用权利"的规定没有特定的要件，所以给法官提供了较大的自由裁量空间，一定程度上起到了弥补民法本身或其特别法规范缺陷的作用。至今大多数的日本专利侵权诉讼中，涉嫌侵权行为人一直根据《民法》的这一原则进行权利滥用抗辩。在2004年修改的《日本专利法》明确了专利权滥用的法律规定之前，对于不能适用《反垄断法》和《不正当竞争防止法》的专利权滥用行为，涉嫌侵权行为人只能根据《民法》的这一原则进行权利滥用抗辩。

二、日本专利权无效情况下的专利权滥用

（一）专利权无效情况下日本权利滥用抗辩的司法确立与发展

1. Kilby 案件

Kilby 专利案（日本最高法院第364号）是日本专利侵权诉讼历

史上具有巨大影响力的一个案件。日本专利侵权诉讼中经常采用的专利权无效情况下的权利滥用抗辩的依据就是在 Kilby 专利案上告判决之后才确立的。对于专利权无效情况下的权利滥用行为进行抗辩的这一依据正是上文所述的《日本民法》的一般原则。

该案是原告日本制造业的富士通公司向被告美国半导体制造业的德州仪器（Texas Instrument，TI）公司提起的一起"确认损害赔偿权不存在之诉"。"确认损害赔偿权不存在之诉"是日本特有的与专利侵权有关的一种确认之诉，即在权利人已经给涉嫌侵权行为人发警告信等的情况下，在权利人还没有起诉前，涉嫌侵权行为人可以就权利人是否有权利要求损害赔偿进行先行起诉。涉嫌侵权行为人在"确认损害赔偿权不存在之诉"时一般主张权利人的专利权无效或者自己的产品没有侵权等。

该案的被告 TI 拥有的关于半导体的核心技术专利即 Kilby 275 号专利，是一项典型的"潜水艇专利"（Submarine Patent）。TI 虽然 1960 年始就申请该项专利，但几次利用分案申请制度故意延长审查期间，直到 1989 年（29 年之后）才获得 Kilby 275 号专利权。因为当时的《日本专利法》（大正十年法律第 96 号）规定，专利权的保护期为申请公告日起 15 年，Kilby 275 号专利的保护期到 2001 年 11 月 27 日。

TI 以侵犯专利为由，起诉了许多日本半导体公司。后来 TI 与日本绝大多数半导体公司如 NEC、东芝、日立等，就关于包括 Kilby 专利的半导体回路有关发明专利，签订了以 2004 年 12 月 31 日为期限的一揽子专利相互实施许可权合同，获得了巨额的专利许可费。但是，该案原告富士通则认为自己使用的技术没有侵害 Kilby 275 号专利权从而拒绝支付专利权许可实施费，并提起了"确认损害赔偿权不存在之诉"。

经过一审东京地方法院、二审东京高等法院和三审最高法院的审理，2000 年 4 月 11 日，最高法院判决 TI 的 Kilby 275 号专利权行使行为构成权利滥用。在该案判决中，最高法院首先认定的 Kilby 275 号专利权存在明显的无效理由，从而判断行使其专利权的行为构成权利滥用。

关于法院判断专利权是否无效的理论依据该案判决书说明：纠纷最好是在短时间内用一个程序解决。在专利侵权诉讼中，如果涉嫌侵权行为人经过知识产权局的无效宣告程序而得到无效宣告之后，才可以以专利权无效为理由对抗该专利权行使行为，那么那些并不想请求知识产权局宣告专利权无效的当事人也不得不利用无效宣告程序。这个情况，从诉讼经济的角度看也不太合理。因此，即使是在知识产权局宣告专利权无效之前，审理专利侵权的法院也可以判断该专利是否明显无效。当法院认为专利权无效的理由明显时则可根据该专利权提起的诉前责令停止侵犯专利权行为、赔偿损失等诉讼请求，在没有其他特殊条件的情况下，认定该权利滥用而不能被允许。

在日本司法实践中，该案判决建立了专利侵权诉讼中的权利滥用抗辩，即对明显无效的专利权行使行为的权利滥用进行抗辩。在该案判决以前，根据明治时代 1903 年的大审院（当时的最高法院）判决，审理专利侵权案件的法院不能直接对专利的有效性进行审理，而只能由日本知识产权局确定专利是否无效。在该案判决中，日本最高法院推翻了上述明治时代的判决，允许法院直接审查专利权的有效性。虽然日本不是判例法国家，但该案的判决给以后的相关诉讼带来了一定的影响。Kilby 275 号专利案判决后，在许多专利侵权诉讼或确认损害赔偿权不存在之诉中，当事人都采用了 Kilby 275 号专利案判决中的专利权滥用抗辩。

据日本知识产权协会第一委员会第三小委员会的统计，Kilby 专利案判决用之后，在 2000 年 5 月 1 日到 2002 年 4 月 24 日的近两年中，与专利权有关的 225 件侵权诉讼中 71 件案件的当事人主张权利无效，与实用新型有关的 74 件侵权诉讼中 31 件案件的当事人主张实用新型权无效。其中，22.6% 的专利权和 27.5% 的实用新型权被法院判决为无效。由于 Kilby 专利案判决的广泛影响，2002 年以来，该判决的权利滥用抗辩也越来越多地被涉嫌侵权行为人使用。

2. Patent Troll 案件

在利用 Kilby 案件判决中的权利滥用抗辩的案件中，2003 年的"双屏幕手机专利案"（东京地方法院平成十五年第 28575 号）被认定为日本唯一的 Patent Troll 案件，这是值得关注的。

该案的被告日本 ADC Tech 公司，是由专利代理人设立的、以专利权管理为主的公司。ADC 拥有关于双屏幕手机的专利权，该专利的权利要求明确其特征在于具有两个屏幕的小型数码设备，其中一个屏幕上显示电池残量。ADC 公司 1992 年申请这项专利，2003 年 3 月 14 日才拿到专利权（日本特许第 3408154 号）。然后，根据这项专利，ADC 给日本最大移动电话公司 NTTDoCoMo 和手机制造公司 NEC 发了专利侵权的警告信，并要求赔偿损失和返还不当得利。NTTDoCoMo 和 NEC 对此提出了确认损害赔偿权不存在之诉。后来，该专利在知识产权局的无效审判过程中被判为无效。在确认诉讼中，法院也支持原告的主张。作为日本唯一的 Patent Troll 案件，该案震动了日本专利行业，也引起公众的广泛关注。

美国华盛顿大学的大熊靖夫、佐桥美雪、薛惠文和 Joe Brennan 发表论文，分析日本 Patent Troll 案件不多的原因：①在专利侵权案件中，知识产权局的无效审判结果和法院判决的一致率很高。此外，因为只有固定的法院拥有专利侵权诉讼的管辖权，专利诉讼判断的稳定性也比较高。②因为没有美国的法庭所适用的惩罚性赔偿或整体市场价值规则等，日本的专利侵权赔偿金额一般比美国低得多。③日本的专利法允许根据大部分的法定无效理由宣告专利权无效的程序。笔者认为，上述分析很有道理。除了这些，还有其他原因。例如，日本民事诉讼没有陪审员制度，而且日本很多专利侵权诉讼中法官按照许可使用费计算赔偿金额，所以日本专利侵权诉讼的平均赔偿金额比美国的平均赔偿金额低很多。这些也抑制了日本 Patent Troll 案件的发生。

3. 日本法学界关于专利权滥用抗辩的争论

如上所述，日本的专利权滥用抗辩是通过案件确立的，是在专利权无效情况下的权利滥用抗辩。Kilby 案件的判决在日本法学界引起了强烈的争论，尤其是关于最高法院采用《民法》"权利滥用"原则的理论依据。有些学者认为，在只有知识产权局能宣告专利绝对无效的现有制度背景下，法院只能采用该案判决的方法。明显无效权利的行使违反了专利制度的目的，从而构成权利滥用法院无法宣告并判决

"本案的专利权无效",因此只能像上述案件那样进行判决。笔者认为,这个见解比较现实,也抓住了问题的核心。还有些学者指出,从本质上说专利权是知识产权局所授予的私权,适用《日本民法》第1条第3款的"权利滥用"一般原则也是合理的。然而,也有学者对该案判决的理论构成持反对意见。他们认为,"权利滥用"法理不适用于该案的案情,而应直接适用于"专利权无效"法理。因为"权利滥用"法理的本质在于有效无瑕疵权利的违法行使行为,而"专利权无效"法理是对无效权利的行使行为,与其行使行为的内容无关,在专利权无效的情况下,不可能形成"权利滥用"。所以,该案应直接采用"专利权无效"法理。笔者也赞成这种观点。虽然专利权在保护期间是形式上的合法权利,但如果专利本身存在"瑕疵",其权利的行使只能算做"瑕疵权利的行使";如果行使权利的过程中没有"瑕疵",这个行为就不属于"权利滥用"的法理范畴。总之,日本法学界和实务界对 Kilby 专利案判决的一般见解是:虽然 Kilby 案的判决利用了"权利滥用"的法理但该案判决中的"权利滥用"理论实质上非常接近"权利无效"抗辩。

此外,判决结果中还提到了法院认定专利权滥用的要件,即"当法院认为专利权无效的理由明显时",才可以判断专利权滥用。这个条件中要求的"明显"的程度也引发了争议。很多学者批评这个条件的主体和要求程度不明确。但是还有些实务工作者认为,在法院还不能判断很复杂的专利的无效性的情况下,为了防止法院和知识产权局的判断不一致,规定这个条件很有必要,同时指出,要是没有这个条件法院审判侵权诉讼会需要更多的时间。关于这个条件要求的明显程度,一般认为应该和一般民事诉讼中的证明标准一样,即"如果能够让法官确信无效理由的存在,就可以满足明显要件。不过,这个要件的具体判断标准的问题到日本 2004 年《专利法》修改时才完全解决。

虽然存在上述争论,但日本法学界和实务界都对案件的判决结果持肯定的意见。该案判决之后,为了帮助法院判断专利权无效,有人建议应该制定法律条文,允许法院判断专利权无效、确立让法院和知识产权局互相协调的制度，并通过增加法院专门人员帮助法院判断高科技内容。

(二) 专利权无效情况下日本的权利滥用抗辩的正式立法

在 Kilby 专利案判决之后，在日本很多专利侵权诉讼或确认损害赔偿权不存在之诉中，越来越多的涉嫌侵权行为人进行专利权无效情况下的权利滥用抗辩。为了顺应实务的这种变化，2004 年作为《法院法等修改法》（日本平成十六年法律第 120 号）的一部分，《日本专利法》中增加了允许受理侵权诉讼的法院判断专利权无效的新规定。具体来讲，这次修改增加了："在专利权或独占实施权侵权诉讼中，如果该专利权在知识产权局的无效审判中应当被认定为是无效的，专利权人或独占实施权人不得向他人行使其权利。对上款规定的手段进行主张或抗辩的，如果其目的是不正当地延迟案件审理，法院可依申请或职权作出拒绝裁定。"根据这条新规定，法院可以判断专利权无效，而且不以 Kilby 判决中"明显的无效理由"为要件。作为明显要件的替代，新规定包括防止滥用第 1 款手段的第 2 款规定。不过，制定这条新规定之后，知识产权局无效审判的意义没有任何改变，法院依然不能宣告专利的绝对无效，只有知识产权局才可以宣告专利权无效。

这条新规定的制定不是在 2004 年《专利法》修改中进行的，而是在《法院法等修改法》（日本平成十六年法律第 120 号）中规定的。作为日本司法改革的一部分，《法院法等修改法》是由司法制度改革推进本部事务局内设置的知识产权诉讼研讨会作出的法律修改案并于 2004 年 7 月由日本议会通过的。关于调整侵权诉讼法院的专利权无效判断与知识产权局专利权无效宣告的关系，日本内阁召开的知识产权战略会议在 2002 年制定的《知识产权战略大纲》里已经提出。

据知识产权诉讼研讨会的议事记录，在研讨会的会议中，产业界强烈地要求专利纠纷在一个程序里解决，即受理侵权诉讼的法院同时判断专利权无效与专利侵权。因此，研讨会甚至考虑知识产权局无效审判制度的废除，但最终保留了侵权诉讼与知识产权局无效审判两个制度并立。不过为了尽量在一个程序中解决专利纠纷，在研讨会作出的修改案中，判断专利权无效的法院不要求 Kilby 案件判决中的"明显的无效理由"要件。为了防止侵权诉讼与无效审判的结果不一致，研讨会上还讨论了限制申请无效审判的期间。但是无效审判是任何人可以随时申请的，如果禁止侵权诉讼当事人在诉讼期间申请无效审判，侵权诉讼当事人还可以用第三者的名义申请无效审判，所以申请期间的限制实际上不可能。因此，研讨会放弃了限制申请期间的制度，只作出了促进法院与知识产权局之间协调的制度。这具体体现于《日本专利法》第 168 条第 5 款和第 6 款，即规定了受理侵权诉讼的法院和进行专利无效宣告程序的知识产权局之间互相通知和交换信息的义务。

为了提高法院判断专利权无效的专业素质，在上述《法院法等修改法》被日本议会通过的同时，研讨会提出的《知识产权高等法院设置法》也由日本议会通过。《知识产权高等法院设置法》规定设立知识产权高等法院，并作为东京高等法院的特别分支，集中受理知识产权侵权等民事案件的第二审以及请求撤销审判诉讼的行政案件的第一审。另外，《法院法等修改法》为了提高法院的专业素质，还扩大了法院调查官在知识产权诉讼中的权限。

三、日本专利权有效情况下的专利权滥用

（一）日本专利权有效情况下的权利滥用抗辩

如上所述，日本传统的权利滥用抗辩就是专利权无效情况下的抗辩。但是，专利权滥用行为还有一种情况，即专利权有效情况下的专利滥用。在专利权有效的前提下，虽然其行使行为表面上似乎合法，但实际上具有反社会性。

根据日本知识产权研究所的调查研究报告，在专利侵权诉讼中涉嫌侵权行为人根据专利权行使行为的反社会性主张权利滥用的案件一共有 20 件。在这类案件中，涉嫌侵权行为人主要根据以下三个理由

第五章 专利权滥用的限制制度

主张权利人的专利权滥用：①权利人在取得专利权的过程中有虚构事实等欺骗知识产权局的行为；②权利人的权利行使行为具有反社会性；③涉嫌侵权行为人的产品的销售对社会有重要意义。不过，其中大多数的案件，法院没有支持涉嫌侵权行为人的主张，或没有判断其是否权利滥用。

然而，根据上述报告，在东京地方法院的"确认停止侵权行为权不存在之诉"中只有一个案件法院以权利行使行为存在瑕疵为由，判决权利人的行为构成专利权滥用（东京地方法院平成十七年第3089号）。"确认停止侵权行为权不存在之诉"类似于"确认损害赔偿权不存在之诉"，是日本特有的与专利侵权有关的一种确认之诉。在权利人给涉嫌侵权行为人已发过警告信等但还没有起诉的情况下，涉嫌侵权行为人可以先行起诉请求法院判决权利人是否有权利向法院请求停止侵权行为。

该案的原告是一家制造和销售液晶屏幕等产品的台湾公司。被告拥有关于液晶屏幕的专利权，其营业内容以授权行使该专利为主。2007年7月27日，被告通知原告，被告拥有许多关于液晶屏幕的专利权，原告至少有一项产品侵犯了被告的专利权，如果原告不采取合理措施，被告则对原告的客户行使权利。但是被告没有明确指出原告的哪一项产品侵犯了被告的哪一项专利权。被告要求原告与其签订对原告许可使用被告所有专利权的合同，但原告拒绝签订这项一揽子专利许可使用合同。诉外我国台湾地区 TATUNG 公司从2004年10月开始在我国台湾地区生产包括原告模块的液晶电视机。日本进口公司进口该产品，再卖给诉外日本西友公司。西友公司从10月28日开始向日本消费者销售该电视机。2004年12月1日，被告向东京地方法院申请采取责令西友公司立即停止销售该产品。被告在申请责令停止侵权行为后，向媒体说明了该项申请的事实和理由。其中一家报社和一家出版社在网站上公布了相关新闻。同时，该报社还在报纸上刊登了相关消息。2004年12月15日，西友公司停止该电视机的销售，把剩余产品退回给 TATUNG 公司。

在该案判决中，法院认为原告产品不构成对被告专利权的侵犯，而且被告专利权具有无效理由。法院同时认为，被告向法院申请采取责令停止侵权行为本身也有违法性，构成权利滥用。法院判断权利滥用的理由是以下两方面：

（1）该案中，被告没有陈述关于该专利的无效理由和相关事实。如果被告在提出责令停止侵权行为的申请之前，对侵权行为的存在和无效理由的存在进行了必要的调查，就应该知道无效理由的存在。因此，被告的责令停止侵权行为的申请构成《日本不正当竞争防止法》第2条第1款第14项所规定的"营业诽谤行为"。同时，法院还进一步判断，按照普通人的判断标准，即在不知道权利人主张的权利无效或不知道法律关系没有事实和法律上的依据的情况下，也不能允许权利人滥用权利。所以，在权利人打着"权利行使"的旗号毁损竞争者的商业信誉获得市场优势的情况下，权利人的责令停止侵权行为的申请应该被认定为违法。责令停止侵权行为的申请是否构成权利滥用，应该根据权利人和竞争对手的交涉经过、该竞争对手的行业和对应能力等作出综合判断。

（2）被告在警告时没有明确指出原告的哪一项产品侵犯了被告的哪一项专利权，而向原告要求与被告签订原告所有专利权的许可使用合同。由此可见，被告是为了与原告缔约对被告有利的一揽子专利许可使用合同，利用其所拥有的多项专利给原告施加压力，向法院申请责令停止侵权行为。

上述理由（1）和Kilby判决中的专利权无效情况下的权利滥用抗辩相同。但是该案判决中，法院进一步讨论了在权利行使时权利人的主观态度。在上述理由（2）中，法院不管该专利是否无效，根据被告的责令停止侵权行为的申请具有反社会性，把被告的行为判断为"权利滥用"。虽然该案的专利具有无效理由，但是按照上述理由，法院将来对于有效专利的行使行为也会判断为"权利滥用"。对于这一点，该案判决具有创造性并具有重要意义。

第四节 技术标准化中专利权滥用的限制

一、技术标准与专利技术结合的必然性

1. 二者存在客观上的共同结合点

专利权与技术标准是不同领域的问题，但二者确实在客观上有所结合，这种结合植根于技术，包括技术的开发和应用。专利的鼓励创新机制，正是为了鼓励新技术的开发与运用。而技术标准是对方案或技术的细节性要求，其制定与使用过程也是围绕技术的开发应用而展开的。在高新技术呈爆炸性发展的今天，二者的结合不断被强化，已经成为必然趋势。

2. 技术标准不断吸收先进专利技术实现自身优化

技术标准作为一定时期对某项技术的统一化要求，一定要反映当时的发展水平，才能在实际生产中广泛应用。如今科技进步速度如此之快，人们的知识产权意识不断加强，越来越多的领域在制定相关技术标准时可以采用的通用技术越来越少。发明者、改造者基本都会选择将其智力成果置于知识产权的保护下。技术标准如果排除了这些先进成果，则自身难以优化，难以广泛应用于科技迅猛发展的今天。而技术标准吸收这些先进成果的同时，要求发明者和改造者放弃这些知识产权利益，在实践中也是很难操作的。况且目前一项新技术往往涉及多个技术方案，并很可能分别属于不同的权利人。这种情况下，要权利人均放弃利益，更加困难，技术标准则更加难以运行。

3. 专利技术通过技术标准取得更大优势

技术标准的统一、强制和约束的特性令其可以稳定地跨地域广泛使用。专利技术进入技术标准，可以打破其时间性与地域性约束，获得更大的优势。原因在于：首先，一项专利技术进入某一技术标准，

接受该标准的所有成员均需获得此专利技术的使用许可，因而扩大了专利技术的许可规模。其次，技术标准延长了专利权的使用期限，专利权人将其专利纳入某技术标准，依靠技术标准的稳定性，突破其保护年限，获得更多收益。再次，专利技术进入技术标准，也可以突破自身的地域限制，不需要在各个地域申请专利权，而凭借技术标准的跨地域性即可获得一定的市场地位。最后，一项技术标准中的不同专利权人联合共谋，进行广泛的交叉许可或集中许可，形成垄断，可凭此获取巨大利润。专利权与技术标准相互依赖，专利权所有人也可以通过将自己专利纳入技术标准的方式获取市场控制力，提高自己在市场上的份额，甚至垄断相关市场。

二、技术标准化中专利权滥用行为的构成要件

专利权也是权利的一种，专利权的滥用，不能脱离权利滥用的认定方法。在认定权利滥用的各种方法中，徐国栋教授的方法十分具有代表性，他将认定权利滥用的标准概括为：故意损害，缺乏正当利益，损害大于获利，不顾权利存在等标准。按照徐国栋教授的观点，在判断权利滥用时，需要从主客观两方面综合判断。这就要求在分析具体行为时，要分析行为的主观方面是否具有故意，行为的客观方面是否违反了侵权法的一般原则，该行为是否造成与权力设定愿意相反的结果。还要根据具体情节，由执法人员综合所有情况最终予以判断。

具体判断纳入技术标准的专利在使用中是否具有专利权滥用的现象，首先要判断该行为是否经过以下过程：产生该行为的主观故意，该行为的具体实施，该行为导致的结果。要构成专利权的滥用，必然经过全部三个阶段，仅以部分阶段判断是否构成专利权的滥用是不全面的。专利权人的主观方面的判断并不能轻易得出。一般来说需要结合专利权人的客观行为及一贯表现加以考虑。某些行为的作出本身就带有明显的主观恶意，比如在戴尔案中，相关技术组织在制定标准之前已告知各主体提前申报专利，而戴尔公司也明确保证其在此技术标

准中不持有专利。当该技术普及，戴尔公司又以其中含有本公司专利为由索取使用者的专利使用许可费用。这样的行为很明显带有恶意，索取不合理的专利许可费用，也是很明显的故意行为。专利法本身对于专利权的行使有所限制，主要在于时间上和地域上。另外对于严重损害公共利益的行为也进行了限制。还有一些原则性条文，也为相关行为定性提供了参照。这些客观方面的内容往往有明确的参考标准，比之主观方面也较容易评价。对于专利权滥用而产生的结果主要是对市场竞争的严重限制、造成市场垄断并对于其他使用者或者消费者利益的损害。在专利法内部的限制规则之外，反垄断法对此有更好地评估。比如用反垄断法分析该行为是否造成市场垄断或者滥用市场支配地位等。

综上所述，对专利权人的行为全方位评估，才能更好地协调专利权人的专有权使用和公众权益的平衡。

三、技术标准制定中专利权滥用的主要表现形式

在技术标准的制定过程中，专利权人滥用其专利权的行为多种多样，主要目的就是不正当地对技术标准的制定施加影响，使制定出来的技术标准最符合自己的利益。其中典型的行为有以下几种。

1. 不公正参与技术标准制定

正如上文所述，将专利技术纳入标准之中，将给专利权人带来巨大的利益。因此，技术标准的制定过程，其实也是各专利权人利益博弈的过程。那些拥有专利权的大公司或者这些大公司组成的利益集团，就会利用其巨大的市场影响力，通过各种方式向标准的制定机构施压，以使其专利技术被纳入技术标准之中。而那些中小企业，由于其实力较弱，影响力有限，即便其拥有的技术更加先进，也可能被排除在技术标准之外。所以，制定出来的标准往往不是最能体现公共利益的标准，而是最能代表大公司或者大公司集团的利益的标准。比如，在"Radiant Bunrers, Inc. v. Peoples Gas lighter Coke Co."案中，原告 Radiant Burners, Inc. 在诉讼中称天然气公用事业局对其煤气喷

嘴的使用申请进行了不合理的拒绝。虽然原告的产品未曾经过美国煤气协会的认证，但是其产品的安全标准高于美国煤气协会制定的相关标准，而且美国煤气协会在认证被采用的标准时受了原告竞争对手的影响，因而制定的标准并不公正。

我国在制定国家技术标准时，也出现过技术标准被利益集团影响而有失公允的争论。如北京新岸线公司研发的被确定为手机电视移动多媒体国家标准的技术方案，被当时的广电总局指责为受到少数人操纵而形成的技术标准，并拒绝承认和使用。

以上两个案例，表明专利权人为了使其技术被写入技术标准，可能不正当地向标准制定机构施加影响，从而构成专利权滥用的一种情况。

2. 不披露专利信息

技术标准具有一定的公益性和工具性，为了公共利益的考虑，技术标准的制定机构在制定标准时，会尽量选择非专利技术。但目前专利技术进入标准已无可避免，此时技术标准的制定者应当全面了解标准涉及的技术的专利权信息，这关系到制定出的技术标准能否最大限度地代表公共利益。为了实现这一要求，世界上主要的标准化组织都制定了完备的知识产权信息披露机制。其中专利权信息披露是标准组织或标准的发起人为了便于将来推广和豁免自己的责任，要求标准提案人在将有专利权的技术纳入标准之前，必须披露对该技术享有的财产权等。专利权人为了使其专利技术能够被技术标准制订机构采纳，往往会对拟纳入技术标准的技术拥有专利权的信息采取使用肯定谎言、保持沉默或遗漏的行为去对抗信息披露制度。等技术标准制定完成并得到一定程度的推广之后，专利权人又向标准的适用者主张专利权，以此来谋求不正当利益。专利权人的这种行为，违背了诚实信用原则，损害了标准适用者和相似技术拥有者的权利，构成专利权的滥用。

在使用肯定谎言的方式上，被引用最多的案例是美国1996年的戴尔公司案。戴尔公司于1991年获得了关于"主板上用于接收VL-bus的缺口轮廓"的美国专利，专利号为5036481。1992年戴尔公司

第五章 专利权滥用的限制制度

参加了一项为视频电子标准联合会制定"VL-bus"标准的工作。该标准的技术用来传输电脑 VPU 和次要装置之间的信息。在该标准制定会议上，所有接受该标准的成员都需要确定他们在本标准覆盖范围内不存在任何专利权。当时戴尔公司的代表曾两次作出这一标准提案没有侵犯戴尔公司任何知识产权的保证。之后戴尔公司的该项专利技术被纳入"VL-bus"标准。8 个月后，"VL-bus"标准在市场上得到了很大的普及，此时戴尔公司向本标准的使用者提出收取专利费的主张。1995 年，被戴尔公司要求支付专利许可费的电脑制造商联合向美国联邦贸易委员会的反垄断仲裁庭提出仲裁请求。1996 年 6 月联邦贸易委员会推翻了戴尔公司收取专利使用费的主张，并认定戴尔公司在标准的制定过程中违反诚信原则，在知识产权权利披露阶段明知技术标准涉及自己的专利技术，故意不披露有关的专利权信息，却在事后主张专利权，这种行为是对标准化组织工作的误导，构成专利权滥用。

保持沉默或遗漏的方式指知识产权人在标准制定时对进入技术标准的知识产权在信息上选择保持沉默或遗漏其中的重点内容。相比于前文的使用肯定谎言的方式，这种方式是消极地实施信息披露不实的行为。20 世纪 90 年代，美国发生过一起涉及通过网络进行图文件交换的通用标准的案件。此通用标准被简称作 GIF 标准，属于企业发布而形成的标准，并非官方制定。GIF 标准在 1987 年由 Compuserve 发布，并在相关领域得到广泛应用，而且此标准几乎是为所有人免费使用。1986 年，Unisys 获得的 LSW 专利为 GIF 标准覆盖，但 Unisys 对其持有 LSW 专利保持沉默。到 1994 年，Unisys 公司开始以自己持有的 LSW 专利向使用该标准的公司提出专利费用主张，这基本上包含了 Compuserve 公司在内的所有主要网络公司。这种对专利信息保持沉默的方式涉及很大程度上的对大多数公众的不实披露，完全可以造成与前种方式相同的效果。因而这种方式在某些法律中同样被看作一个肯定性谎言或者错误的声明。

综合上述两个案例可以看出，专利权人为了谋求不正当利益，在技术标准制订的信息披露程序中，故意不披露其拥有与技术标准相关的专利权信息，使其专利技术被纳入技术标准中，等到该技术标准得到一定程度的普及后，又以专利权人的身份站出来主张其专利权。这种行为损害了社会公共利益，也违反了诚实信用原则和禁止反悔原则，构成专利权滥用的一种形式。

3. 拒绝进入标准体系

在专利权人的专利技术构成技术标准的必要性专利的情形下，专利权人拒绝其专利被纳入技术标准之中的行为，将会导致技术标准不能被制订，对公共利益造成妨碍，也就构成专利权滥用。

正如前文所述，专利技术被纳入技术标准之后，将给专利权人行使其专利权带来极大的便利，并且会给专利权人带来丰厚的许可收益。所以，一般而言，专利权人不会反对技术标准将其专利纳入其中。大多数情况下，专利权人甚至会积极主动的寻求将其专利技术纳入技术标准之中。但是，如果专利权人的专利技术是某个领域里的核心专利，且具有不可替代性，则专利权人就可能拒绝技术标准将其专利纳入其中。一方面，专利权人为了将自己的利益最大化，就会向标准制定机构提出各种要求，如果这些要求在谈判中得不到满足，就会以拒绝进入标准相要挟；另一方面，在新兴技术领域里，专利权人为了抢占市场先机，建立足够的先发优势，就可能希望在一定时间内，独家享有该项技术，而拒绝许可他人实施，这时他就会拒绝技术标准将其专利技术纳入其中。由于必要性专利的核心且不可替代的地位，专利权人拒绝将其专利技术纳入技术标准，将可能导致技术标准的制订被搁置，从而妨碍公共利益，这就构成专利权的滥用。

比如，通用移动通信系统（UMTS）标准制定过程中，高通公司就曾经拒绝欧洲电信标准机构（ETSI）将其专利纳入 UMTS 技术标准中。通信技术的发展令移动通信市场的发展潜力巨大，在巨大的市场利润驱动下，各个利益集团之间的竞争不断升级，希望自己开发或倡导的技术能够成为这一领域的标准。欧洲电信机构最终与爱立信公司合作，而国际电信联盟则与高通公司达成合作协议。最初，欧洲电信标准机构与国际电信联盟在制定第三代移动通信标准时采用了不同的体系，因而两个机构在技术标准的采用上有所冲突。欧洲电信标准机构采用爱立信公司开发的 UMTS 标准体系，而国际电信联盟则采用高通公司的 CDMA 标准体系。但当欧洲电信标准机构向国际电信联盟提交 UMTS 标准体系时，高通公司为了阻止 UMTS 标准体系成为第三代移动通信的标准，发表声明自称拥有 UMTS 大量必要专利，并拒绝对欧洲电信标准机构授权许可，同时要求欧洲电信标准机构兼容 CDMA 体系。最后，爱立信公司不得不与高通公司签订协议，双方同意交叉许可各自的技术专利，并共同支持一个第三代移动通信标准，该标准提供了三种可供选择的操作模式。

在该案中高通公司拒绝欧洲电信标准机构将其专利纳入技术标准，要求技术标准制定主体向自己妥协，并通过与爱立信公司将双方相关专利交叉许可，达到自己的利益与扩张需求。高通公司这种凭借持有必要专利而迫使标准制定者妥协的行为既不利于市场竞争，也不利于科技创新，是一种危害公共利益的行为，也构成专利权滥用。

4. 纳入非必要专利

在制定技术标准的过程中，标准制定组织一般会对拟纳入标准的技术进行筛选，以确定哪些是制定标准必须的技术，从而确定可能涉及的专利技术中，哪些是必要性专利，以确保制订出的技术标准涉及的专利技术数量最少，尽可能减少公众实施技术标准需要支付的专利许可费成本，维护公共利益。制订法定标准时，因为标准的制订主体是政府标准化部门或者其他的标准化机构，他们与标准的制订结果并没有直接的利益联系，相对而言，他们能够比较好地代表公共利益，客观公正地确定需要纳入标准的必要性专利。但是，在事实标准的形成过程中，因为制定标准的主体是企业或者企业联盟，他们往往既是标准的制定者，又是专利权人。技术标准的制定结果，与其自身利益有着非常密切的联系。因此，在确定将哪些专利技术纳入事实标准时，很难保证标准的制定者始终秉持客观中立的态度，可能出现个别具有市场掌控力的大企业或者大企业联盟将其非必要性专利技术纳入事实标准之中。比如，在专利联营中纳入非互补的竞争性专利，以追求不正当的超额垄断利益。这种情况，对公共利益造成损害，构成专利权滥用的一种表现形式。

5. 不正当的联合抵制

联合抵制构成专利权滥用的情形，发生在已经被纳入技术标准的专利技术可能被新出现的先进技术取代的场合。技术标准制定之后，并不是一成不变的。随着科技的不断发展，各项技术都会不断地进步，势必会出现具有更好的经济效益和技术效果的新技术。各种技术标准为了维护自身的科学性和有效性，必须相应地作出调整和更新，用新技术取代旧技术。各种标准化制订机构几乎都安排了技术增补和退出机制。专利技术退出技术标准之后，专利权人无法继续享受技术标准带来的丰厚经济效益，而新技术进入技术标准体系之后，将借技术标准的实施而得到极大的普及，从而占据相关市场。退出技术标准的专利技术将被市场逐步淘汰。为了避免这种后果的出现，拥有可能退出技术标准的专利技术的权利人很可能通过其在标准化组织中的地位联合起来，共同抵制新技术加入技术标准，甚至进入市场。

这方面的典型案例是美国 1998 年 "Allied Tube v. Indian Head. Inc." 案。该案中被告 Indian Head 公司为了让自己持有的专利技术继续为相关的技术标准所使用，在标准化组织开会讨论新专利技术的纳入时，采取非正当方法贿赂会议参与者，并使其中不明内情的成员相信新技术不应被采用。这种联合他人对新的专利技术进行不正当的抵制行为不仅侵害了其他竞争者的利益，也阻碍了科技发展。而最终美国联邦最高法院裁定该案中被告的贿选行为具有非常明显的联合抵制竞争者的性质，属于本身违法行为。

专利权人为了攫取更大的利益，以眼前利益为目标，联合抵制技术标准中新技术的引入，不仅违背了技术标准化的公益目的，也违背了专利权设置的原旨，阻碍科技创新，打破了社会价值的平衡机制，也成为专利滥用的一种形式。

四、国外相关制度比较

（一）国际条约相关规定

目前世界许多国家和地区都对纳入技术标准的专利滥用其专利权

的情况进行法律规制，而国际条约中，TRIPS、《巴黎公约》等，对其也有原则性规定。其中世界贸易组织的 TRIPS 是非常重要的一项国际条约。

TRIPS 第 8 条第 2 款规定："为了防止权利所有者对知识产权的滥用，防止不合理地限制贸易或反过来影响技术的国际性转让的实施行为，可以采取适当措施，前提条件是这些措施与本协议的规定相一致。"另外第 29 条规定了申请人的义务，第 30 条规定了授予专利权的例外，第 40 条第 2 款规定了构成权利滥用的许可活动应当加以控制。

TRIPS 第 8 条第 2 款在第一章一般规定和基本原则内，反映的是本协定的指导思想，它在原则上给予成员国一定的采取措施防止知识产权滥用的权力。但这仅仅是一个原则，对于具体如何进行，TRIPS 并没有具体规定。而且关于对权利滥用的定性，除了第 40 条有几个具体行为的列举外，TRIPS 并没有详细的规定。第 28 条、第 29 条、第 30 条给专利权人划定了权利边界，但并没有相关滥用权利后果承担的规定。第 40 条第 2 款，仅对独占性回授、不争条款以及强制性一揽子许可的行为作了规定。

从内容上看得出，TRIPS 尊重了国家主权，但在实践中，主要是发达国家向发展中国家进行输出，而前文也提到过，以美国为例的发达国家对于知识产权的态度已从严格限制变为逐渐宽容，也就是说，在这样的情况下，发达国家会采取更宽松的标准去对待技术转让行为。相较之下，原则性的规定对于发达国家更有利。

(二) 美国相关法律

美国于 1890 年颁布了《谢尔曼法》，以此法规制限制竞争的行为。除了《谢尔曼法》，美国还有《克莱顿法》等法律。《谢尔曼法》晚于美国的专利法，但其本身并没有将专利权滥用的内容包括进去。《克莱顿法》于 1914 年颁布，其中涉及了专利与版权，这也是美国唯一涉及专利的反托拉斯法。

1995 年美国颁布了《知识产权许可的反托拉斯指南》（以下简称

《指南》)。该《指南》并不能算是具有约束性的法律规范,而只是政策性的说明文件,对法官的裁量也仅提供指导作用,并不约束法官的审判。《指南》对评估许可合同是否违反托拉斯法作了系统的说明。在评估时,要分析该许可合同所影响的领域,合同当事人的关系以及合同限制性条款的原则架构。该《指南》还对评估的原则进行规定,包括市场的结构状况、正当理由、反托拉斯"安全区"等。同时,对于许可合同中的常见限制性条款也做了分析,比如搭售协议、交叉许可、专利联营协议等。

2007年4月,《反托拉斯执法与知识产权:促进创新和竞争》出台。该报告与《指南》的发布主体相同,该报告更加强调在知识产权领域中执行反托拉斯法,要维持市场竞争机制和鼓励创新机制的平衡,是在《指南》的基础上进一步发展和完善。报告在总体上对鼓励创新更加关注,也体现了执法机构在分析涉及专利权的行为时,采用较为灵活的合理性分析方法。该报告在沿用《指南》的原则与分析方法的同时,吸收了新的经济理论成果,比《指南》更加丰富,也更加适于新的时代。无论是1995年的指南还是2007年的报告,这些成果中的许多内容都可以为我们所借鉴,例如其使用的合理分析方法以及一些相关概念的界定,都可以参考。

(三) 欧盟相关法律

欧盟一般将反垄断相关法律称为竞争法。最早的竞争规范来自欧盟1957年的《建立欧洲经济共同体条约》,即《罗马条约》。《罗马条约》第85条、第86条集中体现了欧盟的反垄断立法,其主要内容是规制企业的联合协议以及市场支配地位的滥用。之后欧盟分别于1984年、1988年和1996年颁布了《专利许可协议集体豁免条例》《技术秘密许可协议集体豁免条例》以及《技术转让协议集体适用欧共体条约第81条第3款的第240/96号条例》(以下简称《240/96号条例》)。《240/96号条例》是欧盟之前用于规制专利权滥用的重要法规。这项条例,对所有的许可协议进行了分类,根据豁免的难易程度,将许可协议分为黑、白、灰三类。黑色条款不得豁免,灰色条款须经欧盟委员会统一，而白色条款可自动获得豁免。

2004年，欧盟委员会发布了《关于对若干技术转让协议适用欧共体条约第81条第3款的第772/2004号条例》，取代了原来的《240/96号条例》。新的条例相比已经废止的《240/96号条例》，将协议以协议方的竞争关系和市场份额为标准划分，分为可豁免和不可豁免的协议。同时，新的条例也将适用范围做了扩充，之前的条例仅适用于专利，而新的条例将其他主要知识产权类别也都囊括其中。调整之后的条例有利于更好地实现既保障有效竞争，又充分鼓励创新，并为企业提供充分的法律安全的目标。

可以看出，欧盟的反垄断规制在最初也没有将知识产权的垄断纳入其中，而是在社会不断发展的过程中，将反垄断规制与其结合，并不断地修改与完善。初始阶段的三色清单法，并没有考虑市场对于竞争的影响效果，采用的分析方法简单，流于形式，而且范围狭窄。随着经济发展，欧盟对于专利权滥用的规制也进行了与时代相适应的修订，加入经济学分析，从协议对竞争的影响效果出发，更好地适应了市场和实际需要。我们也可以借鉴欧盟这种结合市场需要，对于专利权的滥用行为进行合理分析，对相关法律进行符合实际的修改，而不流于形式。

（四）日本相关法律

日本在"二战"后经济的迅猛发展，离不开其技术立国的政策。而日本的专利制度一直与专利权滥用的规制同步发展。早在1947年，日本已经通过《禁止私人垄断及确保公正交易法》，但最新的修正案将专利权滥用的规制排除在反垄断法之外。因此，为了解决与知识产权有关的垄断问题，日本公平交易委员会出台了一系列指导方针。

1968年，《国际许可协议的反垄断指导方针》出台，对技术引进、专利技术秘密的相关国际许可进行规范。1989年，《关于管制专利和技术秘密许可协议中的不公平交易方法的指南》则规定了分析许可协议的标准，将技术协议限制划分为合法限制、违法限制以及依一定原则审查的限制三类。这项指南确立了技术协议限制的分类规制原则。1999年的《专利和技术秘密许可协议的反垄断法指南》表明了日本处理许可协议问题的指导方针的变化，开始更多地进行合理分析。2007年，日本又颁布了《知识产权利用的反垄断指南》，该指南更强调进行合理性分析。与之前的指南相比，2007年的指南在评价技术限制问题时综合考虑了各种因素，比如限制的内容、限制的方式、市场整体竞争情况等。这样的做法，使得知识产权的权利人在使用权利时更明确自己的权利边界，能够更准确地预期自己行为的后果。

综合看日本颁布的这些规定，或多或少与美国和欧盟的法律规范有相似的地方，比如进行合理性分析、技术限制的划分标准。

第五节　专利池权利滥用的限制

"专利池"也称"专利联营"或"专利联盟"。我国目前的相关立法中，还没有相应概念表述。我国《专利法》《合同法》等相关立法上也只规定了"专利实施许可"，在《最高人民法院关于审理技术合同纠纷案件适用法律若干问题的解释》中倒是提到了"联营"，该司法解释规定"当事人以技术入股方式订立联营合同……"显然，这也不是这里所探讨的"专利池"。也就是说，我国立法上对这一问题的规定是缺失的，这也正是当前众多学者探讨它的理论意义所在。

笔者认为，对专利池的认识需要明确四个方面：其一，专利池是至少两项以上个专利的集合。其二，专利池必定是建立在池内所有专利权人内部协议基础上的。其三，专利池对外主要表现为专利的"一揽子"实施许可，进入专利池的公司可以使用"池"中的全部专利从事研究和商业活动，而不需要就"池"中的每个专利寻求单独的许可，"池"中的公司彼此间甚至不需互相支付许可费。"池"外的公司则可以通过一个统一的许可证，自由使用"池"中的全部知识产权。其四，专利池应该是具有开放性、持续性的。开放性是要求专利池内专利应该随着技术的更新有所取舍更替，而不是封闭的、一次认定就永远存在的。持续性是要求即使在专利池的开放体系中不断的有一些新旧更替，但其池内专利的必要性特征必须是持续的。

此外，还须明确专利池与"技术标准"并不能等同。一般认为标准技术应该是公知技术、成熟技术、通用技术、无偿使用技术，因为只有这样才能在行业内推广使用以达到维护公益之目的，而专利技术则是新颖技术、专有技术、有偿使用技术，未经许可不能推广使用。专利池则是多个专利的联合。所以，专利池与技术标准在性质上是有重大区别的。随着各国专利保护立法的完善，专利数量日益增多，很难发现某方面的技术领域不存在专利，这意味着设定某种普遍的技术标准必然会与某些专利技术狭路相逢。另外，当一种标准包含专利时，则又会给权利人带来相当可观的垄断利润。至此，专利池与技术标准的殊途同归似乎就是必然。以至于现在所说的专利池存在的目的之一就是要成为技术标准。

专利池虽然具有消除障碍专利、降低专利交易成本、降低专利诉讼成本和整合互补性专利的作用，但是又存在限制竞争、影响创新和权力滥用的致命弱点。

一、专利池权利滥用的判断标准及滥用表现

（一）专利池权利滥用及分类

专利池权利滥用即专利池中的权利滥用，是专利权滥用在专利联营模式下的表现形式。专利池本身就是专利权实施的产物，具体表现为专利权交叉许可和联合许可两种形式。也就是说专利权滥用在外延上是大于专利池权利滥用的。

专利池权利滥用行为可以根据不同的标准进行如下分类：

（1）根据专利池权利滥用的阶段可以分为专利池组建阶段中的滥用行为和实施许可阶段中的滥用行为。前者主要包括将非必要专利纳入专利池行为和必要专利权人不合理拒绝加入专利池行为，后者则是在专利池形成后对外部被许可人的不合理限制竞争行为。

值得注意的是，专利池中这两个阶段的滥用行为并不都是截然分

开的。因为专利池组建重要目的之一在于统一实施许可,一般情况下,只有实施许可能为专利池中个权利人带来更大利益。而且,某些专利池权利滥用行为在两个阶段均有表现。比如专利池中包含非必要专利,这种情况在组建阶段即应被认定为滥用,实质上属于横向的垄断协议,而后在实施许可阶段也会构成滥用,即要求被许可人一并接受全部池中专利,甚至非必要专利。

(2) 根据专利池权利滥用的结构可以分为权利集合的滥用行为和单独专利权的滥用行为;后者仅体现在专利组建阶段。前者则是专利池权利滥用的主要表现形式。专利池的概念本身就反映出它是一种联合或者联营的专利权形式,由专利池管理者统一对外实施许可。

(3) 根据专利池权利滥用行为的主体可以分为横向的专利池权利滥用和纵向的专利池权利滥用。所谓横向,是从竞争者的角度,即具有竞争关系的经营者通过协议限制专利池中权利人对外单独实施许可或者竞争者联合排斥他人进入该竞争领域,专利池中包含非必要专利或者竞争型专利首先就表现为横向专利池权利滥用行为。所谓纵向,是从经营者与交易相对人的角度,权利人基于优势地位,达成不利于技术受让方的限制竞争协议。专利池实施许可中的滥用行为就表现为纵向的专利池权利滥用。

笔者认为,第三种分类能够较好地概括专利池权利滥用行为,而且能在体系上较好地契合我国《反垄断法》第二章、第三章的规定。

(二) 专利池权利滥用的判断标准

基于前文类别分析,笔者认为对专利池权利滥用行为的认定要从专利池的横向和纵向联合限制竞争这两个方面分别界定。而且,所谓标准不宜原则化,尤其在我国来说,最好具体为可操作的规则。

1. 专利池横向联合限制竞争构成权利滥用的判断标准

专利池是建立在池内专利权人相互协议基础之上的,如果是滥用则属于限制竞争协议,应在立法上受到限制。笔者认为这一过程中的协议如同时满足以下三个条件则可以认定构成滥用:

(1) 各权利人之间存在横向竞争关系。一般来说只有处于同一产销环节的企业之间才有竞争关系。以 6C 联盟为例，该联盟成员中，IBM 和东芝均拥有专利池核心专利，而松下所拥有一个非核心专利和前两个专利存在替代关系，即并非必要专利。由此，显然可以认为松下与核心专利权人之间存在横向竞争关系。

(2) 该协议表现为一种联合决议或者协同一致的行为。亚当·斯密在《国富论》中写道："进行同一种贸易活动的人们甚至为了娱乐或消遣也很少聚集在一起，但他们聚会的结果，往往不是阴谋对付公众便是筹划抬高价格。"这正反映出作为具有竞争关系的经营者之间的在正常情形下是很难"联合"或者"协同"的，如果有了这样的行为，其正当性显然值得怀疑。

(3) 该协议限制竞争。"这是决定性因素"。6C 联盟就属于这种情况。该专利池首先统一确定专利许可费，这本身就属于商定价格的行为，比如我国反垄断法规定禁止具有竞争关系的经营者之间达成"固定或者变更商品价格"的协议。其次该联盟排除了池内专利权人的单独许可行为而只允许实施专利联营。该联盟的《联合声明》规定第三方只有向联盟购买专利许可才能从事生产，这意味着即使第三方取得了某一权利人的授权也意义不大，从而排除了单独许可的可能性。这显示了限制池内专利权人的自由竞争的目的。最后该专利池不仅限制了同行业的竞争，也限制了被许可人正当行使其专利权。

此外，在专利组建阶段还存在专利权滥用行为，即专利权人不合理拒绝交易行为，如果专利池标准的制定推广对行业发展有利，而某专利权人在合理条件下又拒绝将其专利加入专利池标准。

2. 专利池纵向联合限制竞争构成权利滥用的判断标准

这一类行为可以表现为专利池组建中的不合理拒绝交易行为，主要存在于专利池实施许可阶段。就专利池实施许可阶段来说，则有必要和技术标准结合起来判断。如前所述，技术标准的形成是目前专利池组建的重要目的，所以对专利池权利滥用的认定也可以理解为对技术标准滥用的认定。笔者认为，这一阶段的权利滥用行为实际上属于滥用市场支配地位。对这一行为，有很多学者都提出将"合理原则"作为认定依据。结合美国司法部对 MPEG-2 案件的处理，笔者认为这一自由裁量的原则可操作性较低,应综合考虑以下 5 个具体因素。

(1) 审查专利池的技术标准是否为进入该市场的唯一标准。如果是,则可以认定该专利池权利主体拥有市场支配地位。如温州商人打火机案件中,欧盟所设定的安全标准就是我国打火机进入欧洲市场的准入证,无此证则不存在进入的问题,这对于我国打火机出口商来说,显然是唯一的。而在专利池中来说,如果专利池某一项或几项专利成为该技术或者产品领域的必备技术或基础设施,当然就可以认定该专利池具有市场支配地位。

(2) 如果存在不同的技术标准,则应考虑该专利池标准所占的市场份额。我国《反垄断法》第 18 条、第 19 条也规定了通过市场份额认定市场支配地位的制度,笔者认为同样可以用来解决专利池权利滥用的相关问题。上述两个方面都有一个应该前置的、本书论题之外的反垄断法基本理论问题,那就是反垄断法对"市场"的认定。笔者认为,作为专利池领域的特殊问题,应将该市场特定化,即通过"产品市场""地理市场""技术市场"三个方面进行综合分析。

(3) 该专利池技术标准的建立是否必要。对必要的认定则需要分析该专利池对消除技术障碍,促进技术进步是否有积极意义,对他人尤其是消费者、竞争者合法利益的实现是否有积极意义,对公共利益是否有积极意义。如果没有,则属于滥用。

(4) 专利池或者技术标准所涉及专利中是否存在非必要专利。如果有的话,当然属于滥用。正如前文所分析的,专利池中包含非必要专利既可以在专利池组建阶段构成滥用,也可在专利池实施许可阶段构成滥用。既可以表现为横向联合限制竞争的行为,也可以表现为纵向联合限制竞争的行为。如果一技术标准包含非必要专利,在联合许可下,被许可人显然需要一并接受并不需要的额外技术,并支付额外费用。这当然属于滥用。

(5) 在专利池对外实施许可协议中是否存在其他限制竞争条款。对专利池权利滥用行为的认定不宜原则化,应以列举方式明确,即将目前普遍认可的专利池权利滥用行为进行明文规定,这才是最具操作性的标准。虽然这种方法存在固有局限,但至少在已知的范围内是行之有效的。

二、专利池权利滥用的国际规制比较

1. 美国

实际上,美国作为判例法国家,对专利池及技术标准的反垄断规则主要体现在具体的判例中,如前文提到的 MPEG-2 案。一般认为,专利权滥用的标准要低于垄断的标准,构成专利权滥用并不当然构成垄断,对此要从"合理原则"进行分析,一方面,所涉及的行为依附于许可协议的合法目的;另一方面,该行为的限制不得超过实现许可协议主要目的合理范围。符合上述两条即为合理。

美国专利池制度发展过程表明,一百多年来,美国专利池依赖的政策和法律环境已经发生重大改变。原来相互妨碍专利实施的专利池比较普遍;但是,1990 年以后,美国司法部批准的专利池全部基于工业标准。也就是说,这些专利池包含的专利都是组成某个工业标准的必要专利。

目前能够通过美国司法部审核的专利池往往满足如下特征:第一,相关专利共同定义了一种技术标准,技术标准中当然包含有权专利;第二,有独立专家或者第三方判定哪些专利对于实施上述技术标准是不可缺少的,从而确定哪些人为必要专利权利人;第三,必要专利权利人之间应对相关技术通过一份合理的、非歧视性的许可协议书;第四,必要专利权利人需要任命专利池管理人员执行管理任务,如签发许可、收集专利许可费、对必要专利持有人分派专利许可费;第五,必要专利持有人保有向专利池之外的当事人签发许可的权利,专利池中的许可人对专利池内部成员签发的许可是非排他许可。

2. 欧盟

在这一领域的现行规则是 2004 年 4 月 7 日通过的《关于对若干技术转让协议适用欧共体条约第 81 条第 3 款的 772/2004 号条例》以及配套指南。专利池权利滥用主要规定在第 2~5 条。

第 2 条大体规定适用本条例进行豁免的范围。

第3条主要确立适用本条例进行豁免的市场份额基准。对于竞争者之间的技术转让协议，如果双方当事人在相关技术市场和产品市场的合计份额不超过20%，则前述第2条之豁免适用于该协议。非竞争者之间的协议，如果当事人各自在相关技术市场和产品市场的份额不超过30%，则前述第2条之豁免适用于该协议。当事人对相关技术市场的份额，以被许可技术在相关产品市场的出现情况为界定形式。许可人的市场份额为合同标的之相关产品市场份额，该合同标的产品包括许可人和被许可人生产的产品。

第4条规定核心性限制。核心性限制条款的存在，将使整个协议都不适用豁免。具体而言，区分两种情形协议当事人之间具有竞争性的情形和不具有竞争性的情形，然后分别规定两种情形下的限制性认定方法。如协议当事人之间不具有竞争性情形下，若协议直接或者间接、单独或者与受控于当事人的其他因素结合而具有此限制目的——限制一方当事人向第三方出售产品的价格，而不影响强制最高销售价格或者推荐价格之一，除非限制本身不构成由于当事人一方压力或者引诱而形成的固定价格或者最低销售价格——则前述第2条之豁免不适用于该协议。

第5条规定被排除的限制，即某些限制性条款被排除而不适用豁免，而其他条款仍然可能适用豁免。

结合上述材料，可见在欧盟法上，并没有将专利权滥用的反垄断问题特殊化，而是和其他财产权一样使用相同原则。在滥用行为的认定上，给予专利权人更大的自由，更侧重于保护权利人的垄断利益。

3. 日本

1968年5月24日，日本公正交易委员会发布了《国际许可协议的反垄断指导方针》。这一指导方针是根据日本禁止垄断法规定颁布的。上述指导方针适用于涉及日本的专利、实用新型和技术秘密的国际许可证协议，特别是技术引进合同。

1989年2月15日，日本公正交易委员会颁布了《关于管制专利和技术秘密许可协议中的不公正交易方法的指导方针》，同年4月6日实施。该指导方针提出了公正交易委员会分析许可协议时的适用标准。在某些方面，它明显借鉴了美国和欧盟做法。一方面，它将限制条款分为白色条款、灰色条款和黑色条款三类，明显类似于欧盟的整批豁免或整体豁免制度。另一方面，它在对特定类型限制的必要性与它对竞争不利影响的可能性之间进行权衡方面，又表现出与美国的合理分析原则的类似。

1999年7月30日，日本公正交易委员会又颁布了《专利和技术秘密许可协议中的反垄断法指导方针》（以下简称"新指导方针"），1989年2月15日颁布的《关于管制专利和技术秘密许可协议中的不公正交易方法的指导方针》被废止。新指导方针第一部分说明了在专利和技术秘密转让活动中适用禁止垄断法的基本问题；第二部分对有关专利许可协议的禁止垄断法进行了解释，阐述了公正交易委员会对于专利许可协议与禁止垄断法之间关系的观点；第三部分以具体的事例阐明了公正交易委员会从不合理贸易限制和私人垄断的角度对有关专利或技术秘密许可协议的观点；第四部分非常具体细致地阐述了公正交易委员会从不公正交易方法的角度对有关专利和技术秘密许可协议的观点。

该方针通过对许可限制的评估标准的调整，加强了对专利权人利益的保护。举例来说，许可人限制被许可人产品的转售价格，并不当然构成对禁止垄断法的违反。因为许可人对被许可人的限制目的若没有背离保护专利和维护市场竞争的宗旨，反而有利于激励专利权人，则这样的许可限制是不应该被禁止的。

4. 欧、美、日相关制度比较分析

（1）制定有关专利池组建和许可的反垄断制度。在欧、美、日反垄断法上，都很强调合理性原则在专利池反垄断审查中的运用。各国司法实践也表明，对专利池中的反竞争行为进行反垄断审查，必须权衡专利池的积极效果和对竞争产生的消极效果。这一点对于我国具有十分重要的现实意义。运用合理性原则对专利池进行反垄断审查已经是世界各国达成的共识。笔者在对专利池相关条款以及反竞争行为进行分析的过程中，也分析专利池具有的积极效果。同时也一再提到，专利乃至专利池本身并不一定构成垄断性地位，即使具有垄断性地位，这种结构上的优势并不必然导致违法。专利池组建中原则上应保持严格的组织性和规模性，预防滥用。池中专利应仅限于推行该池标准的必要专利对所有专利池主体实施无歧视许可允许池内各专利权人在池外单独实施专利许可避免回授条款对技术改进的限制。

(2) 将限制性条款分类进行规制。少数几个技术发达国家的立法以及世界贸易组织相关协议中均侧重于保护专利权人利益。这对于我国来说的确是两难的选择。一方面，只有对专利权进行积极的保护才能促进本国自有技术的提高和发展；另一方面，基于目前技术贸易中我国的弱势地位，似乎又应该对此进行更好的限制，从而维护我国利益。

笔者认为，既然在国内法上进行必要限制并不违反条约义务，并且事实已经证明我国在技术贸易中明显的弱势地位，所以在进行相关立法时，应该考虑侧重于维护社会公共利益，在世界贸易组织相关协议允许的范围内加大对技术受让方利益的保护力度。我们在审查中遵循合理性原则的同时，也可以参照欧盟和日本反垄断立法，设置一些对滥用行为的分类规定。我国的反垄断法规是否也可以将限制性条款分为"白色条款""黑色条款"和"灰色条款"进行规制这种思路应该认可，但是笔者认为，学习借鉴不是照搬挪用，基于专利池的特殊性，以及我国的弱势地位，应当不设白色条款，以更好维护本国利益。

(3) 对专利池分两个阶段进行规制。我国应当将对专利池的规制分为两个阶段：一是专利池联合即结池阶段，二是专利输出即池内专利向外许可阶段。就前一阶段而言，重点在于规定对专利池组建的审查，排除非必要专利应作为重中之重。就后一阶段而言，重点在于完善从上至下的反垄断监督机制，尤其要在程序法上予以明确，反垄断领域的民事诉讼应该具有更实用的操作功能。

三、我国现有立法对专利池权利滥用行为的规制及其局限

我国《反垄断法》第 55 条的规定表明，经营者滥用知识产权，排除、限制竞争的行为，属于反垄断法所规制的对象。但对专利池权

第五章 专利权滥用的限制制度

利滥用的限制尚存在问题。

(1) 对专利池权利滥用行为没有反垄断规制,如《反不正当竞争法》第 12 条规定:"经营者销售商品,不得违反购买者的意愿搭售商品或者附加其他不合理条件。"这一条所提到的搭售行为显然属于各国反垄断立法规制之对象。当然,将这里的"搭售"与前文提到的专利池"搭售"等同起来还是有些牵强,毕竟条文中只涉及"商品",而不涉及权利之许可。这对于专利池领域的搭售行为显然无能为力。从立法目的上说,《反不正当竞争法》主要是反对经营者出于竞争的目的,违反市场交易中诚实信用的原则和公认的商业道德,通过不正当的手段攫取他人竞争优势的行为。因此,它首先保护的是受不正当竞争行为损害的善意经营者的利益,以维护公平竞争的市场秩序。《反不正当竞争法》所追求的价值理念是公平竞争。《反垄断法》则是从维护市场的竞争性出发,目的是保证市场上有足够的竞争者,以便使交易对手和消费者在市场上有选择商品的权利。根据反垄断法的理论,只有当市场上出现垄断或者垄断趋势的时候,政府方可干预市场,干预的目的是降低市场集中度,调整市场结构。因此,概括地说,反垄断法所追求的价值理念是自由竞争,目的是保障企业有自由参与市场竞争的权利,提高经济效率和消费者的社会福利。

(2) 缺乏专利池权利滥用行为追责的具体程序依据。事实上,《反垄断法》对垄断行为的追责程序本身就存在很多问题。这已经有很多学者作出分析。

(3) 强制许可制度不足以规制专利池权利滥用。专利法上的强制许可制度也被认为是规制专利权滥用行为的措施。如韩松教授认为专利法实施强制许可是"为了防止专利权人对专利权进行垄断并加以滥用,从而损害国家或者公众利益"。我国《专利法》第 48 条规定:国务院专利行政部门根据具备实施条件的单位和个人的申请,可以给予发明专利或者实用新型专利的强制许可。但是,有三个问题应该注意:一是强制许可在专利法上对滥用专利权并构成限制竞争的垄断行为所规定的实施许可的特定形式,从本质上依然属于专利实施许可;二是专利强制许可并不是对滥用权利行为的惩罚,由于被许可人还需要支付合理使用费，显然不属于反垄断意义上的措施；三是 2008 年 12 月对《专利法》再次修订，其中对强制许可部分又予以更具体的规定，从立法技术上来说，此修订晚于《反垄断法》，所以，应该认为强制许可制度是专利法的特殊制度，二者相对独立。这需要通过司法解释予以协调。

  因此，笔者认为：适应社会主义市场经济发展要求和未来知识经济时代需要的与知识产权有关的反垄断法律制度在我国还处于萌芽状态，从严格、完整的意义上来说，甚至还近乎空白。

▶▶第六章

我国专利权限制制度的完善

我国《专利法》及《专利法实施细则》在 2008 年和 2010 年相继修订之后,虽然对专利权限制制度的相关条款进行了一定的调整,但仍然存在诸多不足。通过比较研究其他国家的立法和司法实践,在立足于我国国情的基础上借鉴其成功经验,以进一步完善我国的专利权限制制度,对于促进专利权人、专利权利益相关者和社会公众之间达成利益平衡,意义十分重大。

第一节 完善我国专利强制许可制度

一、我国专利强制许可制度存在的不足

我国虽已建成专利强制许可制度的综合法律体系,但与世界先进国家相比,我国的专利强制许可制度还有着较多的局限性。从该制度在我国的实施来看,主要存在以下不足:

1. 对强制许可申请人的资格要求过高

我国现行的《专利法》第 48 条规定:"有下列情形之一的,国务院专利行政部门根据具备实施条件的单位或者个人的申请,可以给予实施发明专利或者实用新型专利的强制许可:(1)专利权人自专利权被授予之日起满 3 年,且自提出专利申请之日起满 4 年,无正当理由未实施或者未充分实施其专利的;(2)专利权人行使专利权的行为被依法认定为垄断行为,为消除或者减少该行为对竞争产生的不利影响

的。"上述规定要求申请强制许可的申请人必须"具备实施条件",对强制许可申请人的资格限制过严,虽然立法没有明确申请人需要具备何种实施条件,但依常理,申请人至少在资金、设备和技术等方面需满足可实施专利技术。

2. 对进行强制许可的理由限制过严

虽然我国《专利法》新增了几种可申请强制许可的情形,但是我国立法对强制许可的理由依然采用了列举式的规定,没有兜底条款来灵活地概括可以颁发强制许可的情况。这样的规定无法适应日益发展的社会需求,使得在处理一些新出现的知识产权纠纷时缺乏相关的法律依据。

3. 规定模糊,可操作性差

TRIPS虽主要代表了发达国家的利益,但其毕竟是国际条约,既要兼顾各方的利益、又要为成员的域内立法留出空间,所以它的规定是笼统的。而我国《专利法》并未充分利用公约赋予的灵活性,相反却跟随TRIPS进行了粗线条的规定。如《专利法》第48条的"具备实施条件",第49条的"紧急情况""非常情况""公共利益",第50条的"具有显著经济意义的重大进步",第57条"合理的使用费",等等,这些规定均涉及强制许可制度的实质内容,由于缺乏具体的规定,很难保证法律的有效实施。

4. 强制许可程序过于烦琐

现行《专利法》导致强制许可程序过于复杂。根据《专利法》第57条规定,强制许可决定与强制许可使用费裁决是分开进行的。申请人在获得强制许可后才能与专利权人协商"合理的使用费";若协商不成,要交由主管机关裁决。而根据《专利法》第58条,在专利强制许可的司法审查程序方面,明确了专利权人或者申请人不服决定或裁决的,可以自收到通知之日起3日内向人民法院起诉。在科技迅猛发展的今天,如此复杂的程序走下来,申请人即使拿到了专利的强制许可,也不一定能够获得自己期望的利益。

二、完善我国专利强制许可制度的若干举措

结合我国国情和立法现状，针对上述专利立法在规定强制许可方面存在的不足之处，特提出以下四点举措，希望能对我国专利强制许可制度的发展完善起到推动作用。

1. 放宽对申请人的资格限制

建议取消《专利法》第48条对申请主体"具备实施条件"的限制，规定任何人均可以申请专利强制许可。诚然，没有实施条件的单位或个人被准予强制许可是资源的浪费，但此条件可以作为专利主管部门审核时决定是否给予批准的考察因素，而不宜作为申请主体的资格限制条件。此做法的意义在于最大程度上调动公民对抗滥用专利权行为的积极性。

2. 以兜底条款扩大申请强制许可的范围

TRIPS对发布强制许可的几种情况作了列举，却没有穷尽所有可以发布强制许可的情况。从更好地处理我国新出现的知识产权纠纷以及平衡专利权人与强制许可受益人之间利益的角度出发，建议在立法中制定一个兜底条款来规定"以及所有根据国际公约或者其他法律法规可以发布强制许可的情形"。

3. 使相关立法明确化、具体化

为了提高法律的透明性、具体性和准确性，使相关公众知悉法律的确切含义，应当对专利法中涉及实质问题的内容进行明确的解释。具体建议如下：

（1）对专利法中规定的"紧急状态""公共利益""合理的条件""合理的时间"等内容给予明确的规定。此做法的意义在于为强制许可的具体实施扫除障碍。2008年《专利法》第49条规定："在国家出现紧急状态或者非常情况时，或为了公共利益的目的，国务院专利行政部门可以给予实施发明专利或者实用新型专利的强制许可。"此规定中的"紧急状态"和"公共利益"在《涉及公共健康问题的专

利实施强制许可办法》中被解读为"传染病在我国的出现、流行导致公共健康危机",以及"在我国预防或者控制传染病的流行与治疗传染病"。由此不难看出,此法条规定的强制许可适用情形主要针对的是传染病。而《专利法》第50条中"为了公共健康目的"则概念模糊,没有相关的解释和实施细则。这种规定的范围过于狭窄,相当于用法律的规定禁锢了自身,不利于实现公共利益的最大化,因此建议在相关的办法或实施细则中对相关概念做扩大解释并具体化、细化。

(2)对使用费的计算标准和方法进行细化。我国《专利法》第57条规定:"实施强制许可的单位或个人应当付给专利权人合理的使用费,或者依照中华人民共和国参加的有关国际条约的规定处理使用费问题。付给使用费的,其数额由双方协商;双方不能达成协议的,由国务院专利行政部门裁决。"该条增加了申请人可以依照中华人民共和国参加的有关国际条约的规定处理使用费问题,使得在给付使用费时更有据可依、更加便于操作。但是,对于实施强制许可的使用费数额各国争议从未间断,意见分歧很大。我国应当根据自身情况设定一套适合自己的计算标准。

4. 简化专利强制许可的程序

现行专利法导致强制许可程序过于烦琐、耗时。在科学技术日新月异的今天,如此烦琐的程序走下来,申请人即使拿到了专利的强制许可,能不能按预期获得盈利还需另当别论。鉴于此,建议如下:

(1)将颁发强制许可的决定与强制许可使用费的决定合二为一。《专利法》第57条规定:"取得实施强制许可的单位或者个人应当付给专利权人合理的使用费,或者依照中华人民共和国参加的有关国际条约的规定处理使用费问题。付给使用费的,其数额由双方协商;双方不能达成协议的,由国务院专利行政部门裁决。"此条中关于专利强制许可费用的支付程序比较烦琐,建议立法机关将颁发强制许可的决定与强制许可使用费的决定以立法的形式合二为一,最大限度简化法定程序,从而便利专利推广与应用,促进社会发展。

(2)明确规定强制许可决定生效的时间。鉴于我国专利法在规定强制许可制度生效时间方面存在模糊、烦琐的弊端,为了提高专利法实施效率，简化专利法中关于强制许可生效时间的程序规定，特提出如下建议：国家知识产权局在作出强制许可决定的同时，应当就强制许可使用费作出决定，除非当事人已经就使用费达成一致意见。如可以规定将颁发强制许可的决定与强制许可使用费的决定合二为一。

（3）用行政复审方式替代司法审查模式。自1984年专利法实施以来，我国对颁发强制许可决定的审查，都是实施司法审查的程序，而不是像许多发展中国家那样由行政机关复审。用行政复审方式代替司法审查模式，可以有效缩短专利法具体实施过程当中所花费的时间，简化相关程序，提高效率，从而有利于专利的推广，扩大专利的实施范围，促进科学技术发展，推进经济和贸易的进步，维护国家利益，促进社会的稳定和繁荣。

第二节　专利先用权制度

一、关于技术来源的完善

关于先用权内容中的技术来源问题，笔者建议增加："他人在申请日前自行研制开发或者以合法手段从他人处（包括在后专利申请人）取得的技术"。具体包括：

（1）先用人以合法途径从发明人处获得。先用人必须通过合法途径获知有关发明创造，这就意味着从专利申请人那里获知发明内容的人实施的有关行为实际上已经获得专利权人的认可或者默许。

（2）公众有权自由使用在申请日之前已经进入公有领域的任何技术。新颖性宽限期的规定为专利申请人提供了一项特殊权利，但这一规定并未改变在新颖性宽限期内发明创造已被公开的事实。既然是公开的技术就应允许公众予以应用。如果随后又进行追究，既与法律规定的内容本身所矛盾，对于技术应用者来说（此处包括先用权人）又有失公平。

（3）从商业秘密的角度来讨论。早在专利权人申请专利之前，先用技术以技术秘密的形式存在，而关于商业秘密的来源，规定其主体是通过正当手段掌握和使用某一商业秘密。此处已允许技术源于他人（包括专利权人），只要是通过合法方式取得即可。我们可以看到，不论是通过新颖性宽限期取得该技术，还是通过合同形式获得该技术，都是合法的。若只因商业秘密所有人未申请专利，而专利权人申请了专利，商业秘密所有人身份转换为先用权人，就要剥夺其技术来源于他人（特别是专利权人）的合法性，对于商业秘密所有人（后来的先用权人）显然是不公平的。

（4）我国实行先申请原则，鼓励发明人尽早将发明创造申请专利，我国对新颖性宽限期的规定比较严格，在提出专利申请前专利申请人一般不会将自己的技术向社会公开，公众不易从专利申请人处获知发明内容，故应对技术来源作较宽的理解，包括从专利申请人处获知的发明内容，这样就可充分发挥专利先用权制度应有的制度功能。但如果是以窃取、贿赂申请人的雇员等违法方式获得信息的，则不能享受专利先用权。另外，申请人在申请之前与他人签订技术委托开发合同的，他人也理应享有先用权。

二、关于实施行为的界定

1. 扩大专利先用权行为方式范围的建议

对于先用权人的实施行为，我国《专利法》将其限定为"制造相同产品、使用相同方法或者已经作好制造、使用的必要准备，并在原有范围内继续制造、使用"的情形，即将实施行为仅界定为"制造""使用"。这相对于《专利法》第11条所规定的专利技术实施方式要少得多。专利权包括制造、使用、销售、许诺销售、进口专利产品或者使用专利方法以及使用、销售、许诺销售、进口依照该专利方法直接获得的产品等方式。如果不对先用权实施行为进行扩大，那将是"允许走、没有路"的法律规定，这无疑是十分荒唐的。笔者建议增加"在先使用行为包括制造、许诺销售、销售与发明创造专利相同的产品、使用与发明创造方法专利相同的方法以及制造、许诺销售、销售依该方法直接获得的产品"。

扩大实施行为的理由：（1）专利制度的宗旨是推动发明创造的推广应用，促进科学技术进步和创新。先用权虽然是伴随着专利权而产生的不完整的独立权利，但其设立也应该符合专利制度的宗旨。（2）销售并不必然造成新颖性的丧失，特别是方法专利。若其他人无法获知生产方法或将依该方法直接生产的产品通过反向工程进行还原，那么即便存在销售行为也不存在公开发明创造的问题。如可口可乐公司生产的可乐已在全世界范围内销售，但至今为止没有人能够破译其产品配方。某项发明创造的真正意义在于它的商业化运作和应用，其中销售是产品转换为利润的重要环节。若将销售排除在先用权的保护范围之外，那么显然与先用权保护商业投资的立法意图相违反。（3）先用技术的前身属于技术秘密，其具有秘密性、价值性和独特性的特点。而价值性则要求商业秘密必须具有经济价值，即能够为其权利人带来实际的或潜在的经济利益和竞争优势。商业秘密的价值性体现了保护商业秘密的内在原因。对权利人而言，维持商业秘密的秘密状态，其直接目的就是谋求经济上的利益，而国家法律保护商业秘密的目的也在于维护权利人的经济利益和社会的经济秩序。但是当专利权人申请并获得专利后，商业秘密所有人即后来的先用权人不具有销售权，那么对于先用技术存在的前身——商业秘密来说将丧失其价值。因为仅仅具有的制造和使用先用技术的权利，无法实现先用权人即原来的商业秘密所有人的经济利益，另外，如果商业秘密所有人在专利产生之前已经利用该技术进行了生产和销售，即将产品投放到市场，并形成自己的客户群，因为其他人申请并获得了专利，而被迫停止产品在市场上流通，这势必会扰乱社会经济秩序，而对于商业秘密本身而言，既未完成工业使命，也未提供商业利润，其将失去存在的意义。（4）由于许诺销售只是一种销售商品的意思表示，不涉及技术的公开。此外，对于在先实施行为，许多国家的立法都没有采取严格限制，而是采用了含义广泛的表述。这实际是更加有利于先用权人的合法利益得到法律的承认和保障。（5）世界知识产权组织在《实体专利法条约（草案）》中明确赋予专利在先使用权人销售、许诺销售、进口的权利，我国专利法扩大在先实施行为范围也是与国际条约的规定接轨，以实现专利权制度的设立初衷。

2. 进口行为应排除在先用权行为之外

先用权存在的基础，无论是"必要准备"，还是"原有规模"，还是技术的独立性，都是针对制造而言的，由此而扩大行为，赋予先用权人许诺销售、销售权是合理派生的权利，但是进口权不是由制造行为能够派生的权利。进口权与许可使用权、转让权一样都是专利权人不可侵犯的权利。

三、关于"必要准备"的界定

第一，仅满足"已经完成实施发明创造所必需的主要技术图纸或者工艺文件"。如前所述，在当前科技发展水平下，只有至少完成"技术准备"和"生产准备"才能称为"必要准备"实质上成立。因此，在不考虑其他因素的情况下，仅满足《最高人民法院关于审理侵犯专利权纠纷案件应用法律若干问题的解释》第 15 条第 2 款第（1）项的规定是不能使"必要准备"实质上成立的。但是，这不影响依据《最高人民法院关于审理侵犯专利权纠纷案件应用法律若干问题的解释》第 15 条和《专利法》第 69 条第（2）项来判定先用人的先用权是否成立，在于《最高人民法院关于审理侵犯专利权纠纷案件应用法律若干问题的解释》第 15 条第 3 款很巧妙地弥补了第 2 款的缺陷。假设时间要件、技术来源要件成立，在满足《最高人民法院关于审理侵犯专利权纠纷案件应用法律若干问题的解释》第 15 条第 2 款第（1）项的条件下，结合第 3 款"原有范围"要件来分析判断先用权是否成立。当第 3 款原有范围要件成立时，意味着肯定了先用人生产规模存在，即先用人具备正常的生产能力。此时分两种情况：第一种情况，不需要"特殊生产设备"。在此情况下由于先用人具备正常的生产能力且实施技术不需要"特殊生产设备"，这实际上满足了《最高人民法院关于审理侵犯专利权纠纷案件应用法律若干问题的解释》第 15 条第 2 款第（2）项的"生产准备"规定，再同预先已设定的

第六章 我国专利权限制制度的完善

"已经完成实施发明创造所必需的主要技术图纸或者工艺文件"（完成技术准备）结合就满足了使"必要准备"成立的两个实质性条件，造成仅完成"技术准备"也能使"必要准备"成立的假象。第二种情况，需要"特殊生产设备"。虽然有观点认为在此种情况下，仅凭完成"技术准备"和原有的设备不能成为其有意从事该生产经营活动的有力证据，但从先用权的立法目的出发就会发现，在智能性要素占重要地位的高科技产业，技术投资在总投资中所占的比例越来越大，由于已完成的"技术准备"投资巨大，有理由相信在完成"技术准备"和具有一定生产能力的条件下，先用权人是有实施技术的强烈意图的。并且由于实施新技术的"生产准备"周期可能较长，如果在此期间专利申请人提出专利申请，此时仅仅因为先用权人缺少"特殊设备"而否定先用权人的前期努力是极为不公平的。因此，《最高人民法院关于审理侵犯专利权纠纷案件应用法律若干问题的解释》规定当第3款"原有范围"成立时，仅满足"已经完成实施发明创造所必需的主要技术图纸或者工艺文件"也可作为"必要准备"成立的条件，这样在合理范围之内能更好地保护先用人的利益。如此看来，虽然单独满足《最高人民法院关于审理侵犯专利权纠纷案件应用法律若干问题的解释》第15条第2款第（1）项在客观上不能使"必要准备"成立，但是因为有第3款的规定与其协同，再结合第15条其他两款能够作出先用权成立与否的正确结论。

第二，仅满足"已经制造或者购买实施发明创造所必需的主要设备或者原材料"。如果说《最高人民法院关于审理侵犯专利权纠纷案件应用法律若干问题的解释》第15条第3款巧妙地化解了第2款第（1）项判断"必要准备"成立的争议，继而得出符合立法目的的正确结论，那么如果仅凭满足第2款第（2）项便判定"必要准备"成立，则会对判断某人是否拥有先用权产生灾难性后果。如前所述，实质性的生产行为必须满足智能性要素和实体性要素，而且在专利技术领域，在缺少前者的情况下不可能实施生产行为。例如，在化学合成领域，使用相同的设备和原料，仅是反应温度和时间等因素不同的条件下也会得出不同的产物，这些不同因素在满足专利"三性"的条件下是可以申请专利的。如果甲的原有技术与乙的在后申请的专利技术大致相同，实施技术的设备和原料也一样，这种情况下即使甲在专利申请日前没有掌握乙的专利技术，但因为甲"已经拥有实施发明创造所必需的主要设备或者原料"，满足《最高人民法院关于审理侵犯专利权纠纷案件应用法律若干问题的解释》第15条第2款第（2）项的"必要准备"成立的标准，如果此时其他要件也已满足，结合《最高人民法院关于审理侵犯专利权纠纷案件应用法律若干问题的解释》第15条和《专利法》第69条第（2）项就能够得出甲的"先用权"成立的结论！这样做造成的严重后果是，在专利申请日前，缺少能够实施的申请专利的技术方案却拥有能够实施该技术的生产能力的所谓"先用人"，在形式上满足了判定"先用权"成立的四要件——时间要件、技术来源要件、原有范围要件和使用性要件，这与实际情况大相径庭，容易造成先用权的滥用，将极大地损害专利权人的利益，有悖于先用权的设立目的。

综上所述，笔者建议将《最高人民法院关于审理侵犯专利权纠纷案件应用法律若干问题的解释》第15条第2款作如下修改："全部满足下列情形的，人民法院应当认定属于《专利法》第69条第（2）项规定的已经作好制造、使用的必要准备：（一）已经完成实施发明创造所必需的主要技术图纸或者工艺文件；（二）已经完成或正在进行实施发明创造所必需的主要设备或者原材料的实质性准备。"具体意见如下：

（1）建议《最高人民法院关于审理侵犯专利权纠纷案件应用法律若干问题的解释》第15条第2款第（1）项不必进行修改，因为智能性要素通常都属于高新技术领域所必需的，其重要性要高于实体性要素，从逻辑上讲，出于风险和资金使用效率考虑，即使现有生产条件不能满足技术的实施，生产者通常也只会在"技术准备"完成或接近完成时才会进行特殊的"生产准备"，而不会是在"技术准备"完成之前过早地着手"生产准备"。

（2）建议将《最高人民法院关于审理侵犯专利权纠纷案件应用法律若干问题的解释》第15条第2款第（2）项的"生产准备"由原来的"必须完成准备"改为"正在进行实质性准备"，实施新技术的

"生产准备"周期可能较长,在此期间专利申请人提出专利申请,如果抱定"必须完成生产准备"原则,会使得先期进行了实质性投资的先用人的权益得不到保障,有损公平。

(3)建议将《最高人民法院关于审理侵犯专利权纠纷案件应用法律若干问题的解释》第15条第2款规定的完成"技术准备"或"生产准备"之一作为"必要准备"成立的条件,改为完成"技术准备"和完成或正在进行实质性"生产准备",作为"必要准备"成立的条件。这样,既满足了先用权判定逻辑上的独立性要求,也避免了仅具备生产条件的先用人可随时主张先用权,造成先用权滥用的情形。

四、关于"原有范围"的界定

关于先用权"原有范围"的界定问题,笔者认为:

第一,"原有范围"是指实施人的数量,即先用权人不得改变实施人的数量。专利作为一种无形财产,具有被多数主体同时占有使用而不损害其本身的特性,先用权人所掌握的先用技术显然也应具有这一特征。由于专利法对专利权人利益的首要保护,先用权人所享有的先用技术受到法律严格限制,其转让等交换行为都是法律所不允许的。依照法律规定,先用权只有先用权人本人才能享有,增加实施人的数量,即超出了先用权行使的范围。因为实施人数量的增加会冲淡专利权中的独占权,从而危及专利权人经济利益的实现。因此,许多国家规定,先用权人不得颁发许可证,让其他企业生产、销售享有先用权的产品。同时,先用权不得作为抵押、入股、投资的对象。正是基于实施人数量不得增加的缘由,各国专家、学者普遍认为,先用权是一项始终和企业紧密相连的权利,先用权只能和产生它的企业一道转让或继承,并随着所属企业的最终停产而消失。如果拥有先用权的企业放弃了继续实施的权利,则先用权也将随之丧失。

第二,"原有范围"是指原有的产业领域。在产业领域中,先用权的行使还受先用权人原经营范围的限制,先用权人不能在申请日后将权利扩展到原来不列入经营范围的产业领域。这就是日本学者纹谷畅男所说的"烧碱生产事业的先使用权不能及于炼铁事业"。

五、三种专利权客体先用权的区别规定

因先用技术不同来源，其先用权的实施范围不同。同样，不同的专利类型，其先用权的实施范围也不应相同。如何作出区别性规定呢？笔者认为，对于发明专利而言，如果先用权人非独立完成的技术研发，应该给予申请日前的原有范围以严格的限制，如申请日前先用权人的生产量、设备数量或生产能力等不得突破。理由如下：一是发明专利作为技术方案要求较高，除新颖性、实用性和实用新型一样外，创造性要求明显高于实用新型，因此，发明人人力、财力投入较多，但是，如果允许非独立完成发明的先用人在非量的限制条件下使用，必然影响专利权人的利益，如市场份额、许可使用效益和转让收入。二是发明专利在发明过程中，相对于实用新型而言，投资风险较大。要实现风险投资的回报，就必须对先用权等影响专利实施的因素进行限制。三是发明专利保护期较长，如果先用权人资金实力雄厚，充分实施程度高于专利权人，就会有悖于我国专利的先申请原则。

对于实用新型和外观设计，由于技术方案和设计方案要求不高，技术含量也相对较低，而且保护期限仅10年，所以，笔者建议对于先用权人而言，应当允许其突破原有范围的限制，可以在事业范围内充分使用，即只做质的限制，不规定量化的限制。

第三节 专利权穷竭制度

一、我国专利法中权利穷竭规定分析

依据TRIPS第6条规定，争端解决机制不能适用于成员对知识产

权权利穷竭制度的规定。而《TRIPS 与公共健康宣言》更进一步明确了成员在知识产权的权利穷竭方面制定政策的自主性。在加入 WTO 之后，我国终于行使了这项自主选择权，在专利法中明确规定了专利权的国际穷竭原则，开放平行进口，以利于引进国外先进技术和药品，促进国内高科技产业发展并保护国民生命健康。这也符合我国许多学者关于未来国际知识产权多边保护体制"采用专利权国际穷竭或区域穷竭原则是大势所趋"的判断。

在《专利法（修正案）》公布之后，规定采取国际穷竭原则的第 69 条第 1 款很快引起了国内外学者的关注。我国一些学者已从不同角度出发，对本次《专利法》修订提出了自己的意见。部分学者在对我国《专利法》修改表示支持的同时，也指出目前的法律条文中可能存在漏洞。比如有观点认为，《专利法》第 69 条只是规定由在不同国家同时拥有某同一或同样专利权的同一个专利权人或者经其许可的单位、个人售出后，再进口该产品的"不视为侵犯专利权"。而当前跨国公司往往在不同国家成立具有独立法律资格的子公司，并由后者申请、持有专利，因此在实践中专利法中的国际穷竭原则可能无法发挥实效。也有学者反对我国采取专利权的国际穷竭原则。有观点认为，我国应效仿日本最高法院在 BBS 轮胎案中的判决，否定国际穷竭原则，采取"默示许可原则"。这种观点的理由是国际穷竭原则会把平行进口的"门"开得太大，导致他国批评，而默示许可原则对权利人的保护更为有利，我国法院可以决定默示许可在个案中是否存在，更具灵活性。因此这种观点主张将第 69 条解释为仅适用于首次销售发生在我国国内市场的平行进口情形，而将《专利法》第 11 条解释为允许适用默示许可。

关于我国专利法的国际穷竭原则在实践中可能无法起到实效的观点，确实揭示出我国《专利法》第 69 条的规定还存在不明晰之处。显然，在平行进口进入我国市场的情境中，关系到平行进口产品在来源国，也就是出口国所涉及的专利，以及此专利在出口国的权利人包括专利权人以及经其许可的单位、个人，还关系到平行进口产品在进口国，也就是我国所涉及的专利，以及此专利在我国的权利人。在何种情况下，出口国的专利权人与我国的专利权人可被视为我国《专利法》第 69 条第（1）项中的同一"专利权人"，确实是一个重要问题。针对这一问题，我国应对第 69 条第（1）项中的"专利权人或者经其许可的单位、个人"作出明确界定。对这个问题的判断标准不在于形式上法人之间的独立性，而在于权利穷竭本身的基本原理。权利穷竭原则的理论基础主要是报酬理论，因此，知识产权人是否从产品的首次销售中获得利益是判断权利穷竭是否发生的关键。如果在出口国市场上由当地专利权人或经其许可的人销售产品的收益可以被归于我国专利权人的收益，则这种情况下出口国专利权人与我国专利权人就可被视为同一"专利权人"。这种利益的同一性应是处理这一问题的基本原则。在具体落实这一原则的过程中，可以参考美国联邦最高法院在处理商标权案件中确立的"共同所有人"和"权利人控制"原则，即只要我国专利权人与出口国专利权人共同属于一个企业集团，或相互之间为母子公司关系，就可以被认定为我国专利法之下的同一专利权人。

　　至于我国应采用默示许可原则的观点，笔者认为进一步完善国际穷竭原则才更适合我国需要。首先，TRIPS 明确规定了成员在权利穷竭原则方面的立法自由，因此我国规定专利权的国际穷竭原则是对自主选择权的行使，不违反我国的国际义务。我国不必担心由于采取国际穷竭原则而受到来自发达国家的压力，在这一点上中国与日本的国情并不相同。其次，外国知识产权人在国际贸易中通过许可协议中的垂直限制条款以及附加产品标签等方式分割国别市场、限制产品转售地域的技术已非常成熟，如果采取默示许可原则，允许知识产权人通过合同乃至产品标签而否定平行进口的合法性，就可能导致专利法意图开放的平行进口在贸易实务中遭到知识产权人重重围堵，极大削弱其实际效力，从而影响通过平行进口引进国外先进技术及药品的政策目标。

　　不仅如此，我国《专利法》还应进一步明确专利权穷竭的发生条件，即对第 69 条第（1）项规定的"售出"的含义需作更明确的规定。这是因为《专利法》的国际穷竭原则若要发挥实效，就必须能应对专利权人在国外市场采取垂直限制以阻止产品未经授权的出口，以及为克服合同相对性而在产品上直接附载禁止转售或销售地域限制的标签等情形。我国专利法必须解决这一问题，才能使国际穷竭原则具有确定性、可行性。这一方面有赖于反垄断法进一步完善对垂直限制及知识产权权利滥用的相关规定，另一方面专利法中至少应明确专利权人在产品销售方面施加的限制是否会对权利穷竭原则的适用产生影响。也就是说，需进一步界定"售出"的含义。这种销售是否只要是经过"授权"的，就导致权利穷竭原则的适用。如果专利权人或其被许可人在销售产品时附加了限制条件，专利权穷竭的效力是否受到影响。未经专利权人同意的销售，比如强制许可之下的销售，是否可以引发专利权穷竭。我国《专利法》应该明确第 69 条第（1）项的"售出"的含义是经"授权"的售出，而不应要求其为"无条件"的售出。对于"授权"的含义，应作比较宽泛的解释，只要产品的销售者拥有处分货物的权限即可。至于专利权人或其被许可人在销售产品时附加限制条件的情形，专利法不应承认此类限制条件对专利权穷竭原则本身效力的影响，而应将这类限制条件作为一般的合同法问题予以处理。只有这样，才能使我国专利法的国际穷竭原则发挥实效。

我国立法机关未来在制定新的专利法实施细则时，或最高人民法院在出台相关司法解释时，可以考虑从以上几个方面入手，对专利权的国际穷竭原则作出更为明确具体而又具有可操作性的规定，以真正实现国家知识产权局在对《专利法（修订案）》（征求意见稿）的逐条说明中提出的政策目标。

二、对我国专利权穷竭制度的立法建议

1. 适当扩大专利权穷竭制度的适用范围

完善的专利制度应当包括对专利权的合理限制制度。通过前文的分析可以看到，即使是在美国这样一个专利权保护水平很高、保护力度很强的国家，对专利权的限制也很严格，并没有过分保护专利权人，这样反而能够促进科技的进步。这与其专利制度起步早、在发展的过程中不断改进和完善是分不开的。

虽然我国知识产权制度建设只经历了二十多年的发展，也曾经历制度尚未健全的时期，但是随着知识产权在国家经济和科技发展中地位的逐步提高，特别是在我国申请加入世界贸易组织时，根据 TRIPS 及知识产权发达国家的要求，我国对知识产权制度建设进行了大刀阔斧的改造，取得了很大的进步。尽管在实践中，我国依然存在侵犯知识产权的现象，但至少在立法层面上，我国专利保护的很多制度已经与国际接轨。需要注意的是，提高专利保护水平并不等于仅加强对专利权人的保护，完善的专利保护制度应该兼顾专利权人的利益与公众的利益，以达到推动技术创新和技术应用、促进竞争和经济持续发展的目的。过去，一方面因为国家想要加强对知识产权的保护力度，提高国民知识产权保护意识；另一方面为了顺利加入世界贸易组织，我国在知识产权制度的建设方面过于片面强调对知识产权的保护，导致经常发生滥用知识产权的现象，这在专利领域尤为突出。因此需要确立一些制度和原则来平衡专利权人与社会公众的利益，规制对专利权的正当行使，而专利权穷竭就是这样一项有力的制度。

针对前文提及的我国专利权穷竭制度立法及司法实践中存在的问题，根据北京市高级人民法院《专利侵权判定若干问题的意见（试行）》，笔者认为，我国专利权穷竭制度应当适当扩大适用范围，专利法可以作出如下规定：专利权人制造或者经专利权人许可制造的专利产品售出后，使用或者再销售该产品的行为，不视为侵犯专利权。具体包括：（1）包含产品专利或者使用该专利产品的方法专利的实质性技术特征的专利产品部件，若除了实施该产品专利或方法专利之外没有其他用途，该专利产部件经专利权人制造或若经专利权人许可制造并转让后，使用并销售该部件的行为；（2）制造方法专利的专利权人制造或者允许他人制造的专门用于实施专利方法的设备转让后，使用该专利方法的行为。

2. 可以规定售后限制条件排除专利权穷竭的适用，并明确适用售后限制条件的具体要求

《专利法》第 69 条的规定未提及专利权人在销售时是否可以附加售后限制条件，也没有对售后限制条件进行约束，更没有规定售后限

制条件是否可以限制专利权穷竭的适用。但是,《专利法》第11条规定"发明和实用新型专利权被授予后,除本法另有规定的以外,任何单位或者个人未经专利权人许可,都不得实施其专利,即不得为生产经营目的制造、使用、许诺销售、销售、进口其专利产品,或者使用其专利方法以及使用、许诺销售、销售、进口依照该专利方法直接获得的产品"。从字面意思上看,购买者如果违反售后限制条件实施专利的行为也属于"未经许可"的行为,应当也构成侵权,《专利法》第69条规定的专利权穷竭应当是指未附有售后限制条件的销售。

笔者认为,我国可以效仿美国关于售后限制条件排除专利权穷竭的做法,但必须明确规定在何种情形下才能适用。美国的司法实践确立了三个要件:专利权人未获得专利权能的全部对价、受让人知道售后限制条件的存在,以及售后限制条件要符合法律的规定。我国目前在专利保护力度较强、已经出现很多专利权滥用的情形下,若不严格限定售后限制条件,极有可能导致这样的情形出现:专利权人为规避专利权穷竭的适用而在售出专利产品时,提出不合理的售后限制条件,从而导致专利权滥用。关于违反售后限制条件所应承担的责任问题,正如前文所述,构成侵权与违约责任的竞合,需要由当事人结合对己方有利条件选择主张何种责任作为诉由。

第四节 专利权滥用限制制度

限制专利权滥用原则以实现专利权设置的目的为目标,以弥补专利权范围外在要件表述的不足为主要功能,因成文法的局限而具有必要性,又因其本身具有一定模糊性而需审慎适用。因而笔者认为,我国限制专利权滥用原则的适用应逐步制度化,而在制度化过程中,应着重做好以下三方面工作。

1. 在《专利法》中明确规定禁止滥用专利权,并进一步明确专利权设置目的

尽管在我国《民法通则》中已有相当于禁止权利滥用的条款,可

以推出禁止专利权滥用，但鉴于目前专利权滥用这一社会矛盾的突出性，应在《专利法》中明确规定禁止滥用专利权。这样能够引导人们首先有针对性地在专利法这一范畴内考虑行使专利权的行为是否违反了权利设置的目的，也有利于建立人们关于禁止专利权滥用的法律观念。

基于本书的界定，专利权滥用指专利人行使专利权违背了专利权设置目的的行为。因此，对专利权设置目的的共识，是探讨和构建禁止专利权滥用制度的基本前提。从解释论角度出发，我国《专利法》第1条规定立法目的是"为了保护专利权人的合法权益，鼓励发明创造，推动发明创造的应用，提高创新能力，促进科学技术进步和经济社会发展"。虽然这一条款表明了专利法的几项目的，但法律的立法目的并不限于目的条款的表述，也可能蕴含在所有的法律规范之中。法律规范包含实现法律秩序应当实现的价值导向（"社会理想"）的零碎部件。将这些零碎部件组合起来就可能进一步地认识这种社会理想。我国专利法的许多规则设定体现了"促进科学技术进步和经济社会发展"——从长远、整体来看社会公共利益——这一根本目的，并非仅仅以保护专利权人利益为主的自然权利说作为其立法的基础。从我国《专利法》立法历程考察，也可以看到将专利制度作为促进科技进步与经济社会发展手段的思想的主导地位。从立法论角度来看，我国学者对知识产权法价值原则的构建提出了许多观点。有学者提出，承认知识产权为私权，在促进符号生产的目标约束下，合理地分配符号财产的利益，是知识产权制度价值原则的核心内容。有学者提出，利益平衡是知识产权法价值取向的内在要求。有学者提出，知识产权法的立法目的是保护智力创造者的权利，维系社会正义；促进知识广泛传播，有效配置智力资源，具有正义与效益的双重价值目标。有研究提出，可以在知识产权制度本身的不同层次上追求效率和正义价值：以效率目标作为设计整个制度结构的标准，而以正义原则作为对每一个具体主体权利与义务进行调整和关注的标准。笔者无意在此确认一种完整的知识产权价值体系理论，仅想说明从上述各学术观点中可以看到，我国学界目前对于专利法的价值体系构建可以达成如下的基本共识：(1) 通过促进技术创新和应用，进而促进公共利益，是专利法的直接目的或直接目的之一；(2) 坚持专利权为私权——因此在划定权利范围之后应遵循民法基本原则，如在没有足够充分且正当理由的任何情况下，应当坚持强式意义上的平等对待并且不得主张限制民事主体的自由。学界的这两项共识与解释论视角下专利法的价值取向相同，可作为讨论专利权滥用行为界定及具体制度构建的基础。

2. 不断明晰法律规范对专利权范围的界定

尽管限制专利权滥用原则有重要的功能价值，但禁止专利权滥用一般条款亦易被滥用，进而可能损害专利权人的合法权利，使权利的边界变得模糊而动荡，使专利权人对自己的合法权利范围存有疑虑，进而削弱专利制度推动技术创新和应用的作用。我国台湾学者王泽鉴指出了概括性条款可能带来的三项"遁入"，其中之一即立法的"遁入"，即"立法者不作必要的利益衡量及探究判断标准，径采概括条款的立法方式"。立法者应在实体法律制度中对可预见的专利权行使行为进行具体的利益衡量和价值判断，并在法律中进行具体规制，使专利权范围更加明晰，减少对一般条款的依赖。这是禁止专利权滥用原则制度化的重要环节。

根据对专利权滥用概念的界定，禁止专利权滥用原则的作用在于弥补法律预见力的不足及专利权设置的不完善。虽然法律预见力不足是一个常态，但法律所预见的范围是随着实践发展而动态变化的。面对新出现的具体情形，以专利权设置目的的共识为基础，可以进行价值判断并确认其是否属于滥用。对于已经经过充分论证、无争议的属于滥用专利权的行为，应及时进行归纳概括，通过立法或司法解释使其成为法律外在描述中对权利的明确限制，在专利法、合同法及竞争法等法律的适当之处予以规定。专利权范围的外在规范表述与权利的内在价值目的越一致，法律调节社会关系时对禁止专利权滥用原则的依赖就越小。通过完善专利权范围的法律规范，可以减轻禁止专利权滥用一般条款所承载的"兜底"任务，减少禁止专利权滥用原则本身被滥用的概率。从这一角度看，禁止专利权滥用原则不仅具有补充性，还在一定程度上具有过渡性。

由于禁止专利权滥用一般条款本身极易被滥用，对一些已经经过充分论证、无争议的不属于滥用专利权的行为，也可在法律或司法解释中予以明确肯定。例如《美国专利法》中明确规定了不属于专利权滥用的几类行为。《欧盟对技术转让协议适用条约第81条（3）的欧盟理事会772/2004号条例》第2条规定了豁免于管制的概括性条件。日本公正交易委员会2007年颁布的《知识产权利用的反垄断法指南》及我国台湾地区的"'行政院'公平交易委员会对于技术授权协议案件之处理原则"中也都规定了一些属于正当行使权利的表现。

3. 专利权滥用一般条款适用的程序规制

由于法律预见性的不足，即使已将可预见的专利权滥用行为在法律上进行了明确规制，仍可能随着实践发展出现未能预见的情形，需要适用禁止专利权滥用一般条款。禁止专利权滥用具有高度的抽象性，增加了准确适用的难度，对其不当适用可能导致对专利权的限制泛滥，影响专利制度激励创新的积极作用。因此有必要从程序约束的视角对禁止滥用专利权条款的适用进行规范。

首先，对于法律制度有明确规制的行为，应适用针对该行为的具体法律规范，不应适用禁止专利权滥用一般条款。王泽鉴先生曾指出适用一般条款时需要克制"遁入"，包括：司法的遁入，即法律适用时，法官不探寻、发现具体规范，径以概括条款作为基础；法律思维的遁入，即思考法律问题时，不穷尽解释适用或类推适用的论证，径以概括条款作为依据。仔细探寻具体法律规范，并穷尽对相关规范的解释适用和类推适用，仍然不能对个案找到符合法律目的的裁判依据，是适用禁止专利权滥用一般条款的基本前提。

我国专利法、合同法及反垄断法中已经对一些不当行使专利权的行为进行了法律规制。例如，对于权利人长期无正当理由不充分实施专利的行为，我国2008年《专利法》第48条规定，对发明或实用新型专利，专利权人自专利权被授予之日起满3年，且自提出专利申请之日起满4年，无正当理由未实施或者未充分实施其专利的，可进行强制许可。在侵权诉讼方面，我国2008年《专利法》设置了现有技术抗辩条款，可以在一定程度上遏制滥诉行为。

第六章 我国专利权限制制度的完善

此外,《专利法》规定,申请诉前或诉中临时禁令时应提供担保,这也可以遏制随意申请禁令的行为。在对专利许可、转让合同进行限制方面,《合同法》第 329 条规定:"非法垄断技术、妨碍技术进步或者侵害他人技术成果的技术合同无效。"2004 年 11 月《最高人民法院关于审理技术合同纠纷案件适用法律若干问题的解释》第 10 条规定了属于《合同法》中规定的"非法垄断技术、妨碍技术进步"的若干情况,包括:对新的研发或后续技术改进的限制,不公平的技术回授要求,限制获得类似或竞争性技术,阻碍按合理方式充分实施技术,要求非实施技术所必要的附带条件,不合理地限制原料等购买渠道或来源,限制对专利有效性提出异议等。此外,专利权滥用行为可能与反垄断法形成冲突,也将受到反垄断法的规制。我国《反垄断法》第 55 条规定:"经营者滥用知识产权,排除、限制竞争的行为,适用本法。"我国《专利法》也相应地规定:在专利权人行使专利权的行为被依法认定为垄断行为,为消除或者减少该行为对竞争产生的不利影响,国务院专利行政部门可根据申请给予强制许可。这些规范已经为不当行使专利权行为的规制提供了依据。在法律制度中有明确的具体规定之时,应适用具体规定。只有在确实没有具体法律规范来为案件判决提供依据时,或者有相关依据但不足以解决问题时,才适宜适用禁止专利权滥用的一般条款。

其次,适用禁止专利权滥用一般条款时应进行充分论证。在专利权人行使权利的方式确实违反了权利设置的目的,并且没有其他任何具体的法律条款可以作为依据时,才宜诉诸禁止专利权滥用一般条款,并应当予以审慎而充分的论证。滥用专利权指权利人行使专利权违背了权利设置的目的,因而适用该原则有两项基本论证要点:(1) 行为人是专利权人,并且行为方式是行使专利权。例如在一些案件中,专利权人散布消息宣称竞争对手侵犯了其专利权的行为被指控为滥用专利权。但散布消息这一行为与实现权利内容无关,即并非行使专利权的行为,因而不能适用禁止专利权滥用原则。(2) 该行为违反了专利权设置的目的。专利制度通过赋予专利权人有限的垄断权,以激励其进行技术创新和公开,从而促进科技进步和经济发展。在专利制度中，无处不需要精巧的利益平衡。从某种意义上说，专利权制度是将一部分本可属于社会公众的利益划分给了专利权人，以此来实现长远的、整体上的社会公共利益；通过赋予专利权人有限的垄断权，可在一定程度上解决市场失灵问题，并促进创新和竞争。因此一方面专利权人确实可能凭借专利的难以替代性使自己的权利范围获得扩展，甚至不恰当地阻碍创新和竞争；另一方面专利权从表面上看与公众利益、自由竞争也具有一定的矛盾性，如果司法中过分强调对眼前易见的一部分公共利益的保护，以致损害了权利人的合法权利，则不仅偏离了权利的外在规定，更是偏离了权利设置的目的，实际上成为对权利的"滥限"。因此，在论证专利权的行使违背了促进科技进步之目的时，需要充分考虑专利法希望赋予专利权人的权利范围，及这种权利的激励对促进创新和竞争的积极意义。

违反"禁止专利权滥用"一般条款的法律后果，也是值得进一步探讨的问题。有学者建议，应为权利滥用行为直接设置明确的法律后果，可以参考美国专利法上的做法——权利滥用导致专利权暂时得不到法院或行政机关的执行，直至滥用事由消除。必要时，甚至可以规定滥用会导致专利权永久地失去执行力，或者直接导致专利权无效。美国专利法中专利权滥用原则是"不洁之手"这一衡平法原则在专利领域的延伸，有学者认为其并不同于我国法律制度中的禁止专利权滥用原则，是由判例演变而来的一种针对专利权人提出的侵权行为的特殊抗辩，并且其本身也受到了美国法律界许多人士的诟病，因此我国法律中是否应借鉴美国专利法的上述规定，其实质上和形式上的正当性还需进一步探讨论证。我国民法中并未对权利滥用的后果进行统一而明确的规定。鉴于"禁止专利权滥用"一般条款本就更多地指向一些法律上未能预见的情形，在尚未有明晰结论的情况下，由法官按照民法的一般理论酌情处理，不失为一种权宜之计。

参考文献

[1] H. Stephen Harris. Competition Law and Patent Protection in Japan: A Half-Century of Progress. a New: Millennium of Challenges [J]. Columbia Journal of Asian Law. Fall. 2002.

[2] Philip G. Pardey. Bonwoo Koo & Carol Nottenburg. Creating. Protecting. and Using Crop Biotechnologies Worldwide in an Era of Intellectual Property [J]. Minnesota Journal of Law. Science & Technology. December. 2004.

[3] Robert P. Merges. Peter S. Menell. Mark A. Lemley. Intellectual Property in the New Technological Age (4th). Aspen Publishers. 2009.

[4] Charles R. Mc Manis. Intellectual Property and Unfair Competition in a Nutshell. West Group. 2009.

[5] Shubha. Ghosh. Richard S. Gruner. Jay P. Kesan. Robert I. Reis. Intellectual Property. Private Rights. the Public Interest. and the Regulation of Creative Activity (2d). West Group. 2010.

[6] Quanta Computer. Inc.. et al.. Petitioners v. LG Electronics. Inc. 128 S. Ct. 2109; 170 L. Ed2d 996; 2008 U. S. LEXIS 4702 (2008).

[7] Donald S. Chisum. et al. Cases and materials: Principles of Patent Law [M]. 3rd ed. New York: Foundations Press, 2004: 1136.

[8] Ted Hagelin. The Experimrntal Use Exemption to Patent Infringrmrnt: Information on Ice. Competition on Hold. 58 Fla. L. Rev. 483 (2006).

[9] Obijiofor Aginam. Between Life and Profit: Global Govenmance and the Trilogy of Human Rights. Public Health and Pharmaceutical Patents. 31 N. C. J. Int'I L. & Com. Reg. 901 (2006).

[10] World Health Organization. WTO Agreements and Public Health. World Health Organization. 2002.

[11] Paul Goldstein. International Copyright: Principles. Law. and Practice. New York: Oxford University Press. 2001.

[12] Carsten. Fink (Editor). Intellectual Property Protection: Effects on Market Structure. Trade and Foreign Direct Investment. World Bank Publications. 2004.

[13] Un Millenium Project Staff. Trade for Development. Earthscan Publications. 2005.

[14] Susan Sell. Private Power. Public Law. Nee York: Cambridge University Press. 2003.

[15] Robert L Ostergard. Development Dilemma: The Political Economy of Intellectual Property Rights in the International System. LFB Scholarly Publishing LLC. 2002.

[16] See Richard A. Posner. Do We Have Too Many Intellectual Propery Rights? 9Marq. Intell. Prop. L. Rev. 173. 175 (2005).

[17] Decision. World Bank Publication. 2005. p. 1.

[18] Curtis Cook. Patents. Profits and Power: How Intellectual Property Rules The Global Economy. Connecticut: Kogan Page. 2002. p. 1.

[19] Curtis Cook. Patents. Profits and Power: How Intellectual Property Rules The Global Economy. Connecticut: Kogan Page. 2002. p. 45.

[20] Paul Goldstein. International Copyright: Principles. Law. and Practice. Oxford University Press. 2001. p. 5

[21] See James Boyle. A Manifesto On WIPO And The Future Of Intellectual Property. Duck L. & Tech. Rev. 9 (2004).

[22] Curtis Cook. Patents. Profits and Power: How Intellectual Property Rules The Global Economy. Connecticut: Kogan Page. 2002. pp. 15−16.

[23] Paul Salmon. Cooperation between The World Organization (WIPO) and The World Trade Organization (WTO). 17St. John's. Legal Comment. 429. 434 (2003).

[24] J. Thomas McCarthy. 2 McCarthy on Trademarks and Unfair Competitions

11：45 (4th ed.) (2006).

[25] Carl Regelmann. Trademark Nominative Fair Use：the Relevance of the："New kids on the block factors" after the Supreme Count KP Permanent Make up v. Lasting impression decision 16 DePaul-LCAJ. Art & Ent. L. 1. 4 (2005).

[26] J. Thomas McCarthy. 2 McCarthy on Trademarks and Unfair Competitions 11：45 (4th ed.) (2006).

[27] Caims v. Franklin Mint Co.. 292 F. 3d 1139. 63 U. S. P. Q. 2d 1279 (9th Cir. 2002).

[28] 4 McCarthy on Trademarks and Unfair Competitions 11：45 (4th ed.) (2006).

[29] New Kids on the Block v. News America Pub. Inc. 971F. 2d 302. 308J. 20 Media L Rep. 146823 U. S. P. Q. 2d 1534 (9th Cir. 1992). Also see 4 McCarthy on Trademarks and Unfair Competition §23：11 (4th ed.) (2006).

[30] 4 McCarthy on Trademarks and Unfair Competition §23：11 (4th ed.) (2006).

[31] Cindy Wai Chi Wong. Parallel Importation of Trademarked Goods in Hong KONG and China. 34 HKLJ 151. 153 (2004).

[32] Daniel Gervais. The TRIPS Agreement：Drafting History and Analysis. London；Sweet & Maxwell. 1998. p158. See also Canada-Patent Protection of Pharmaceutical Products. WT/DS114/R. Annex 6. 中文译文引自张乃根：TRIPS协定：理论与实践 [M]. 上海：上海人民出版社，2005：167.

[33] Donald P. Harris. TRIPS' Rebound：An Historical Analysis Of How The TRIPS Agreement Can Ricochet Back Against The United States. 25 Nw. J. Int'l L. & Bus. 99. 107 (2004).

[34] Sarah E. Henry. The First International Challenge to U. S. Copyright Law：What Does the WTO Analysis of 17 U. S. C. $ 110 (5) Mean to The Future of International Harmonization of Copyright Laws under the TRIPS Agreement? 20 Penn St. Int'l L. Rev. 301. 327 (2001).

[35] Paul Goldstein. International Copyright：Principles. Law. and Practice. New York：Oxford University Press. 2001. p. 315.

[36] See Paul Goldstein. International Copyright：Principles. Law. and Practice.

New York: Oxford University Press. 2001. p. 309.

[37] Paul Goldestein. International Copyright: Principles. Law. and Practice. New York: Oxford University Press. 2001. p. 309.

[38] UMG Recordings. lnc. v. Norwalk Disrtibs. No. SACV 02-1188 DOC. 2003 U. S. Dist. LEXIS 26302 (C. D. Cal. Mar. 13. 2003).

[39] Paul Goldstein. International Copyright: Principles. Law. and Practic. New York: Oxford University Press. 2001. p. 19.

[40] Robert C. Bird. Defending Intellectual Property Rights In The Bric Economies. American Business Law Journal Summer. 2006. p. 321.

[41] See Susan K. Sell. Private Power. Public Law. USA: Cambridge University Press. 2003.

[42] See Margaret Chon. Intellectual Property And The Development Divid. 27 Cardozo L. Rev. 2821. 2840 (2006).

[43] See Peter K. Yu. Currents And Crosscurrents In The International Intellectual Property Regime. 38 Loy. L. A. I. Rev. 323. 324 (2004).

[44] See. e. g. James Boyle. The Second Enclosure Movement and the Construction of the Public Domain. 66 Law & Contemp. Probs. 33 (2003).

[45] See Brigitte Binker. Why The Current Global Intellectual Property Framework Under TRIPS Is Not Working. 10 Intell. Prop. L. Bull. 143. 162 (2006).

[46] See James Thuo Gathii. How Necessity May Preclude State Responsibility For Compulsory Licensing Under The Trips Agreement. 31 N. C. J. Int'l L. & Com. Reg. 943. 955 (2006).

[47] Daniel Gervais. The TRIPS Agreement-Draft History and Analysis (Third Edition) [M]. Sweet & Maxwell, 2008: 22.

[48] Daniel Gervais. The TRIPS Agreement-Draft History and Analysis (Third Edition) [M]. Sweet & Maxwell, 2008: 386.

[49] Nuno Pries de Cavarlho. The TRIPS Regime of Patent Rights [M]. Kluwer Law International, 2005: 390.

[50] Keith E. Maskus. Jerome H. Reichman. The Globalization of Private Knowledge Goods and the Privatization of Global Public Goods [J]. Journal of International Economic Law, 2004, 7 (2): 279-320.

［51］Joseph Farrel. John Hayes. Carl Shapiro. Theresa Sullivan. Standard Setting. Patents. and holdup［J］. Antitrust Law Jouranl，2007，74（3）：603-670.

［52］Frederick M. Abbott. Jerome H. Reichman. The Doha Round's Public Health Legacy：Strategies For The Production and Diffusion of Patented Medicines under the Amended TRIPS Provision［J］. Journal of International Economic Law，2007，10（4）：921-987.

［53］Duncan Malthews. WTO Decision on Implementation of Paragragh 6 of the Doha Delaration on the TRIPS Agreement and Public Health-A Solution to the Access to Essential Medicines Problem［J］. Journal of International Economic Law，2004，7（1）：73-107.

［54］Amanda Mitchell. Tamiflu. the Takings Clause. and Compulsory Licenses：An Exploration of the Government's Options for Accessing Medical Patents［J］. California Law Review，2007，95（3）：535-55.

［55］Japan Guidelines for the Use of Intellectual Property under the Antimonopoly Act. 2005. Part3. Art［EB/OL］. http://www.jftc.go.jp/e-page/legislation/ama/patent_Pool.pdf. 2008-5-5.

［56］Lawrence A Kogan. Brazil's IP Opportunism Threatens U. S. Private Property Rights［J］. Inter-American Law Review，2006，38（1）：1-140.

［57］Thomas Hays. Parallel Importation under European UnionLaw［M］. London：Sweet & Maxwell，2004：13.

［58］刘丽娟. 反垄断法对知识产权滥用的限制［J］. 知识产权，2009（9）：20-23.

［59］肖尤丹，苏竣. 突发公共卫生危机与药品专利强制许可［J］. 科技与法律，2010（1）.

［60］乔生，陶绪翔. 我国限制知识产权滥用的法律思考［J］. 现代法学，2005（4）.

［61］郭寿康，左晓东. 专利强制许可制度的利益平衡［J］. 知识产权，2006（2）.

［62］文希凯. 专利保护与强制许可［J］. 知识产权，2003（3）.

［63］贺小勇. WTO（多哈宣言）"第6条款问题"之研析［J］. 法学评论，2004（6）.

[64] 王红珊. 平行进口海关规制的研究 [J]. 华东经济管理, 2004 (5).

[65] 余翔. 实质性差别——美国商标权耗尽与平行进口法律演变及现行准则 [J]. 国际贸易, 2003 (3).

[66] 龙著华. 论版权领域的平行进口 [J]. 社会科学, 2005 (7).

[67] 刘芝秀. 知识产权的权利限制探析 [J]. 科技与法律, 2007 (7).